学前教育专业新课程体系规划教材

中外学前教育史精编

主编◎郭志明 吴 涛 孙光峰

清华大学出版社

北 京

内 容 简 介

本书分中国卷和外国卷两大部分。

中国卷主要讲述了中国学前教育发生、发展及演变的历史进程；总结了中国悠久而丰富的学前教育思想和经验；阐明了古代和近代的著名教育家在理论和实践两方面为学前教育发展所做出的杰出贡献。中国卷由古代学前教育史和近代学前教育史两编构成，有利于学生全面理解和把握中国学前教育发展的整体趋势和基本规律。

外国卷的框架设计反映坐标系的特点：纵向上分古代、近代、现代三部分；横向上分教育制度、教育思想两条线索。每章最后有"对当下教育的启示"与"给教师的教学建议"，作为本书内容的空间延伸；启示部分提示本章内容的现实意义，也就是如何与当下学前教育实践相联系，体现了古为今用、洋为中用的原则；教学建议部分提示教学中的重点与难点，帮助教师把握要点、化简难点，体现纲举目张和教学相长的原则。

本书适合学前教育专业学生的专业学习、教育学专业学生的课外阅读、在职幼儿园教师的自修研读，以及所有对学前教育史感兴趣者的阅读。

图书在版编目（CIP）数据

中外学前教育史精编/郭志明，吴涛，孙光峰主编. —北京：清华大学出版社，2019（2022.9重印）
（学前教育专业新课程体系规划教材）
ISBN 978-7-302-52354-3

Ⅰ. ①中… Ⅱ. ①郭… ②吴… ③孙… Ⅲ. ①学前教育—教育史—世界—幼儿师范学校—教材
Ⅳ. ①G619.1

中国版本图书馆 CIP 数据核字（2019）第 034407 号

责任编辑：杜春杰
封面设计：刘　超
版式设计：魏　远
责任校对：黄　萌
责任印制：宋　林

出版发行：清华大学出版社
　　　　　网　　　址：http://www.tup.com.cn，http://www.wqbook.com
　　　　　地　　　址：北京清华大学学研大厦 A 座　　　　邮　　　编：100084
　　　　　社 总 机：010-83470000　　　　邮　　　购：010-62786544
　　　　　投稿与读者服务：010-62776969，c-service@tup.tsinghua.edu.cn
　　　　　质量反馈：010-62772015，zhiliang@tup.tsinghua.edu.cn
印 装 者：三河市龙大印装有限公司
经　　销：全国新华书店
开　　本：185mm×260mm　　　　**印　　张：**16.5　　　　**字　　数：**395 千字
版　　次：2019 年 8 月第 1 版　　　　**印　　次：**2022 年 9 月第 5 次印刷
定　　价：59.00 元

产品编号：080116-02

前　　言

　　学前教育史是学前教育学的重要基础学科。它通过总结历史上的学前教育经验，梳理古今中外学前教育理论，为当下学前教育改革和发展提供思考与借鉴。

　　学习学前教育史的目的，一方面是提高学习者的专业素养，使他们能够用历史的眼光看问题，并在继承前人思想精髓和实践智慧的基础上，提升分析问题和解决问题的能力。另一方面也有助于学习者了解和把握学前教育理论和实践发展的历史脉络，加深对学前教育专业的理解，进而为专业学习打下良好的基础。

　　为了更好地学习学前教育史，学习者需要做好两个准备：一是要有一定的历史知识背景，二是要掌握历史唯物主义的方法。只有这样，才能对相关史实及其关联进行独立的思考和判断，进而真正把握学前教育发展的历史规律。

　　本书分中国卷与外国卷两部分。

　　本书对中国学前教育史的论述起于西周时期，迄于中华民国。就整体而言，其内容包括学前教育的具体实施和学前教育的思想两个部分。其最大的特点是精挑细选，每一章节都是中国学前教育史上最为重要的实践活动或有代表性教育家的核心思想。古代部分主要涉及胎教、家教，以及古圣先贤的幼儿教育思想；近代部分重点阐述中国的学前教育理论和实践，如何在学习西方的基础上，逐步实现现代化和中国化。

　　中国卷共分五章，每章开头都有"名言"和"引语"，章末都附有练习题，以便于教师授课和学生自学。

　　外国学前教育史的内容相对庞杂。作为教材，外国卷的编写力求线索清晰、主题明确、内容凝练、表述简明。为突出不同时期各国学前教育实践特色以及教育家各自教育思想的特色，本书在章节的标题上，直接点明主题，使内容突出、特色鲜明。

　　外国卷部分关于学前教育的概念，前后有变化。在古代部分，由于学前教育机构尚未出现，幼儿的教育主要在家庭进行，年龄也无严格界限，我们将其表述为幼儿教育。进入近代之后，幼儿教育从家庭走向社会，出现了家庭之外的专门教育机构，开始为学校教育做准备，故我们将近代之后的幼儿教育称为学前教育。为保持全书的统一，各编的题目统一采取了学前教育的表述方式，具体章、节、目中体现出不同时期的特点。在以往的近代学前教育研究中，对学前教育、幼儿教育、儿童教育并未作严格区分。本书正文中为了引用过去资料的方便，也尊重传统，在部分教育学家、心理学家的思想中，沿用了幼儿教育、儿童教育的用法。

　　关于学前教育制度的问题，前后也有变化。由于古代部分的幼儿教育尚未形成制度，我们称之为幼儿教育实践；近现代则称之为学前教育制度。古代与近代的学前教育思想还比较零散，本书只收集了比较有代表性的思想成果；现代部分的学前教育思想相对成熟，可利用的资源也很丰富，所以，这部分既包括了教育家的理论成果，也吸收了一些心理学家在学前教育方面的理论成果。

外国卷共有七章，每章开头都有"名言"与"引语"，章末附有启示与建议，方便教师讲授与学生自学。

本书中国卷由吴涛（辽宁师范大学教育学院讲师）独立编写，外国卷是郭志明和研究生长期共同研讨、分工合作的成果。其分工如下：郭志明（天津师范大学教育学部教授）：各章引语、第六章第一节、第八章第一节、第九章第一节、第十章第一节、第十一章第一节。成建丽（天津师范大学教育学部教育史专业研究生）：第六章第四节；第七章第二节、第四节；第八章第三节、第五节；第九章第二节、第三节、第十节；第十章第三节、第五节；第十一章第三节、第六节；第十二章第二节、第四节、第八节。孙烨薇（天津师范大学教育学部教育史专业研究生）：第六章第三节；第七章第一节；第八章第二节；第九章第五节、第七节、第八节；第十章第二节、第七节；第十一章第五节、第七节；第十二章第一节、第六节、第七节。张鑫玉（天津师范大学教育学部比较教育专业研究生）：第六章第二节；第七章第三节；第八章第四节；第九章第四节、第六节、第九节；第十章第四节、第六节；第十一章第二节、第四节；第十二章第三节、第五节。孙光峰（渭南职业技术学院师范学院副院长）对本书的出版在整体上给予了很大的帮助。

本书的编写参考了不同版本的《中国教育史》《中国学前教育史》《中外学前（幼儿）教育史》《外国教育史》《外国幼儿教育史》《外国学前教育史》等已有成果，但限于篇幅，书中没有一一标明出处，在此特别说明并对作者致以诚挚的感谢！

编　者

目　　录

中外学前教育史精编：中国卷

第一编　古代学前教育史

第二编　近代学前教育史

中外学前教育史精编：外国卷

第三编　古代学前教育史（远古—17世纪中叶）

第四编　近代学前教育史（17世纪中叶—19世纪末）

第五编　现代学前教育史（19世纪末—20世纪末）

中外学前教育史精编：中国卷

第一编

古代学前教育史

第一章　古代学前教育的实施

欲生好子者，必先养其气，气得其养，则生子性情和顺，有孝友之心，无乖戾之习。所谓和气致祥，一门有庆，无不由胎教得之。

——《宜麟策·保孕六说》

父母养其子而不教，是不爱其子也。虽教而不严，是亦不爱其子也。是故养子必教，教则必严，严则必勤，勤则必成。学则庶人之子为公卿，不学则公卿之子为庶人。

——《古文真宝·劝学文》

中国古时候有"胎教"吗？如果有，它从何时开始出现？又有怎样的发展过程？古人实施"胎教"，其目的何在？是随意为之，抑或遵循一定的原则？

《礼记·大学》有云：古之欲明明德于天下者，先治其国；欲治其国者，先齐其家……古人颇重家学、家风，而传家学、家风于后世者，家教是也。

第一节　"正本慎始"：古代的胎教

何谓胎教？按现今学界的界定，主要是指孕妇在怀孕期间有意识地对胎儿施加良好影响，使其在母体中健康、聪明地发育成长。在先秦以来的整个中国古代社会，人们普遍认为，胎儿虽然孕于母体，却能够受到母亲的言行感化和身心影响，于是要求孕妇务必慎守礼仪规范并力求身心健康，以便给腹中胎儿良好的影响。中国儒家历来重视"正本慎始"，因此，古人的胎教实践很早之时即已出现，历代留存下来的有关胎教的记述，散见于各种医学、哲学和教育类文化典籍之中。这些记述虽不免带有封建色彩，甚至包含许多迷信内容，但也有不少为现代科学证实的合理成分和可资研究借鉴的宝贵经验。

一、胎教历史：始于西周，延至明清

（一）先秦时期重"礼义"

早在我国西周时期，文王母亲大任便十分注重妊娠期间的胎教。据《列女传·母仪传》记载，"大任之性，端一诚庄，惟德之行。及其有娠，目不视恶色，耳不听淫声，口不出敖言，能以胎教。溲（即小便）于豕牢（即猪圈），而生文王。文王生而明圣，大任教之以一而识百，卒为周宗。君子谓大任为能胎教"。文王之所以天性清明有圣德，智慧学识优于常人，多半是与其母大任的良好胎教有关。无独有偶，文王之孙成王的母亲也在孕期之内不忘胎教。贾谊在《新书·胎教》中写道："周妃后妊成王于身，立而不跛，坐而不差，笑而不喧，独处不倨（即傲慢），虽怒不骂，胎教之谓也。"周妃对成王的胎教主要通过两种行为来施行：一是虽怀有身孕却仍然保持姿态端庄；二是虽情绪波动却仍然保持心态平和。简言之，即身心皆一刻不离"礼"的标准。大任和周妃因能以"礼"正身并施加良好影响于太子而终成一代"贤妣"，深受母亲影响的文王和成王也因身在母体便"气禀贤妣之胎教"而终成为一代明君。

西周是我国古代胎教实践的发轫时期。由于这一时期"学术官守"，胎教实践主要发生于宫廷之内、王公之家。当时的贵族阶级对于胎教之道极为珍视，将之作为永葆其统治地位的重要"法门"之一，因此，"书之玉板，藏之金匮，置之宗庙，以为后世戒"。而对普通百姓则秘而不示，藏而不宣。到了春秋战国时期，由于受到"平王东迁，周室式微，王官失守，学术下移"的时势影响，原本为统治者秘藏的"胎教之道"逐渐走向民间，开始为更多世人所倡行。出身贫寒之家的孟子，便曾受到母亲良好的胎教，以此为基而终成一代儒学大师。

（二）两汉隋唐重"感应"

两汉以降，人与宇宙之间相互感应的思想盛行开来，反映到胎教实践上，便是人们愈发重视周遭事物通过孕妇之体对胎儿所造成的影响，愈发强调孕妇与周围环境的互动。刘向在《列女传》中指出，孕妇"妊子之时，必慎所感，感于善则善，感于恶则恶"。为避免产生严重后果，人们对孕妇日常所见和饮食起居提出许多禁忌，如"妇人妊娠，不欲令见丑恶物、异类鸟兽。食当避其异常味，不欲令见熊罴虎豹。御及鸟射射雉（即野鸡），食牛心、白犬肉、鲤鱼头"。再如"孕妇见兔而子缺唇，见麋而子四目"。又如食兔肉、山羊肉及鳖、鸡鸭肉会"令子无声音（即哑巴）"；食姜会"令子余指（即多长手指）"；食麋脂及梅子、李子会"令子青盲（即失明）"；食雀肉会"令子淫乱无耻"。

同时，鼓励孕妇主动选择对胎儿有益的食物，如"怀子者，为烹白牡狗首，令独食之，其子美皙，又易出。欲令子劲者，时食母马肉"。意思是说，吃白狗头和母马肉，可以使孕妇容易分娩，胎儿俊美肤白、四肢有力。根据现代医学和生理学的相关知识，上述禁忌与胎儿成长之间很难构成一种真实的关系，对某些禁忌也无法有科学的解释。然而，古人从感应观念出发提出这些禁忌的目的，是加强人们对胎教的重视。

进入隋唐时期，我国医学发展取得了较大成就。受此影响，当时的胎教实践在继承前代经验的基础上，又取得了新的进展。唐代医药学家孙思邈提出了"外象内感"观，他说："妊娠三月名始胎。当此之时，未有定仪，见物而化。欲生男者，操弓矢；欲生女者，弄珠玑；欲子美好，数视璧玉；欲子贤良，端坐清虚；是为外象而内感者也。"由于孕妇接触的所有外部物象都会感应到其腹中胎儿，因此，他还主张多见"犀象猛兽""贤人君子、盛德大师""礼乐、钟鼓、俎豆"等，这样才能"生子皆良，长寿忠孝，仁义聪惠（慧），无疾"。将生男生女与持弓箭、观猛兽、赏珠宝、视美玉相关联，不得不说是一种臆想，但孙思邈提出外部事物对胎儿具有影响这一基本观点，无疑是正确而有价值的。

（三）宋元明清重"医理"

到了宋朝，古人除注意胎教的外部环境外，还重视对孕妇的内部调养。一方面为防止母子身心受损，不使孕妇延产难产，十分强调对孕妇饮食的调控。宋代医师陈自明在《妇人良方》中指出，女子"受孕之后，切宜忌不可食之物"。元代医师朱震亨也在《格致余论》中明言："儿之在胎，与母同体。得热则俱热，得寒则俱寒，病则俱病，安则俱安，母之饮食起居，尤当慎密。"明代医师对孕妇饮食则有更为具体、深刻的认识。徐春甫说："要饮食清淡，饥饱适中，自然妊娠气清，身不受病"；万全则说："妇人受胎之后，最宜调饮食，淡滋味，避寒暑，常得清纯和平之气，以养其胎，则胎元完固，生子无疾。"也就是说，孕妇应注意饮食调节，饮食以清淡平和为宜，特别是不要饥一顿，饱一顿，甚至暴饮暴食。假如饮食失节，饥饱无度，嗜食厚味，皆可使孕妇内脏运化失常而胎失所养。

另一方面，调节孕妇的精神状态，也是古人胎教实践的一项基本内容。明代医家万全曾就孕妇情绪如何影响胎儿做出解释，他说："古有胎教，凡视听言动，莫敢不正，喜怒哀乐，莫敢不慎。故其子女多贤，此非贤母不能也。盖过喜则伤心而气散，怒则伤肝而气上，思则伤脾而气郁，忧则伤肺而气结，恐则伤肾而气下。母气既伤，子气应之，未有不伤者也。"因此，孕妇必须不断加强精神调养，尽量减少情绪起伏。只有孕妇心态平和、精神安详，腹中胎儿才能聪慧、健康地成长。

至明清之际，"教养一体""身心兼顾"逐渐成为广大医家和学者对胎教实践的共识。明代许相卿在其传示子孙的家训中阐明了"教养一体"的观点："今来教子宜自胎教始。妇妊子者，戒过饱，戒多睡，戒暴怒，戒房欲，戒跛倚，戒辛热及野味。宜听古诗，宜闻鼓琴，宜道嘉言善行，宜阅贤孝节义图书，宜劳逸以节，动止以礼，则生子形容端雅，气质中和。"在他看来，只有胎养胎教相结合，所生子女才能身心俱佳，品性良善。清代学者陈复正提出养护胎元的主张，体现了"身心兼顾"的观点："胎成之后，阳精之凝，尤仗阴气护养。故胎婴在腹，与母同呼吸、共安危，而母之饥饱劳逸、喜怒忧惊、食饮寒温、起居慎肆，莫不相为休戚。"陈氏的殷切之情，溢于言表，可见其对此观点的高度认同。另一位清代学者张伯行更将胎教作为"立教之本原"，并认为"妊娠之初，感化之际，一寝一坐，一立一食，一视一听，实清浊美恶之机括，智愚贤否之根柢也"。至此，中国古代胎教便形成了"教养一体""身心兼顾"的实践模式。

知识链接

古代胎教的历史特征

先秦时期——重"礼义"——以礼正身，依礼而行——"教"多于"养"。

两汉隋唐——重"感应"——外象内感，见物而化。

宋元明清——重"医理"——形神兼顾，德性并重——"教""养"合一。

二、胎教施行：依其目的，守其原则

（一）胎教目的：德体形貌，臻于优良

早在胎教之道被统治阶级束之高阁、秘藏不宣的时代，其目的在于为统治者造就理想

后嗣，延续特权统治。春秋战国时期，天子失学，学在四夷，胎教逐渐为民间所重，成为百姓培养子孙的首要环节。具体而言，胎教的目的如下。

其一，正德性。许慎在《说文解字》中对"教"和"育"做出明确解释："教，上所施下所效也。""育，养子使作善也。"由此可见，中国传统教育十分注重身教且以德性为本。古人的胎教作为"教育"的开端，所强调的即是通过母亲的以礼正己，即以封建伦理道德约束自身言行，以达到正胎，即养成子孙贤良德性的目的。

其二，健身体。胎儿期是人的生命初始阶段，这一阶段胎儿的生长发育状态如何，能否从母体"禀受坚强之性"，将在很大程度上影响其日后发展。对于这一道理，汉代唯物主义哲学家王充在《论衡》中讲得很清楚，他说："人之禀气，或充实而坚强，或虚劣而软弱。""夫禀气渥则其体强，体强则其命长；气薄则其体弱，体弱则命短，命短则多病。"此后，历代医家多关注胎教问题，留下了许多关于养胎保胎的论述，直至清代仍有《傅青主女科》《产孕集》《增补大生要旨》等医书论及于此，可见古人对胎教使后代健康这一目的的不懈追求。

其三，塑形貌。为人父母，无不渴望子女能有健美的形体和姣好容貌。即便圣贤如孔子也曾有"以貌取人，失之子羽"之时，可见，在我国古代社会，良好的形象在增强社会亲和力，增加成功条件等方面，有着重要的作用。因此，人们十分重视通过对外部环境的调控来塑造胎儿的美好形貌，亦有论胎教者以此为止而发出的"妇人妊娠，不欲令见丑恶物""欲子美好，数视璧玉"等论断。

另外，由于中国古代素来有"重男轻女"的观念，各家各户都希望生下男子以传宗接代，于是，选择子女性别也被古人视为胎教的目的之一。西晋张华有"妇人妊娠未满三月，着婿冠衣，平旦左绕井三匝，映详影，而去，勿反顾，勿令人知见，必生男"之说；唐代孙思邈有"欲生男者，操弓矢；欲生女者，弄珠玑"之说。这些说法缺乏科学依据，但在中国封建社会却十分常见。

（二）胎教原则：教养结合，身心结合

综观中国古代胎教发展历史可知，古人是在女子受孕三个月后方才施行胎教，其胎教实践并非随意为之，而是遵循以下三条基本原则。

1．教养结合

中国古代的胎教，一方面是以"礼"的标准端正孕妇的视听言动，并使胎儿感受道德的影响，即所谓"教"；另一方面又使孕妇的身心状态达到健康平和，并使胎儿获得母体的养护，即所谓"养"。"教"与"养"相结合，便是历代胎教实践所遵循的首要原则。

2．内外结合

古人胎教实践的第二条原则是内外结合，即在优选外部环境的同时，强调内部身心的调养。在外部环境方面，所谓"别宫""蒌室"乃是贵族专门用于施行胎教的地方，它安静、整洁、简朴，避免了许多不良因素，符合孕妇"必慎所感"的要求。在内部调养方面，既对孕妇的饮食严格控制，从"割不正不食"到禁忌之物不断增多，又对孕妇情绪进行陶冶，强调其精神状态对胎儿发育的重要意义。

3．身心结合

在身体方面，孕妇"戒过饱""戒多睡"，即不让身体因多吃多睡而反受损害；"戒跛倚"

"戒喧闹""戒登高""戒临险"，即时刻保持端正的体位和端庄的仪态，且不做危害自身和胎儿的动作；"戒房欲""劳逸以节"，即注意身体休息，防止过度劳累。在心理方面，孕妇"戒暴怒""戒嗔恚""戒嗜欲""戒倨傲"，应"端坐清虚""庶事清净"，这些便是要求孕妇时刻静养内心，涤除私欲杂念。诚如《黄帝内经·上古天真论》所云："食饮有节，起居有常，不妄作劳""恬淡虚无，真气从之，精神内守，病安从来"。只有孕妇做到身心兼顾，形神双修，竭力营造良好的"内部环境"，才能与胎儿"安则同安"，使胎儿得其所正。

知识链接

孕妇养性的"十二少"和"十二多"

夫养性者，当少思、少念、少欲、少事、少语、少笑、少愁、少乐、少喜、少怒、少好、少恶，行此十二少者，养生之都契也。多思则神殆，多念则志散，多欲则损智，多事则形劳，多语则气争，多笑则伤藏，多愁则心慑，多乐则意溢，多喜则忘错昏乱，多怒则百脉不定，多好则专迷不理，多恶则憔悴无欢。此十二多不除，丧生之本也。唯无多无少，几乎道也。

—— [唐]孙思邈：《摄养枕中方》

第二节 "养子必教"：古代的学前家庭教育

《孟子》有云："人有恒言，皆曰：'天下国家'。天下之本在国，国之本在家，家之本在身。"古代中国实行的是以血缘关系为纽带的宗法制，形成的是由"家"而"国"的家国文化，先有"家"的伦理而后形成"国"的伦理，先有"家"的情感而后衍生"国"的情感。正所谓"盖天下者家之积也。积亿万人家以成天下，必家家齐然后天下之治成"。中国封建国家的教化和治理是通过家庭教育的开展来落实和体现的，家庭教育的好坏将关系到国家社会的治乱和盛衰。在以"家"为纽带的封建社会里，家庭是子女接触社会的最初场所，古代幼儿的学前教育也几乎完全在家庭中进行。学前家庭教育是古人所受一切教育的基础，奠定其日后治国平天下之志与能的，也正在于此。

学前家庭教育如此重要，古人对之遂倍加重视。朱熹曾言："王之初服，不可不谨其习。犹子之初生，不可不慎其初所教。"明代理学名臣邱浚也说："天下之事，莫不有其初。家之立教，在子生之初。国之端本，在君立之初。"将"王之初服"和"子之初生""家之立教"和"国之端本"并提，可见古代社会对学前家庭教育的重视程度。

一、家教目的：修德进学，以德为本

古代学前家庭教育的根本目的，固然在于使家族兴旺而后继有人，国家安定而天下富足，然而，实现这一根本目的的关键在人，因此，古人普遍认为，人生在世最大的事便是教子，即培养人。但是，由于不同家庭有着不同的社会地位，教育价值观也不相一致，所以，有的家庭激励子弟修德进学，有的家庭培养子弟一技之长。

中国古代社会对幼儿的要求，一是"成人"，二是"成材"，最终成为德才兼备之人。"成人"教育所欲追求的是幼儿思想道德水平的提升；"成材"教育所欲实现的是幼儿能够进学登第，提高家族的地位声望。德行修养和进学登第是学前家庭教育的重要目的，两者相较，前者是第一位的，后者是第二位的，即品学共进，修德为本。明儒王守仁十一岁时，尝问塾师曰：何谓第一等事？塾师曰：惟读书登第耳！先生（即王守仁——笔者注）疑曰：登第恐未为第一等事，或读书学圣贤耳！龙山公（即王守仁之父王华——笔者注）闻之笑曰：汝欲做圣贤耶。由此可见，幼年王守仁深受家风家学的熏陶和影响。另一位明代学者姚舜牧也曾叮嘱子弟："做人要存心好，读书要见理明""读圣贤书所学何事？决不堕落于不肖""要做天下第一等人""要成天下第一品格"。即是说，读书贵在涵养品性，登第做官则居其次。清人郑板桥同样在家信中告诫家人："夫读书中举中进士做官，此是小事，第一要明理做个好人。"名臣曾国藩也在写给九岁儿子曾纪鸿的信中明言："凡人多望子孙为大官，余不愿为大官，但愿为读书明理之君子。"

读书旨在明理，学高还需人善，其他如登第为官等事则会水到渠成。古代学前家庭教育所欲培养的便是深谙封建伦理道德，知其所以然，又努力践行的贤良子孙。受此家教的幼儿，长成后若入仕则成清官良佐，即为民亦为谦谦君子。清人汪辉祖幼时所受庭训便是如此，父亲奉直公令辉祖背诵，因问曰：儿以读书何所求？辉祖对曰：求做官。奉直公曰：儿误矣！此亦读书中一事，非可求者，求做官未必能做人，求做人即不做官，不失为好人，逢运气当做官，必且做好官，必不受百姓诟骂，不贻毒子孙。由是观之，无论当官还是为民，涵养德性、学做好人都是必要的人生修炼，也是古代学前家庭教育一直秉承的优良传统。

二、家教内容：纲常礼仪，兼知与能

中国封建家庭教育内容与以血缘关系为纽带、小农经济为主体的社会特征有密切关系。具体而言，其基本内容如下。

（一）伦理纲常

1. 孝敬

《吕氏春秋·孝行》有云："夫孝，三皇五帝之本务。"秦汉直至明清，孝敬父母一直是幼儿学前家庭教育的首要内容。《孝经·纪孝行》中要求："孝子之事亲也，居则致其敬，养则致其乐。"意思是子女在家侍奉父母，一要对其恭敬，二要令其高兴。北宋司马光在《居家杂仪》中也说："凡诸卑幼，事无大小，无得专行，必咨禀于家长。"也就是说，家中幼儿，无论事情大小，必须经家长同意后方可行动。顺承父母意愿，听从父母教诲，便是对父母孝敬，才会使父母高兴。清代学者李毓秀编撰的《弟子规》对幼儿提出更为明确而具体的规定："父母呼，应勿缓；父母命，行勿懒；父母教，须敬听；父母责，须顺承。"至于后汉黄香"扇枕温衾"，西晋王祥"卧冰求鲤"，北宋黄庭坚"涤亲溺器"等，皆是中国古代家教首重孝敬的直接表现。

2．诚信

"信"乃"五伦"之一，指信义、诚信。诚信观念的培养，是我国古代幼儿家庭教育的重要环节。据《韩诗外传》记载，孟子年少时，曾闻东家邻居杀猪，便问母亲："东家杀豚，何为？"孟母答曰："欲啖汝（即给你吃——笔者注）。"继而又懊悔地说："今适有知而欺之（刚刚懂事就欺骗他），是教之不信也。"于是，孟母便买来邻家的猪肉给孟子吃，表明没有欺骗自己的孩子。明代学者李贽则说："夫童心者，真心也""若失却童心，便失却真心；失却真心，便失却真人；人而非真，全不复有初矣"。幼年时失去童心，人便难有真正的人生。想要保有童心，则需要家长以诚信之教进行引导，使之对己真诚，对人真诚。

3．立志

孔子曾说："三军可夺帅也，匹夫不可夺志也。"诸葛亮在《诫子书》和《诫外甥书》中，也曾提出"非淡泊无以明志""志当存高远"的教诲。这些思想表现在家庭教育上，即重视立志教育。立志教育的内涵较为丰富，概括起来有以下几个方面。

其一，立志成学。墨子有云："志不强者智不达。"没有坚定的志向，便无法在才智上达到一定的高度。张载也说："人若志趣不远，心不在焉，虽学无成。"即三心二意，一曝十寒，是无法在学业上真正有所成就的。可见，古圣先贤对志向与学业的关系十分重视。

其二，立志成人。所谓"成人"，最重要的是成为一个正直的君子。颜之推曾说："有志尚者，遂能磨砺，以就素业（即清白操守——笔者注）；无履立（即操守——笔者注）者，自兹堕慢，便为凡人。"意思是有志向者，能成君子，无志向者，终为凡人。

其三，立志报国。君子自当天下国家为己任，在中国历史上不乏教子爱国的动人事迹。在南宋，便既有岳母刺字，勉励岳飞精忠报国，又有陆游赋诗，激发儿孙爱国情怀。教子弟立志爱国爱民，也是我国古代优良的家教传统。

4．为善

所谓"善"，是指合乎道义和礼仪之事。在古代中国，养成为善去恶的观念，是每个有见识的家庭教育子女的必为之事。西汉贾谊在《新书》中记载一则古人教子为善的故事："孙叔敖之为婴儿也，出游而还，忧而不食，其母问其故。泣而对曰：'今日吾见两头蛇，恐去死无日矣。'其母曰：'今蛇安在？'曰：'吾闻见两头蛇者死，吾恐他人又见，吾已埋之也。'其母曰：'无忧，汝不死。吾闻之，有阴德者，天报以福。'"这则故事虽有迷信思想，却能反映出古人对行善积德教育的重视。三国刘备则以遗训告诫后主刘禅："勿以恶小而为之，勿以善小而不为。"（《三国志·蜀书·先主传》裴松之注，原文："勿以恶小而为之，勿以善小而不为。"）清代学者张履祥的《训子书》也说："善不积，不足以成名；恶不积，不足以灭身。"古人这种劝诫子女为善去恶、积善成德的做法，是十分可取的。

（二）幼儿礼仪

幼儿礼仪训练，体现了封建礼教思想，是我国古代家庭教育的主要内容。具体包括以下两方面内容。

1．姿态礼仪训练

《礼记·曲礼上》有云："坐如尸，立如齐""立必正方，不倾听"。意思是坐有坐的样子，站有站的样子。如果坐，就要像祭祀中装扮成受祭祖先那样坐得端正；如果站，就要像祭祀前进行庄重斋戒时那样站得恭敬。尤其是在正式场合，站立的姿势一定要正向一方，不要偏头探听左右。此言即要求幼儿在平日保持端正姿态，符合幼儿礼仪。

2. 交往礼仪训练

除个人姿态外，古代家教还注重对幼儿的交往礼仪训练。《礼记·曲礼上》指出："为人子者，出必告，反必面""遭先生于道，趋而进，正立拱手""将上堂，声必扬""将入户，视必下""凡与客入者，每门让于客""长者不及，毋儳言""正尔容，听必恭"。这些话的意思是，身为子弟，出门时要告知父母，回来时要面见父母；路遇尊长，应停车下马，主动上前，正面而立，施拱手礼；去别人家，应先敲门，进屋后，不要乱看乱动；客人来自己家，应让客人先进门；长者谈话时，切勿乱插言，应端正容貌，虚心恭听。这些"幼仪"至今仍是做人应该信守的礼仪规范，在幼儿家庭教育方面有一定的参考价值。

（三）基本知识

家庭教育不仅要使幼儿"成人"，还要使他们"成材"，因此，文化知识启蒙教育，包括识字习字、听解"四书"、属文作诗等，也是我国古代幼儿家庭教育的重要内容。

识字习字是文化知识教育的起点，教幼儿读写汉字，也可为日后儒家典籍的学习奠定基础。古人教幼儿识字习字的办法很多，在清代，即有崔学古《幼训》中所举的"纸牌识字法"和蒋士铨母亲所用的"竹丝拼字法"等。在幼儿识字的基础上，便开始教授"四书"。清代朴学大师崔述五岁开始读《论语》；晚清经学大师俞樾六岁由母亲口授"四书"。

同时，由于诗赋作文为科举考试内容，因此在家庭教育中也备受重视。教授诗赋的常用教材有《神童诗》《千家诗》和《唐诗三百首》等。清代学者朱次琦便自幼被"授以唐人绝句，代小儿歌谣"。属文教育一般从练习作对开始，并借此引导幼儿辨名识物。清代学者方苞四岁时，便以"龙气成云"对父亲的"鸡声隔物"。

相对于人文知识而言，算术和健康知识则在古代家庭教育中居于次要地位。不过，为满足生活日用所需，促进幼儿健康成长，一般家庭会在幼儿五六岁时开始教授基本的算术知识，至于健康知识，则重在保护、锻炼幼儿身体，并使其自理生活、免受伤害。

（四）生存技能

在中国古代，有的家庭既不主张子女为官为宦，也不让其从事工贾医卜，"除耕读二事，无一可为者"。对这样的家庭而言，"读而废耕，饥寒交至；耕而废读，礼义遂亡"，唯有耕读传家，才是最好的选择。这种观点反映了自给自足的小农经济思想。

随着商品经济的发展，明清时期的许多家庭脱离了耕读传统的藩篱，认为不论何种职业，只要不作奸犯科，且能谋生终老，皆可学而从事。清代学者焦循曾说："子弟必使之有业，士农工商皆可为。"一代名幕汪辉祖也说："三十六行，行行出贵人。"这种不歧视任何学问和职业的家庭教育观，相比"书中自有千钟粟，书中自有黄金屋，书中自有颜如玉"的思想，有着明显的进步性，对当今的家庭教育而言，也不乏借鉴价值。

（五）游戏童谣

玩游戏和唱童谣是古代幼儿在家庭中的主要活动，因此，也是幼儿家庭教育的重要内容。

明代一首童谣描述了当时的各种幼儿游戏："杨柳儿活，抽陀螺；杨柳儿青，放空钟；杨柳儿死，踢毽子；杨柳发芽，打拨儿。"无论幼儿学会何种游戏，都会在玩的同时，受到一定的教育影响。通过玩游戏，不仅可以培养幼儿的道德品行，还会促进其身心发展；不仅可以使幼儿得到快乐、释放精力，还会使其学会人际交往，加速其社会化进程。

古代用于幼儿学习传唱的童谣也有许多种类，大致可以分成政治类、知识类、生活类、语言类、游戏类、幽默类等。在培育幼儿上，童谣具有如下功能：其一，可以促进语言表达；其二，可以提高智力水平；其三，可以培养审美情趣。游戏和童谣相结合，为幼儿营造一个充满欢笑的家庭环境，促进其聪慧、健康地成长。

知识链接

古代家教的目的和内容图解

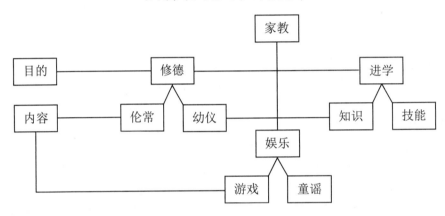

三、家教原则：循序顺性，爱教有度

经过长期实践，中国古代家庭教育形成了一定的原则和方法。古人教育子女，除了大都强调及早施教外，还主张循序渐进、顺应本性、爱教结合。

（一）循序渐进

幼儿的身心发展有其阶段和特点，对其进行家庭教育，必须考虑这些特点且按照一定的顺序。《礼记·内则》有云："子能食食，教以右手。""六年，教之数与方名。七年，男女不同席，不共食。八年，出入门户及即席饮食，必后长者，始教之让。九年，教之数日。十年，出就外傅，居宿于外，学书计。"意思是当子女能自己吃饭时，便教其用右手进食。六岁教其认识数字，辨识方向。七岁教其男女有别。八岁教其长幼有序。九岁教其计算时间。十岁外出就学，学书写和算术。这样的施教顺序并不一定完全正确、合理，但却得到了较为广泛的接受和认同。古人将对幼儿的家庭教育构筑在其身心发展基础上，强调要循序渐进，非常具有现实意义。

（二）顺应本性

不可否认，中国古代幼儿家庭教育存在成人意志干预过多的弊病，但事实上，古人也曾关注幼儿本性，试图让其顺应自然发展。

《孟子》中即有"揠苗助长"的故事，《庄子》中也有"以己养鸟"的传说，这些都是不顾事物本性，强行施加影响的典型。两则寓言的教育意义在于：对幼儿实施家庭教育，必须考虑幼儿本身，否则便会南辕北辙，事与愿违。

顺应本性包括正反两层含义。从正面来说，是指教育要符合儿童天性，尊重个性差异。这就要求家长"欲教子，必先知子"。了解幼儿的天性，明了子女的个性，才能扬长避短，因材施教。从反面来说，是指施教不能不顾幼儿的承受能力。施教者必须做到既不过，也无不及，不然，便会导致因爱成害、虽教反误的恶果。

（三）爱教结合

亲子之爱是家庭教育得以实施的一个基本前提，爱而有教也是亲子之间的一种惯常表现。然而，如何把握爱与教的关系，却成为一个问题。古人对此曾有深刻的思考，并提出较为明确的主张。

一方面，爱不该是溺爱、偏爱，而应是慎爱、均爱。溺爱娇惯，终会酿成祸患。明代学者吕得胜曾说："儿小任情娇惯，大来负了亲心。费尽千辛万苦，分明养个仇人。"此语虽然尖苛，但却句句实言。负亲心，遭刑祸，皆自溺爱起。偏爱也是一种常见的现象，后果也很严重。受偏爱子女所得到的同样是一种溺爱，而其他子女所受的却是一种不公对待。这种不公会导致亲子抵触，兄弟反目，甚至是骨肉相残，而这一切都是家教的失败。

另一方面，严教即爱。古人有云："爱良金者，忌锻炼之猛乎？"深爱子女的父母恰该对子女严加管教，使之百炼成钢。正所谓"严者，异日多贤；宽者，多至不肖"。但严教并不意味呼喝打骂，而是勤加引导，使子女无法肆意妄为。

总之，幼儿家庭教育切忌"恣其所求，恣其所为""厚于所爱，薄于所憎"，而应一视同仁，慎爱严教。此皆古人经验，颇值借鉴。

四、家教方法：言传身教，风化熏染

中国古代幼儿家庭教育的实施，基本采取两类方法：一类为家长亲自教育的方法，即言传身教；另一类为借助环境施教的方法，即风化熏染。

言语劝教是古代家庭教育中最为常用的方法，既能以口头训诫的方式进行，也可以通过撰写家诫、家训、家规、家书等文书的方式进行。

相对于"言传"，中国古人更注重"身教"，素有"身教重于言教"之说。孔子曾"过庭教子"，为言教之典范；又主张"其身正，不令而行"，为身教之楷模。所谓身教，即父母为子女做好表率。一要举止严肃，合乎礼教；二要言行一致，恪守诚信；三要率先垂范，身行其道。只有家中长辈皆能言行自律，以身作则，才能教育好子孙后代。

同时，家庭环境也是决定子女能否受到良好教育的重要条件。所谓家庭环境，主要包括内外两个方面：内部环境主要指家风，外部环境主要指邻里。家风一经形成，便具有持续性和延续性，对子孙后代有潜移默化的教育作用。正如古人所说："家道惟创始为难，久则相承，即间有不率（即遵循——笔者注），礼义之风已成，观摩而化也。"邻里，即家庭所处环境，古人普遍主张择仁而居。春秋时期，孟母曾三迁其居，只为给孟子提供良好的成长环境。墨子也提出"素丝说"，阐明环境对人成长的影响。荀子则称环境对人的影响为"渐"，有渐进渐染之意，并强调"君子必择乡，游则就士"。由此可见，家庭内外环境对于幼儿成长都十分重要，必须努力营造，审慎选择。

知识链接

曾国藩在家书中对子孙的告诫

惟当一意读书，不可从军，亦不必作官。

勤俭自持，习劳习苦，可以处乐（顺境），可以处约（逆境），此君子也。

凡仕宦之家，由俭入奢易，由奢返俭难。

切不可贪爱奢华，不可惯习懒惰。

心常用则活，不用则窒；常用则细，不用则粗。

早起是先人之家法，无恒是吾身之大耻，不重（厚重）是尔身之短处。

——[清]曾国藩：《曾国藩教子书》

第三节　"以古鉴今"：古代学前教育之启示

一、对当代学前教育的启示

（一）注重孕期胎教，打下良好基础

我国古代有许多关于胎教的论述，古人对胎教之法也有诸多细节性的描述。历代医家也以胎儿生理发育状态为依据，阐明施行胎教的可能性，他们提出的孕妇饮食、行为禁忌，以及一些关于孕妇在心神、性情和卫生等方面的建议，具有一定的科学价值。这些都提示我们应重视胎教问题，为孩子的未来成长打下一个良好的基础。尽管经过胎教的孩子不一定会成为小天才，但有一点可以肯定，即胎教有利于胎儿在智慧、个性、感情和能力等方面的发育，以及他们在出生后人生道路的发展。

（二）形成慎爱有度的幼儿家教观念

现代社会所提供的成长环境，大多能够满足幼儿最基本的需求，物质条件的缺失已不再是幼儿成长所面临的主要问题，反而是无节制地为孩子提供过于丰富的物质条件，成了危害幼儿身心健康的常见现象。其背后的原因与家长对子女溺爱有关。在中国古代幼儿家庭教育中有"因爱成害""过爱反害"的观点，颇值借鉴。家长应尊重孩子的生长能力和身心特点，给予孩子恰当的帮助、引导，以及自然成长的机会，秉承古人"惜爱有度"的理智教养观念。

（三）倡导自然教育，重视环境影响

总体来说，中国古代学前教育是填鸭式的，几乎无处不体现着师长的尊严和权威，但其中也不乏尊重个性、顺应自然和重视环境等闪光点。我们学习古人经验，并不是要像古人一样生活，而是分享他们的智慧。顺应人性去教育，注重家庭环境和社会环境对幼儿成长的陶养作用和教育影响，便是我们可以从古人那里获取并能够切实提升我们自身的重要教育智慧。

（四）培养幼儿良好的道德行为习惯

孔子曰："学而时习之，不亦乐乎？"此处的"习"，乃练习、实践之意。《中庸》中将"笃行"作为学习的最后阶段，也是强调学有所得便要努力践行，做到知行合一。学前教育的基本目的之一，是提高幼儿的道德修养，而道德行为习惯的养成是其中最重要的环节。良好行为习惯的形成，不能靠单纯的说教，而是需要幼儿在生活、学习中不断练习、实践，从小事做起，从细处着手，不断强化细节，方可最终实现。

（五）师长以身作则，发挥榜样作用

众所周知，榜样的作用是巨大而有实效的。幼儿时期是养成各种品行和习惯的关键期，无论是作为一名教师或是家长，都应该以身作则，成为幼儿学习、模仿的榜样。同时，还应通过学校和家庭之间的合作，让教师和家长的榜样作用得到最大限度的发挥，使幼儿处在一个良好的成长环境之中。

二、给学前教育师生的建议

第一，重视原著。欲从中国古代胎教和家庭教育的理论和实践中找到可资借鉴的宝贵经验，更好的途径是阅读经典原著，从原汁原味的思想中获取成长的力量。

第二，古今结合。学习、了解古代学前教育，需要与当代学前教育的实际状况，以及个人的社会生活阅历相联系，根据现实需要，寻求和审视古人经验，做到有的放矢、古为今用。

第三，学科融合。本章的学习应以中国古代教育史、幼儿心理学、家庭教育学等学科为基础，这样才能对古人的想法和做法有更好的认识和理解。

第四，重视基础。掌握本章的基本史实和基本概念。

第五，问题意识。尝试提出一至两个与本章学习内容相关的问题，并由此进一步深入思考、求证。

 练习题

1. 结合现实，思考胎教的目的及应遵循的原则是什么？
2. 试述中国古代家庭教育的内容、原则和方法。

第二章　古代的学前教育思想

天下之命，县于太子；太子之善，在于早谕教与选左右。心未滥而先谕教，则化易成也；夫开于道术，知义之指，则教之功也。若其服习积贯，则左右而已矣。

　　　　　　　　　　　　　　　　　　　　——[汉]贾谊《新书·保傅》

夫同言而信，信其所亲；同命而行，行其所服。禁童子之暴谑，则师友之诫，不如傅婢之指挥；止凡人之斗阋，则尧舜之道，不如寡妻之诲谕。

　　　　　　　　　　　　　　　　　　——[晋]颜之推《颜氏家训·序致》

小学是直理会那事，大学是穷究那理，因甚恁地。小学者，学其事，大学者，学其小学所学之事之所以。小学是事，如事君、事父、事兄、处友等事，只是教他依此规矩做去。

　　　　　　　　　　　　　　　　　　——[宋]朱熹《朱子语类·卷七》

今教童子，必使其趋向鼓舞，中心喜悦，则其进自不能已，譬之时雨春风，沾被草木，莫不萌动发越，自然日长月化。

　　　　　　　　　　　　　　　　　　——[明]王守仁《传习录·下》

孟子言性，孔子言习，性者天道，习者人道……已失之习，而欲求之性，虽见性且不能救其习，况不能见乎？《易》言：'蒙以养正'圣功也，养其习于童蒙，则作圣之基立于此。

　　　　　　　　　　　　　　　　　　　　——[清]王夫之《思问录》

贾谊：短暂的一生，仅度三十三载春秋，却少年而得志；忠心报国家，怎奈权贵佞臣当道，虽多才只为师。汉文帝感叹："吾久不见贾生，自以为过之，今不及也。"王安石有诗云："一时谋议略施行，谁道君王薄贾生？"

颜之推：生逢乱世，三为亡国之人。好饮酒，多任纵，不修边幅。又博览群书，强调"实用"，其家教思想，更集天下之大成。

朱熹：大成殿"十二哲人"之一，唯一非孔子亲传弟子从祀孔庙。"四书"之名，因他而第一次出现；岳麓书院，因他而享誉于南宋。曾被开列"十大罪状"，又被斥为"伪学魁首"。病逝于血雨腥风的"党禁"运动，送葬者却达千人之众。

王守仁：心学集大成者，明心见性，知行合一，世人并称"孔孟朱王"；影响遍及中外，上马能战，下马能文，近古唯一"三立"完人。临终遗言："此心光明，亦复何言？"东乡平八郎印章永刻："一生俯首拜阳明。"

王夫之：立身行事坚贞不屈，在明末清初，拒不剃发，汉族衣冠终其一生；思想体系庞大复杂，心性之学，宇宙之论，宋明思想兼及佛道。如今，"船山学"正走出国门，走向世界，植入世界文明之林。

第一节　"心未滥而先谕教"：
贾谊的早期教育思想

一、生平简介

贾生名谊，汉高祖七年（公元前200年）出生于河南雒阳（今洛阳）。汉文帝初年（公元前180年），被立为博士，后又破格提拔为太中大夫。贾谊极富政治远见，力图变革旧法，各项方针政策，"其说皆自贾生发之"。[①]然而，其政治才干却激起朝中重臣的嫉妒和诽谤，文帝也听信谗言对其疏远，委任长沙王太傅之职，令其远赴潇湘。

一年多之后，文帝召贾谊回京询问鬼神本原。贾谊讲至深夜，文帝听得入神并深感折服，遂改任贾谊为小儿子梁怀王太傅。李商隐曾作《贾生》一诗讥讽此事："宣室求贤访逐臣，贾生才调更无伦。可怜夜半虚前席，不问苍生问鬼神。"

任梁怀王太傅期间，贾谊仍心系苍生，提出许多治国良策，文帝对其建议大略实行。文帝十一年，梁怀王坠马身亡，贾谊为此深感内疚，"自伤为傅无状，常哭泣，后岁余，亦死"。[②]贾谊于文帝十二年卒。一代贤臣，匆匆离世，令人叹惜。

二、教育思想

贾谊两度出任太傅，为培养汉代统治者、巩固封建中央集权做出了重要贡献，并积累了丰富的教育经验。贾谊关于太子的早期教育思想，主要体现在《新书》的《胎教》《保傅》《傅职》《劝学》《连语》和《容经》诸篇中。

（一）"早谕教"

在中国古代封建社会，王朝乃一家一姓之王朝，"溥天之下，莫非王土；率土之滨，莫非王臣"。天下国家的兴衰存亡皆系于统治者的德行和才干，即所谓"天下之命，县（悬）于太子"。太子有德，则百姓安乐；太子无德，则百姓遭殃。因此，贾谊强调，太子实是王朝治乱的关键所在，只有太子得到了良好的教育，具备了端正的品行，天下才会安定。殷周之所以国祚长久，而秦代却二世而亡，其中缘由主要便是君主受教与否，有道与否。

那么，如何对太子进行教育呢？贾谊在继承儒家传统的基础上认为"太子之善，在于早谕教"。这就是说，对太子的教育要及早进行，在他尚未出生便应对他施以胎教，出生以后则要立即开展保傅教育。如果说胎教只是借助母体施加的间接影响，那么，太保、太傅、

---

① 杨钟贤，郝志达. 全校全注全译全评史记[M]. 第四卷. 天津：天津古籍出版社，1997：381.
② [汉]班固. 汉书[M]. 第八册. [唐]颜师古. 北京：中华书局，1997：2264.

太师所负责的便是对太子的直接教育。贾谊在考察前代后指出"古之王者，太子初生，固举以礼"，"自为赤子，而教固已行矣"。古代的统治者在太子还是婴幼儿时，便注重对其进行礼仪熏陶和早期教育，"罚其不则（即不法之行，予以惩处——笔者注）而匡其不及（即不足之处，给予帮助——笔者注）"，待其心智成熟后，才能免去"保傅之严"。只有早年时严格管教，使太子养成良好德行习惯，才有可能使他日后成为贤明君主。

至于贾谊为什么如此重视早期教育，其原因主要有两点：一是"心未滥而先谕教，则化易成也"。人在初生之时，内心好似一匹未经浸染的白布，"染于苍则苍，染于黄则黄"，放到何种颜色的染料中便会变成相应的颜色。换言之，心思纯净的幼年太子有了什么样的成长经历，便会成为什么样的人，既易于养成优良品行，也容易沾上不良习气。在"心未滥"之际及时开展早期教育，可以有"化易成"的优势；否则，当恶习缠身，积重难返，再行施教，则勤苦难成。二是幼年所习得的学识、所养成的德行，也会像与生俱来的天性一样伴随人的一生，不易因岁月消逝而发生变化。正如孔门所言："少成则若性也，习惯若自然也。"欲使太子"习与智长，化与心成"，则必须重视其早期教育。

（二）"选左右"

贾谊"早谕教"的主张，所强调的是对教育时机的把握，而对师傅之人的选择也是同等重要的大事，不可不慎。在此方面，贾谊则主张应"选天下之端士，孝弟（悌）博闻有道术者，以卫翼（辅佐）之，使与太子居处出入"。他还以周成王幼年所受教育为例佐证其观点。襁褓之中的周成王，即以召公、周公和太公为师，三公皆为德才兼备之臣，成王自幼受其引导，继位后才能虑事周详，施政无过，开"成康中兴"之势。

在太子择师的问题上，贾谊不但十分重视，而且提出了较高的要求。师傅之人既要有德行、有学识，还要深谙为师之道。在德行方面，他强调"傅人之道，非贤者不能行"。没有高尚道德品行之人，是绝没有担任太子保傅资格的。在学识方面，他认为"开于道术，知义理之指，则教之功也"。欲使太子明道术、晓义理，为师为傅者必先知之、行之。师傅知《春秋》，方能教《春秋》，使太子能够崇善止恶；师傅知《礼》《乐》，方能教《礼》《乐》，使太子能够以礼化民。

在为师之道方面，贾谊据其经验而指出："太浅则知暗，太博则业厌，二者异失同败，其伤必至。"意思是说，师傅所教内容过于浅显，则会造成太子的学识固陋；过于深奥，又会引发太子的厌学情绪，两种失败都会酿成不良后果。为避免失败，贾谊提出了对师傅之人的总体要求和具体要求。

对师傅之人的总体要求是"既美其施，又慎其齐"。意思是说，教师既要敬道爱业，主动施教，又要掌控进度，考虑分量。

对师傅之人的具体要求有以下三方面。

其一，"适疾徐，任多少"，即教学进度和内容安排应符合学生的发展水平和接受能力。

其二，"造而勿趣，稍（稽）而勿苦"，即教师要随时推动学生进步，又不使学生感到压抑；要严格考核学生学业，又不使学生感到愁苦。

其三，"省其所省，堪其所堪"，即教师要力求教学精要得当，又要保证学生力所能及。

尽管贾谊的早期教育思想是针对太子提出的，有服务帝王之家的历史局限，但其中却闪耀着智慧之光，有不少合理主张适合于普遍家庭的幼儿教育，同时也为我国封建社会学前教育思想的发展奠定了基础。

第二节 "整齐门内，提撕子孙"：
颜之推的家庭教育思想

一、生平简介

颜之推，字介，山东琅琊人，南朝梁中大通三年（公元531年）出生于建康（今南京）。

琅琊颜氏为名门望族，源远流长，人才辈出。颜之推为"复圣"颜回第三十五世孙，因淹贯经史、博学多能而闻名。十九岁时，出任南梁湘东王国右常侍，并兼任镇西墨曹参军。二十岁时，出任中抚军外兵参军，掌管记。其时正值"侯景之乱"，二十一岁的颜之推兵败被俘，囚送建康，虽幸免被杀，却从此开始了颠沛奔波、多朝为官的生涯。颜之推的一生，恰逢南北分裂、割据的时代，官历南梁、北齐、北周、隋四个王朝。对于六十多年间的烽火连烟、生灵涂炭，他非但亲见亲闻，感同身受，更是深陷其中，身受其害。

颜之推丰富、坎坷且多变的人生经历和体验，在其为告诫子孙而撰的《颜氏家训》一书中多有记述。该书在隋统一全国（公元589年）后完成，其后不久，颜之推便因病辞世，卒年不详，约在开皇十余年中。《颜氏家训》是一部内容全面详备，立论平实切用，见解不同流俗，影响广泛深远的著作，曾被誉为"家训之祖"。

二、教育思想

颜之推"生于乱世，长于戎马，流离播越，闻见已多"，在幼儿家庭教育方面也形成了许多真知灼见。《颜氏家训》中的《序致》《教子》《兄弟》《治家》《勉学》《慕贤》《涉务》等篇目，都论及幼儿家庭教育问题。虽然该书的目的在于训诫颜家子弟，使他们能够承续家业，光耀门庭，但其所提出的幼儿家庭教育主张却早已超出颜氏一族，在封建社会士人群体中广为流传。

（一）尽早施教，德艺共进

俗语有云："教妇初来，教子婴孩。"在家庭教育方面，颜子推同样提倡尽早施教，最好能从胎教开始。他指出，古时候的帝王之家不但有良好的胎教，而且还能做到"生子咳嗳，师保固明，孝仁礼义，导习之矣"。《说文解字》中解释："咳，小儿笑也。"咳嗳，亦作"孩提"，指两三岁的幼儿，处襁褓，能咳笑，可提抱者也。也就是说，当太子两三岁时，负责其教育的师保之官便已确定，孝、仁、礼、义等方面的教导和学习已经开始。普通家庭即便不能实施胎教，也应在幼儿能够看懂长辈脸色、知晓长辈喜怒之时，开始施教，使之养成尊重、服从长辈的习惯。

为什么如此重视对家族子弟的早期教育呢？颜之推从幼儿的心理发展特点出发，认为主要有两点原因：一是"人生小幼，精神专利"。意思是说，人在幼年之时，心智单纯，专注敏锐，有极大的可塑性，有利于接受教育，长大成人以后，精神反倒易于涣散。因此，家长不可错过孩子幼年这一绝佳的教育时机。二是"人在少年，神情未定"。意思是说，人在少年时期，其精神和性情都未定型，受到什么样的影响，便会成为什么样的人，因此，必须尽早对幼儿施加正确、良好的教育影响。

那么，何谓正确、良好的教育呢？换言之，幼儿家庭教育都包含哪些内容呢？在此问题上，颜之推认为，学习除了应该"增益德行"外，还应该能够"开心明目，利于行耳"。因此，他主张幼儿家庭教育应包含"德育"和"艺教"两个方面的内容。"德育"，即封建伦理道德教育，以儒家经典为主要载体，兼及百家之书。当时，"士大夫子弟，数岁已上，莫不被教，多者或至礼、传，少者不失诗、论"。学习儒家经典，无论深浅，皆是为了让子弟自幼知晓忠孝仁义之礼，同时还要努力做到"学之所知，施无不达"，即将从经典中获知的道理，时时处处运用于人生实践。

另外，在颜之推看来，儒家经典和百家著述不仅可以作为德行规范修己齐家，还不失为一种学问和才艺，使士人赖以安身。身逢乱世，唯"有学艺者"，方能"触地而安"。"虽百世小人，知读论语、孝经，尚为人师；虽千载冠冕，不晓书记者，莫不耕田养马。"当然，颜之推所谓的"艺教"，不只学习经史百家等书本知识，还包括各种职司、各行各业的实践知识和与人交往、生活所需的各种杂艺。颜之推认为，社会各界"皆有先达，可为师表，博学求之，无不利于事也"。他这种将劳动者中的"先达"树立为士大夫子弟学习榜样的做法，在封建社会体制下十分难得。而对于各种杂艺，颜之推则一方面肯定它们对于生命健康和生活娱乐的重要价值，另一方面，却仍旧主张只需稍加学习，将之作为一种谈资或爱好即可，切不可以其为业，使自己为他人役使，亦不可沉溺其中，以致荒废正业。

（二）严以施教，慈爱有节

尽管颜之推承认令至亲骨肉皮肉受苦的做法，为所有慈爱父母所不忍，但在诚不得已的情况下，他也不反对以棍棒捶挞的方式严惩子弟，并认为父母"威严而有慈"要远胜于"无教而有爱"。作为一个富于教育理性的封建社会大家长，颜之推十分强调为父的尊严，主张"父子之严，不可以狎；骨肉之爱，不可以简。简则慈孝不接，狎则怠慢生焉"。狎，乃亲密之意，简，指不拘礼节。意思是说，父子之间不可以过分亲密，更不可不拘礼节，否则，非但有损慈爱孝敬之意，还会渐生放肆不敬之心。

为什么家庭教育要如此强调一个"严"字呢？对于个中原因，颜之推不但讲理清楚，更有史实为据。他说："饮食运为（即行为——笔者注），恣其所欲，宜诫翻奖，应呵反笑，至有识知，谓法当尔。骄慢已习，方乃制之，捶挞至死而无威，忿怒日隆而增怨。逮于成长，终为败德。"意思是说，子女吃喝玩乐，为所欲为，家长不惩反奖，不怒反笑，等到子女懂事之后，自会认为一切理所当然。不良习气业已形成，此时家长才想设法制止，即便将子女打死也无法树立威严，只会徒增对子女的愤怒，并招致子女的怨恨，子女虽能长大成人，但却终究道德败坏。颜之推的此番说理，真乃家庭教育的至理名言，它告诉为人父母者，严以施教才是对子女真正的爱，而所谓的慈爱则应该有所节制，许多家庭在子女教育上的失败，皆是由未能摆正"严"与"慈"之间的关系所致。我国历史上不乏这样的惨痛教训，为使家族子弟引以为戒，颜子推先举梁元帝时从小被父宠爱的学士，终因激怒刺史周逖而被抽肠而杀的案例，再举一向被宠爱厚待的琅邪王高俨，终因得罪继位太子而被秘密处死的史实，可谓有理有据，发人深省。

（三）以身作则，均爱勿偏

父母除了要对子女严加管教外，还必须以身作则，为子女营造一个良好的家教环境。这种环境对子女成长所造成的影响，颜之推称之为"风化"，"夫风化者，自上而行于下者也，自先而施于后者也"。所谓由上而下、由先而后，是指身为父兄者首先做好自身，进而为子弟树立榜样。颜之推认为，父慈则会子孝，兄友则会弟恭，子弟即便"无心于学"，也会受到"潜移暗化"。家长乃是子女心目中最为亲近之人，如果同时也能成为其最为敬佩之人的话，那么，"风化"自然会变得更加容易也更加有效，诚如颜之推所言："同言而信，信其所亲；同命而行，行其所服。"子女能够听信和服从家长的根本原因，不在于家长的"严"或"慈"，而在于他们对家长的"亲"和"敬"。

想要赢得子女的"敬"，家长除了要以身作则，还要做到对子女的"均爱勿偏"。不能对子女一视同仁的家长，很难真正得到子女的"敬"。然而，"人之爱子，罕亦能均；自古至今，此弊多矣"。家长都爱自己的子女，但很少能够平等对待，并因此造成了很多不良后果。漂亮聪明的子女自然容易得到家长的喜爱，但也会因家长的娇惯宠溺而反受其害；顽劣愚钝的子女更应得到怜悯，但往往因反遭冷遇而自尊受损。因此说，那些偏宠子女的家长，虽欲爱之，但实则害之；事与愿违，却难以自知。无论就子女的发展而言，抑或就家庭的和睦而言，"均爱无偏"无疑是家庭教育务必遵循的一条准则。

颜之推的家庭教育思想，虽以使后代"光耀门楣"为目的而提出，其中也不乏受封建思想影响的痕迹，但却包含了许多古今家庭教育方面的共性问题，仍然具有现实价值和借鉴意义。

第三节 "小学者，学其事"：
朱熹的"小学"教育思想

一、生平简介

朱熹，字元晦，又字仲晦，号晦庵，晚号晦翁、云谷老人，谥文公，又追封徽国公。祖籍徽州婺源（今江西婺源），南宋高宗建炎四年（公元 1130 年）生于南剑尤溪（今福建尤溪）。

十八岁乡试考取贡生，十九岁参加科举中进士，二十二岁职官选拔考试成绩中等，被授泉州同安县主簿，由此踏上为官和从教之路。然而仕途多艰，四十九岁才获任南康军知军，晚年任焕章阁待制兼侍讲，却遭谗言，未满两月即被罢免，至此政治生涯结束。

朱熹一生为官仅十余年，但其求学从教著书的生活却长达四十余年。二十四岁初遇"二程"（即程颢和程颐）三传弟子李侗，三十一岁正式拜李侗为师，从此思想大变，由禅入儒。三十八岁访张栻，朝夕论道。四十六岁与吕祖谦共读"二程"、周敦颐和张载的书，并与陆九渊兄弟会于江西上饶鹅湖寺，史称"鹅湖之会"。为官期间，他还先后修复白鹿洞书院和岳麓书院，并在其中给诸生讲学。

朱熹著述颇多，其中，由他编撰的教材《小学》、制定的学规《童蒙须知》，及由门人弟子辑成的《朱子语类大全》等，集中体现了他的"小学"教育思想。

二、教育思想

根据人的心理发展特点和学习理解能力，朱熹将教育分成"小学"和"大学"两类，即所谓"古之为教者，有小子之学，有大人之学"。并且认为，自王公以下，至庶人子弟，都应接受"小学"普及教育。"小学"虽不像"大学"那样"教之以穷理正心、修己治人之道"，但它却是后者的基础，同样具有重要意义。因此，对于"小学"教育相关问题，朱熹做了较为全面、系统的论述。

（一）教育目的：培养"圣贤坯璞"

朱熹认为，教育的根本目的在于明五伦、为忠孝、成圣贤，而"小学"教育便是为上述目的的实现奠定基础。他说："古者小学已自养得小儿子，这里定己自是圣贤坯璞了，但未有圣贤许多知见""古者小学已自暗养成了，到长来已自有圣贤坯模，只就上面加光饰。"又说："据于德，则是这个物事已成个坯璞子了。"所谓"坯璞"，是指已初具规模的事物或半成品；所谓"据于德"，是指已经养成伦常日用德行习惯。据此可知，"圣贤坯璞"就是已初具一定德行，而未明其后义理的幼儿。"小学"教育就是要先行培养这样的"圣贤坯璞"，"而后进乎明德新民，以止于至善"。

至于为什么要在孩子小时便进行这种"打坯模"式的"小学"教育，朱熹认为原因有两个：一是"人之幼也，知思未有所主"，易受异端邪说影响，这种影响形成以后，再以儒家伦常礼义教之，则会遭遇抵触和阻碍，使孩子不但无法成圣成贤，甚至想要成人也无法实现，正所谓"发然后禁，则扞格而不胜"；二是致知之学若不蒙始于"小学"阶段，不但"无以收其放心，养其德性"，无法"习与知长，化与心成"，甚至还会酿成"时过然后学，则勤苦而难成"的后果。因此，"小学"教育必须先入为主，以培养"圣贤坯璞"为目的。

（二）教育内容："酬酢讲量之事"

如何培养"圣贤坯璞"呢？朱熹认为："圣贤之学，虽不可以浅意量，然学之者，必自其近而易者始。"意思是说，培养圣贤的教育，应该从"近而易者"开始。那么，何谓"近而易者"呢？在朱熹看来，"酬酢讲量之事"便是。所谓"酬酢之事"，即交际应酬，包括洒水扫地、待人接物等。所谓"讲量之事"，即修敬养德，包括敬爱师长、友爱亲朋等。因此，他主张"小学者，学其事"，并要"直理会那事"，即在规范行为和养成习惯上下功夫，而不必探究做事背后的原因和道理。同时，他还指出，由于幼儿未能知晓义理，不具辨别能力，故在"小学"教育过程中，更需谨慎防范，以免使其沾染恶习。对于当时那种"自小即教做对，稍大即教作虚诞之文，皆坏其性质"的做法，朱熹是持严肃批评态度的。

至于"礼、乐、射、御、书、数之文"，朱熹也将其列为"小学"教育的重要内容，一方面因为其中包含一些具体而实用的知识和技能，让幼儿概略地掌握这些知识技能，也属于"学其事"的范畴；另一方面，古人也都自小对这些内容有所了解，长大后再作深入探究便不需费力，如果今人自小失之，长大后再想填补，便难上加难了。

（三）教育原则："多说那恭敬处"

从根本上说，"小学"是要让幼儿获得对儒家伦常的早期人生体验，并使这种体验对其一生的成长发展形成影响，为此，它更需要正面的引导和积极的感化，而不是负面的禁防和消极的限制。朱熹对此有着较为深刻的认识，他认为，如果不能对幼儿进行正面的引导，那么，负面的限防"亦必不胜矣"。因此，他主张对幼儿的"小学"教育应遵循"多说那恭敬处，少说那防禁处"的原则。他在《小学》一书中，收录了许多关于忠君孝亲、勤俭治家、刻苦学习、砥砺德行等方面的格言、故事、训诫等，让幼儿通过读《小学》一书而模仿古圣先贤的嘉言懿行，学到"做人的样子"，便是对这一原则的切实贯彻。

朱熹还通过制定"须知""学则"的方式规范、训练幼儿的道德行为。在他所编订的《童蒙须知》中，有对幼儿日常行为的正面且具体的指导，如"大抵为人，先要身体端正""凡为人子弟，须是常低声下气""凡读书，须整顿几案，令洁净端正""凡写字，要未问写得工拙如何，且要一笔一画，严正分明，不可潦草"等。除了通过书本进行正面引导外，朱熹甚至主张在幼儿生活活动的范围内四处铭刻箴言，使良好的行为在幼儿心目中不断得到强化，达到"久自安习，若固有之"的效果。这些做法都是正面教育原则的体现。

另外，在择师选友方面，朱熹也强调要遵循正面教育原则，教导子弟与那些"敦厚忠信，能攻吾过"的"益友"交往，并远离那些"谄谀轻薄，傲慢亵狎，导人为恶"的"损友"。

总而言之，朱熹的"小学"教育，实是一种"成人"教育，即让幼儿践行成人社会的礼仪规矩并养成习惯，它与"大学"的"成智"教育，即让成人懂得纲常背后的深层道理并推己及人，有所不同。"小学"教育思想是朱熹教育思想的重要组成部分，包含不少具有积极意义和科学价值的内容，在古代学前教育理论史上占有重要的一席之地。

第四节　"明心见性，顺应自然"：
王守仁的幼儿教育思想

一、生平简介

王守仁，幼名云，字伯安，号阳明，世称阳明先生，浙江余姚人，明宪宗成化八年（公元 1472 年）生，明世宗嘉靖七年（公元 1529 年）卒，享年五十七岁。

王守仁十一岁立读书学圣贤之志，十五岁出居庸三关，逐胡儿骑射，尽显任侠之心。此后，又醉心于兵法、辞章之学。二十八岁中进士，入仕途。在学术上，精力充沛，兴趣广泛，不囿于程朱理学，将思想转向佛老，又渐觉佛老之非，重归儒学。三十四岁得罪刘谨而入诏狱，翌年谪贵州龙场驿。其间，悟安身立命之道，为其"心学"奠定基础；遂在龙场建书院，教学生，声名远播。三十七岁谪居期满，迁任江西庐陵知县。依其德治思想，仅七个月便将该县治理得井井有条。后又在南京为官两载。四十一岁到滁州督马政。由于地僻官闲，便在山水间讲学。此后，陆续讲学于南京、南赣、余姚等地，推广社学。其间，提出著名的"天泉四句教"，并平定宁王朱宸濠叛乱。五十六岁奉命离乡，至梧州征讨土目叛乱。不足一年，叛乱即平。然而，因带病出征，日夜操劳，加之气候恶劣，致其病情恶化，于返乡途中，瞑目而逝。

王守仁述而不作，其幼儿教育思想主要体现在讲学南赣时所做的《社学教条》和弟子辑成的言论集《传习录》中。

二、教育思想

王守仁的幼儿教育思想，基于其"心学"而提出。所谓"阳明心学"，简而言之，即"心即理""致良知""知行一致"等学说。如果追根溯源，则阳明心学导源于孟子学说。孟子从性善论，内发论出发，将仁义道德纳于人性之中，为心学奠定了理论基础。故而，王守仁所倡导的幼儿教育也是根据幼儿的内在本性和能力特点而实施的，与当时的"传统"教育有着明显的不同。

（一）"趋向鼓舞，萌动发越"

王守仁非常重视幼儿教育，要求"不但勤劳于诗礼章句之间，尤在致力于德行心术之本"。他主张对幼儿的教育应充分开发其道德主动性和自发性，避免以压抑的方式将伦理纲常作为知识进行灌输。想要做到这一点，就必须顺应幼儿本性，促进其自然发展。他说："大抵童子之情，乐嬉游而惮拘检，如草木之始萌芽，舒畅之则条达，摧挠之则衰痿。"意思是说，幼儿的天性是乐于玩耍而不喜拘禁的，就像草木刚刚萌芽，顺其自然则会枝繁叶茂，摧残扰乱则会衰败枯萎。

那么，应该怎样做呢？王守仁认为："今教童子，必使其趋向鼓舞，中心喜悦，则其进自不能已，譬之时雨春风，霑被卉木，莫不萌动发越，自然日长月化。"所谓"趋向鼓舞"，即指幼儿道德发展的主动性，乐其所学，内心愉悦；所谓"萌动发越"，即指幼儿道德发展的自发性，自生自长，不断超越。进而，他主张以歌诗来诱发幼儿的志向，并宣泄其旺盛的精力和内心的抑郁；以礼仪来整肃幼儿的仪态，并运动其体内的血脉和周身的筋骸；以读书来开发幼儿的心智，并巩固易变的心性和未坚的意志。这些幼儿教育主张，皆在于顺其性情，而又导其性情。王守仁因循幼儿自然性情而对其进行仁义道德教育，与老庄将仁义与自然对立的教育观点相比，实在高明得多。

同时，王守仁也指出，如果不注重幼儿道德发展的主动性和自主性，对其天性肆意摧残压抑，则会导致非常严重的不良后果。他说："近世之训蒙稚者，日惟督以句读课仿。责其检束，而不知导之以礼；求其聪明，而不知养之以善。鞭挞绳缚，若待拘囚。"只知教句读者，是经师而非人师；单纯求结果者，是管束而非教育。这样的蒙师，这样的做法，只会使幼儿"彼视学舍如囹狱而不肯入，视师长如寇仇而不欲见，窥避掩覆以遂其嬉游，设诈饰诡以肆其顽鄙，偷薄庸劣，日趋下流"。教室好像监狱，教师好像仇敌，学生顽劣庸鄙，尽失向上动力。这种违背教育规律而酿成的恶果是何等的可悲、可怕，同时也反衬出，王守仁顺应自然的幼儿教育主张是多么的富有哲人智慧，值得后人珍视。

（二）"盈科而进，随人分限"

对幼儿的教育，不但要顺应其自然性情，还应该考虑其成长过程，进而做到"从本原上用力，渐渐盈科而进"。也就是说，要根据幼儿发展的阶段特点，循序渐进地推动其内在成熟和道德成长。王守仁说："童子自有童子的格物致知"，虽嬉戏中见了先生长者便去作揖恭敬，是他能格物以致敬师长之良知了。"由此可知，一方面他承认童子也可以格物致知，即肯定童子也有发展的无限可能性，这与孟子的"人人皆可为尧舜"观点相同；另一方面，他认为童子能够通过格物而致良知的程度与成人不同，童子的格物致知能力发展到哪里，对其开展的教育便要到哪里，这体现的便是《学记》中的"学不躐等"原则。

同时，王守仁还强调："我辈致知，只是各随分限所及。""与人论学，亦须随人分限所及。"所谓"随人分限所及"，就是要考虑到不同的人所具有的实际接受能力不同，在教育和学习上量力而施，量力而行。换言之，对幼儿的教育，不但要"循序"，还要"量力"。王守仁甚至还主张让幼儿在学习上保有余力。他说："量其资禀，能二百字者，止可授以一百字。"这样做的目的是"常使精神力量有余，则无厌苦之患，而有自得之美"。王守仁这种不让幼儿产生畏难甚至厌学情绪的观点，对今天的幼儿学前教育改革发展不无启示。

（三）"因人而施，各成其材"

王守仁认为，人的先天资质和身心特点有所不同，因此在教育上也要区别对待。也就是说，对幼儿施教，不但要考虑其共性特征，还要注意个体差异。他将基于个性差异的因材施教比作良医诊病，对症开方，他说："夫良医之治病，随其病之虚实、强弱、寒热、内外，而斟酌、加减、调理、补泄之，要在去病而矣。"套用这段话到教育上则是："夫良师之教人，随其质之高低、上下、长短、多寡，而引导、塑造、修正、完善之，要在成材而矣。"

因材施教的目的便是使每个幼儿在长大后都能"各成其材"，王守仁说："因人而施之，教也，各成其材矣，而同归于善。"他认为，每个幼儿都有其成长的优势所在，教育者若能找准其长处加以造就，便可成就其某一方面的才能。如三人习射，"一能步箭（即步下射箭——笔者注），一能马箭（即马上射箭——笔者注），一能远箭（即远处射箭——笔者注）。射得到，俱谓之有力；中处，俱可谓之巧。但步不能马，马不能远，各有所长，便是才力分限有不同处"。才能如此，性格也是如此。因此，王守仁要求教育者还要根据幼儿的不同性格选择不同方法进行陶养，即所谓"狂者便从狂处成就他，狷者便从狷处成就他。人之才气，如何同得"？王守仁这种尊重个性，承认差异的思想，就当时普遍抹杀个性的教育而言，有着明显的进步意义。

王守仁的幼儿教育思想，是其全部教育思想的精华，且多与近代进步教育学说相契合，尤其是"顺应自然"的教育观，比西方"自然教育论"的提出还要早二百多年，实在难能可贵。

第五节 "蒙以养正，习与性成"：
王夫之的童蒙教育思想

一、生平简介

王夫之，字而农，号姜斋，又号夕堂，湖广衡州府衡阳县（今湖南衡阳）人，明万历四十七年（公元1619年）生，清康熙三十一年（公元1692年）卒，晚年隐居湘西石船山，人称船山先生，与顾炎武、黄宗羲并列清初"三大儒"。

王夫之七岁随长兄读十三经，十岁从父亲学经义，十六岁学诗文，读诗十万余首。二十一岁仿照复社组建"匡社"，意在匡国济民。二十四岁乡试第五名，是年李自成攻陷开封，张献忠进逼蕲水。二十六岁闻清兵入关，李自成败走，崇祯帝自缢，作《悲愤诗》一百韵。三十岁举兵抗清，后战败军溃，隐居石船山。三十六岁起，边授徒讲学，边著书立说。四十四岁闻南明永历帝兵败遭擒，续作《悲愤诗》一百韵。六十岁逢吴三桂衡州称帝，因拒写《劝进表》而遁入深山。此后十余年，虽病，但吟诵不辍，著作颇出。七十一岁书写对联："清风有意难留我，明月无心自照人"，以表晚节。七十四岁病逝于湘西草堂，葬于大罗山。自题墓铭曰："抱刘越石（即刘琨——笔者注）之孤忠而命无从致，希张横渠（即张载——笔者注）之正学而力不能企。"

王夫之为百科全书式学者，可谓著作等身。其中，涉及其蒙学教育思想的有《说四书大全说》《张子正蒙注》《尚书引义》《四书训义》《思问录》《周易外传》等。

二、教育思想

王夫之的蒙学教育思想，是以其"日生日成，继善成性"的人性论为基础，并总结多年教育实践和自身成长经历而提出的具有进步性的理论体系。

（一）教育目的："导之以顺，善学自得"

在蒙学教育中，王夫之强调要把握幼儿身心发展的规律和特点，深知其智力水平和兴趣爱好，并遵循这些规律和特点，顺势引导幼儿的兴趣爱好，使其乐于学习。这是童蒙教

育的重要目的之一。他认为："养蒙之道，通于圣功，苟非其本心之乐为，强之而不能以终日，而应尊重儿童自然天性，而教者导之以顺。"意思是在童蒙教育中，不可逼迫幼儿学习，而应顺应天性进行引导，使其心中喜悦，毫无厌倦之情。

同时，王夫之还认为，童蒙教育除了应使幼儿"本心乐为之兴趣"外，还要努力提高其自学自修之心志，并指出："有自修之心则来学因以教之，若未能有自修之志而强往教之，则虽教亡益。""善教者必有善学者，而后其教之益大，教者但能示以所进之善，而进之之功，在人之自悟。"在他看来，在教学中，真正的内在动力是受教育者的自觉自强，"惟知学然后能勉，能勉然后日进而不息可期矣"。因此，他强调要从小培养幼儿奋斗不息的进取精神，充分发挥其自觉能动性，使每个幼儿都能够善学自得。

（二）教育内容："立教有序，教事习文"

王夫之根据幼儿和成人的不同特点，主张把"小人之学"和"大人之学"区分开来，并从幼儿自身成长顺序出发，拟定了较为全面的童蒙教育内容。

1. 粗小之事

王夫之认为："有物始有知""学之始事，必于格物"。意思是必须从具体的事物中求得知识，即由"事"及"理"。同时指出："于事有大小精粗之分，于理亦有大小精粗之分。"于是，按照循序渐进的原则，"小人之学"便应教以一些"粗小之事"，具体而言，主要包括两个方面：首先教授日常生活中的洒扫、应对等事，继而学习这些小事中所蕴含之"理"。而且王夫之还强调，儿童蒙教育要以"教粗小之事"为主。至于"理"，则只能从事中慢慢体会，待幼儿逐渐长大，理性思维能力逐渐增强，才能真正有所领悟。这样的教学安排符合人的认识规律，具有一定的科学性。

2. "小艺"教育

王夫之主张，在蒙学教育中要教授"六艺"，只不过不是传统的"礼、乐、射、御、书、数"，而是以书、数为主的基础知识和技能，即"小艺"。他认为，书、数等"小艺"是"小学之初事"，也是日后学习"五经四书"、精深义理的基础和先导，因此，必须作为童蒙教育的内容之一。

在"小艺"教育中，书是以识字和写字为主要内容的语文教育，数则是以算术为主要内容的数学教育。相比之下，王夫之更重视语文教育，认为"蒙养之时，识字为先"，并强调"识字便须知'六书'之旨，写字却须端妍合法"。可见，学习汉字的构成和使用方式，写一手端正、规范的书法，是童蒙教育的基本要求。王夫之继承汉代"教六书"的传统，将"六书"与识字、写字教学相结合，既有利于加深对汉字的理解，也有利于人格培养和性情陶冶，更体现了其对传统汉字文化的敬畏和尊重。

3. 读书作文

王夫之认为，在"书"的教育之后，就应该开始"文"的教育，即读书作文的教学。同时强调读书作文要与思想教育相结合，达到教授诗文以正人心、立人格的目的。这是因为"思想纯正，造意超卓，其文必胜"，反之，"其情私者，其词必鄙，其气戾者，其言必倍（悖）"。在读书方面，王夫之不主张学习《千字文》等蒙学教材，而是《小学》《孝经》等书。在作文方面，第一，王夫之在注重方法技巧传授的同时，更强调作文对幼儿潜移默化的思想提升和道德教育作用，并认为诗文创作应"以意为主"，只有立意深远，思想深刻，且意与势能有机结合，才会显得有灵气，避免落入俗套。第二，王夫之要求诗文创作要努力达到情景交融的艺术境界，实现景中含情，情中有景，而不是"意外设景，景外起意"。第三，王夫之认为诗文创作须主题鲜明，切忌无病呻吟。

（三）教育原则："因人循物，必豫必可"

在长期的教育实践中，王夫之一面继承传统教育思想，一面总结自身教学经验，提出了一系列有价值的童蒙教育原则，成为其童蒙教育思想的一大亮点。

1．因材施教，各如其量

王夫之认为，幼儿"有初学难而后易者，有初学易而后难者"，必须审其"刚柔、敏钝之异"，然后，"教者顺其性之所近，以深造之，各如其量"。只有这样，才能使幼儿最终学有所成，深造自得。

王夫之说："顺其所易，矫其所难，成其美，变其恶，教非一也。"意思是说，因材施教，便是根据幼儿的不同特点，以不同教法对其进行引导，让其在现有基础上有所进步。王夫之总结自身教学经验后指出："吾则因其所可知而示之知焉，因其所可行而示之行焉，其未能知而引之以知焉，其未能行而勉之以行焉，未尝无有以诲之也。"可见，王夫之面对不同的学生，施以不同的教育，业已达到"教无不可施"的境界。

2．学思相资，致知之途

儒家传统一向重视学与思的关系，王夫之继承了传统并进一步发展，不仅将学、思视作获取知识的两个途径，而且还深刻阐释了二者之间的关系。他说："致知之途有二：曰学，曰思。学则不恃己之聪明，而一惟先觉之是效；思则不徇古人之陈迹，而任吾警悟之灵。乃二者不可偏废，而必相资以为功。"意思是说，学和思是获取知识的两个途径，一方面我们不能自恃聪明，而应虚心向学；另一方面我们也不能一味好古，而应独立思考。学和思不可偏废，只有相互结合才能真正获取知识。

王夫之又说："学非有碍于思，而学愈博而思愈远；思正有功于学，而思之困则学必勤。"即学习并不阻碍思考，学习得越广博，思考就越深远；思考却有助于学习，思考困难之处，学习更须勤奋。

学和思皆以"致知"为目的，相对而言，王夫之更重视"思"，认为想要真正"致知"，则须全面而深入地思考，不能浮于表面或囿于一说。他说："夫人之不可为师者有二：智辩有余者，偶尔有所见及，即立为一说，而不顾其所学之本业，议论一新，人乐听之，而使学者迷于所守。诵习有功者，熟于其所传习，乃守其一说而不能达于义理之无穷，持之有故，自恃为得，而使学者不所复通。"这两类人或思虑未能深广，或学思未能结合，因而皆不能真正"致知"。

3．循序渐进，有序不息

人的学习有一定顺序性，诚如"物有本末，事有终始"。王夫之曾明确指出："夫末生于本，则先立其本而后末可通焉；始必念其终，则先正其始而后可大其终焉，学者先后之序可知矣。"学习必须按"循物求理"的顺序进行，不可盲目求大，急于求成。教学也要遵循学习规律，由根本到枝节，由粗小之事到精深之理。同时，还强调要"不息""恒守"，即勿使间断、持之以恒。

4．教之必豫，且当其可

王夫之认为，童蒙教育要有"预见"，即"蒙童则必教，而教之必豫"。意思是对幼儿进行教育，必须注意"预"的原则，制订良好计划，事先采取措施，争取先入为主，避免幼儿"陷入恶习"或出现不良倾向，否则，当积习已深再教育引导便倍感困难。另外，王夫之也强调要"正其志，端其习""预养于先，使其志驯习乎正"，即加强对幼儿的远景教育和前途教育，这同样体现了"预"的原则。

同时，王夫之还主张把握教育的最佳时机。他说："当其可，乘其间而施之，可者，当其时也；间者，可受之机也。"所谓"可""时"，皆是最佳时机之意。《学记》有云："时过然后学，则勤苦而难成。"一旦错过童蒙教育的最佳时机，则会徒增困难、费时费力且难得实效。

综上所述，王夫之的童蒙教育思想系统、全面且不乏真知灼见。取其精髓，以为今用，则会促进当前幼儿教育的改革和发展。

第六节　"以古为新，古为今用"：
古代学前教育思想之启示

一、对当代学前教育的启示

（一）注意及早施教，促进全面发展

在当代，已有越来越多的人开始认识到及早施教的好处，社会上日渐增多的早教机构也充分表明了及早施教对于幼儿身心成长的重要性。不过，也有人错误地认为早教便是提前进行各种知识的学习，反而阻碍了幼儿的全面发展。早教应该以促使幼儿在身体、心理、品行和人格等多方面共同进步为目标，通过及早施教纠正幼儿的不良言行、弥补幼儿的不足之处，为幼儿日后健康、聪慧成长，并最终成为完善且高尚的人，打下坚实的基础。

（二）家教严慈相济，避免亲子疏离

虽然在现代社会中，"棍棒之下出孝子"的传统观念早因迂腐不堪而不再流行，但对子女应严格管教或严慈相济的观点却值得肯定。英国著名教育家亚历山大·尼尔倡导一种近乎放任的自由教育，而被誉为美国头号心理学家、家庭最高顾问的詹姆士·杜布森博士，则呼吁对孩子要"勇于管教"，并认为放任的教养方法不仅是失败的，更是一场灾难。严格的管教实际上是父母在帮助自己的孩子，使他们能够勇于面对挑战、承担责任，真正做到自律自尊。恰当的管教与真心的爱护结合，不但不会使亲子疏离，反而是使亲子关系融洽和谐的真正要诀。

（三）重视道德行为，而非道德认知

培养幼儿良好的道德素养，仅靠道德说教是无法实现的，正确的途径应该是从道德行为训练做起。例如，便后洗手，打扫房间，整理桌案，端正读书，归还借物等行为，必须在日常生活中随时进行规范并尽量养成习惯。至于道德认知，则可以在幼儿稍长后逐渐使其领悟。在我国大力倡导构建和谐社会的今天，培养具有较高道德素养的人是时代所需，因此，学前教育应以此为目标，使幼儿从小养成良好的道德行为习惯。

（四）享受快乐生活，激发幼儿自信

幼儿的良好发展与其自信的品格密不可分。自信源于内心快乐，内心快乐又以自觉自愿为前提和基础。使幼儿快乐地生活，激发他们的自信，对其良好品性的形成有至关重要的影响。夸美纽斯说："快乐的本身就是一种甜蜜的喜悦。"当幼儿沉浸在这种喜悦之中时，便会产生创造美好事物的冲动和充满智慧的想象，引导他们自觉尝试和努力发现，从而激发他们的自信。因此，让幼儿快乐地生活，自信地成长，应该成为当今学前教育矢志不渝的追求。

（五）引导自觉学习，强化自我教育

作为学前教育的教师，一方面要有真才实学，绝不能"以己昏昏使人昭昭"，令学生"学而愈惑"；另一方面还要善于引导，能够让学生自觉学习、自我教育。好的教学应该是在教师指导下学生自觉求知的过程，教师只负责给学生指明"进善"的路径，如何行走则靠学生"自悟"。只有自觉、自悟、自得的东西，才对幼儿成长真正具有价值。正如孟子所说："自得之，则居之安，居之安则资之深，资之深则取之左右逢其源。"

二、给学前教育师生的建议

第一，全面掌握颜之推的家庭教育思想，并尝试比较朱熹与王守仁的幼儿教育思想。

第二，学会评价古代学前教育家的教育思想，并总结古代学前教育思想中有积极意义的主张。

第三，努力增长见识，开阔视野，以史为鉴，树立科学的幼儿发展观和学前教育观。

 练习题

1. 简述颜之推家庭教育思想及其当代价值。
2. 试比较朱熹与王守仁幼儿教育思想的异同。

第二编

近代学前教育史

第三章 清末时期的学前教育

幼稚园设立之始意，所以将贫贱家儿童养成美材，富贵家父母当不虑其子弟同处染坏习气；有此感情，将来小学堂不分贫富贵贱可施共同教育，此为小学堂行同等教育补救之法，故幼稚园教育所关甚巨。

——《湖南蒙养院教课说略》

光绪二十九年癸卯秋间，聘日本保姆三人，立蒙养院于武昌，北京京师第一蒙养院也于是年成立，并办有保姆师范，院长由日本保姆师范毕业，又聘日本教师二人，修业期限为五年……随后上海务本女学、爱国女学、无锡竞志女学以及北京、天津名公巨卿间聘日本保姆以教子女者亦颇有人。光绪三十三年，吴朱哲女士从日本保姆养成所学习归国，创办保姆传习所于上海公立幼稚舍……同此数年间，广东等地方也渐设立。

——张雪门《新幼稚教育》

中国之宜设幼稚园，如此其急也。吾党传道之士，苟知劝道华人之法，惟幼稚园之收获为最大。吾知其必置他事于缓图，而以是为无务，非吾之过甚其辞也，幼稚园之设，即以道德救儿童者也。吾党之教华童者，不必遽以圣贤期之也，而当先使之强毅有为，以渐跻于圣贤之域，故上帝之宝座，可藉教室之讲台而至者，藉儿童之游戏而亦至，其谨记之勿忘。

——[美]林乐知《论中国亟需要设立幼稚园》

鸦片战争后，中国由封建社会逐渐沦为半殖民地半封建社会，随着"西学东渐"的深入和洋务运动、维新运动的开展，中国学前教育也从封建制家庭教育趋向近代化、社会化发展。清末时期，中国诞生了第一个学前教育法规，确立了学前教育在整个教育体系中的基础地位，创办了第一批学前社会教育机构。由于各地幼稚园的创办和幼儿师资培养多有赖于日本保姆和教习，蒙养机构课程设置、教材教法等多深受日本影响，因此，这一时期又被称为日本式的学前教育发展时期。与此同时，西方传教士也在各地创办了一系列学前教育机构，它们既是中国近代学前教育的重要组成部分，也为其发展开辟了道路。

第一节 "取法日本"：清末蒙养院的建立和发展

正规的学校教育是社会生产力发展到一定阶段的产物。从世界范围来看，正规的学前教育机构都是社会发展到资本主义阶段才开始出现的。中国漫长的封建社会形成了根深蒂固的封建教育制度和教育思想，因此，直至20世纪初期，近代意义上的学前教育机构才真正建立并逐步发展起来。

一、"世变风移"：清末蒙养院的产生背景

（一）经济基础：近代民族资本发展

明清之际，资本主义萌芽已在中国出现，然而，受封建社会各种制度和思想的钳制，没能得到正常而有序的发展。两次鸦片战争以后，中国才有了真正意义上的近代工业。19世纪60—90年代，洋务派提出了"富强"的口号，并建立了一系列军工和民用企业。这些洋务企业具有明显的封建性，非但不以促进中国资本主义发展为目的，反而是作为抑制民主资本生长的工具而存在。不过，它们却在客观上对民族资本主义工业发展起到了一定的促进作用。资本主义工业生产的出现，使中国社会经济发生重大改变，原本自给自足的自然经济逐步瓦解，农民和手工业者大批破产。据统计，1900年前后，由民族资本家创办、资本在万元以上的工矿企业已有120余家，资本总数将近2 300万元。随着民族资本主义的发展，近代工人阶级队伍也在不断壮大，1900年时已达十万之众。许多妇女为生计所迫，也开始走出家门、走进工厂，参加工业生产劳动。此种情况下，学前教育若仍像旧时那样由家庭承担已然不切实际，也不符合社会发展需要。于是，设立正规学前教育机构以替代家庭发挥教育功能，便成时代之所需。从这个意义上来说，清末蒙养院实是近代民族资本发展的产物。

（二）政治基础：清末政府推行新政

为了挽救即将倾覆的王朝，1901年清廷开始实行"新政"改革。在教育上，清廷采纳康有为等人的建议，"远法德国，近采日本，以定学制"。日本的近代教育同样是西方的舶来品，只是经过了一个快速吸收并不断改造的过程。1890年《教育敕语》颁布后，日本国家主义教育体系逐步建立起来，他们在"求知识于世界"的同时，仍然强调传统文化的保留和道德教育的加强。这一点与清廷的办学宗旨颇为契合。此外，日本还在政治上实行君主立宪制，经济上保留封建土地所有制，这些均为清廷所赞赏。因此，清末新政时期教育改革以日本近代教育体制为蓝本，挪用其办学模式和教育内容，实在是情理之中的事情。在学前教育方面，清政府不断派遣留学生和政府官员赴日本考察教育，其中不少人参观日本的幼稚园，并对日本的学前教育进行介绍。从1901年开始，中国女子开始留学日本并接受幼儿教育专业训练。至1907年，仅东京一地，便有近百名在师范科学习的中国女留学生。她们毕业回国后，大多数人选择以学前教育为业，成为中国学习、引进日本学前教育的重要力量。同时，到日本考察的清政府官员也纷纷撰写东游日记，其中不乏一些涉及日本学前教育实际状况的文章，为中国近代学前教育发展提供了真实案例和宝贵经验。

（三）思想基础：近代社会变革思潮

中国沦为半殖民地半封建社会后，由于社会经济和政治制度发生重大变化，思想文化领域也随之产生波动。首先，龚自珍、林则徐、魏源等开明的官僚知识分子主张学习西方，以求达到"师夷之长技以治夷"的目的。他们提倡"经世致用"学风，强调变通科举、重

视实学和培养真才，形成晚清时期的一股进步思潮。继而，康有为、梁启超、严复等资产阶级维新派代表主张变法图强，以期建立资本主义君主立宪制度。他们否定"君主专制"制度，反对八股取士、愚民政策和奴化教育，成为近代思想文化领域的启蒙者。在教育上，早期改良派和维新派共同抨击了中国两千多年来封建教育体制的弊病，相对于前者而言，后者坚持资产阶级"天赋人权"观点，更为直接地主张变革科举制度，学习、引进西方资本主义教育制度和思想。维新派十分重视教育，尤其是儿童教育，认为"开中国之新世界，莫亟于教育""人生百年，立于幼学"。他们所欲建立的是资本主义教育制度体系，其中包括以幼儿为对象的学前教育和培养幼儿师资的女子教育。上述思想家、教育家的改革思想和具体主张，为清末蒙养院的建立和发展奠定了基础。

二、"几点星火"：清末蒙养院的办学概况

1904 年，清政府参照日本文部省教育改革文件，制定并颁布了《奏定学堂章程》。其中，《奏定蒙养院章程及家庭教育法章程》（以下简称《章程》）是中国近代第一部学前教育法规。《章程》中明确规定，各省府厅州县以及极大市镇的育婴堂及敬节堂应附设蒙养院。蒙养院在近代学制中地位的确立，拉开了中国学前教育近代化发展的序幕。《章程》颁布后，各地蒙养院纷纷建立，有官办者，有私立者。其中，具有代表性的主要包括湖北幼稚园、湖南蒙养院和天津严氏蒙养院等。

（一）蒙养院的宗旨、内容、方法、设备

《章程》中规定，"蒙养家教合一之宗旨，在于以蒙养院辅助家庭教育"。具体而言包括四个方面：第一，"发育其身体，渐启其心智，使之远于浇薄之恶风，习于善良之轨范"；第二，"体察幼儿身体气力之所能为，心力知觉之所能及，断不可强授以难记难解之事，或使为疲乏过度之业"；第三，"留意儿童之性情及行止仪容，使趋端正"；第四，"示以善良之事物，使则效之"。在课程内容上也做了一些本土化的调整，规定了游戏、歌谣、谈话、手技等科目，并要求：游戏应"使其心情愉快活泼，身体健适案例，且养成儿童爱众乐群之气习"；歌谣应"使幼儿之耳目喉舌运用舒畅，以助其发育，且使心情和悦为德性涵养之质"；谈话应"养其性情兴致""启发其见物留心之思路"，使其"声音高朗，语无滞塞"；手技应"引导幼儿手眼，使之习用于有用之处，为心知意兴开发之资"。在教材使用上，以"官编女教科书"和"家庭教育书"为主。"官编女教科书"选择《孝经》《四书》《列女传》《女诫》《女训》《教女遗规》等典籍中"最切要而极简明者"编辑而成；"家庭教育书"则选取外国家庭教育著作中"平正简易，与中国妇道妇职不相悖者"编辑而成。此外，当时的初等小学各类教科书也被广为刊布，以供各个家庭教育子女之用。

1. 官办蒙养院

早在《章程》颁布之前，湖北巡抚端方创办湖北幼稚园，聘请户野美知惠等三名日本保姆负责经办，并拟定了《湖北幼稚园开办章程》。《湖北幼稚园开办章程》中规定，该园以"专辅小儿自然智能、开导整理、涵养德性，以备小学堂之基础为宗旨"。具体而论，"设

园旨趣有三：一、保全身体之健旺，体育发达基此；二、培养天赋之美材，智育发达基此；三、习惯善良之言行，德育发达基此。"同时，《湖北幼稚园开办章程》中还规定，该园以3～6岁（尤其是5～6岁）儿童为教育对象，不限男女，学制一年；课程内容与当时的日本幼稚园略有出入，主要包括行仪、训话、幼稚园语、日语、手技、唱歌、游嬉等。1904年清政府将其更名为武昌蒙养院。

1905年，端方又创办湖南蒙养院，聘请日本妇人春山雪子和佐藤操子担任保姆，同时制定《湖南蒙养院教课说略》作为院规。《湖南蒙养院教课说略》中指出，该院以养成"德育之基始""智育之基始""体育之基始""异日受教之根据"为宗旨，并开设谈话、行仪等德育课程，读方、数方、手技等智育课程，以及乐歌、游戏等体育课程。其中，读方和手技仿自日本。"日本学文分为三事：曰读方、书方、缀方；读方者读其国文之字，书方者即书其所读之字也，缀方者联字向联句成文也。书方缀方皆小学中事，如读方则应于幼稚园第二三年教之，即中国识字课也。"而所谓手技，即配插、堆积"恩物"。日本人所用的恩物仿自欧洲，最初只有十几种，后来增加至二十种。各种各样的"恩物"任由幼儿自行堆积安插，在这一过程中幼儿可以了解事物的轻重、大小、长短，以及重力中心点之所在等。湖南蒙养院不能将二十种"恩物"尽数引进，只能选择其中最能开发幼儿心智的十一种使用，并认为之所以在幼稚园使用恩物，是因为幼稚园并非讲学之地，其真正目的乃是发展幼儿的先天本性，使之能够自学，每日用功而不觉厌烦，从而自然而然地得到进步。因此，《湖南蒙养院教课说略》中强调，"其物（即恩物——笔者注）也关系甚大，功用甚广，工艺之原实基于此，日本工艺发达，此其原点也"。

1907年，闽浙总督奏请设立闽省公立幼稚园，选择老成识字的妇女担任保姆，招收3～7岁幼儿进行保育，其宗旨同样是发育幼儿身体，启发幼儿心志，"以求合于善良之轨范"。

2. 私立蒙养院

除官办蒙养院外，私立的蒙养院也纷纷涌现。1905年，清末翰林院编修、学部侍郎严修在1904年考察日本回国后，便在严氏女子小学内创办了培养幼儿教育师资的保姆讲习所，并附设供保姆实习的严氏蒙养院。严氏蒙养院的办学宗旨和课程内容与《章程》所规定的基本一致，其师资、教材以及教学用具和设备等多依赖日本。在师资上，严修聘请日本籍妇女大野玲子担任主要教师，负责讲授保育法、音乐、弹琴、体操、游戏、手工等课程，其他如英文、算术、生理、化学等课程，则请张伯苓及其他南开学堂教师任教。严氏蒙养院既是幼儿教育机构，又是保姆讲习所的实习机构，因此，其主持者大野玲子半天在保姆讲习所讲课，半天在蒙养院指导保姆实习。

开办之初，严氏蒙养院便专门修建了一间高大的活动室，用于幼儿活动和教师休息，并从日本购买了钢琴、风琴、儿童桌椅、教具等，以备教学时使用。该院的室外玩具设备很简单，有秋千、藤圈、布绳、红白线球、红白布带子以及串铃铛等；室内活动同样是以由日本引入的福禄培尔的"恩物"为用具或教具。幼儿在严氏蒙养院所学唱的儿歌多是由日文翻译过来，内容大多关于动植物、自然现象和礼貌等；所听讲的故事包括《桃太郎》《西游记》片段，以及《龟兔赛跑》等。蒙养院以4～6岁幼儿为招生对象，全院共招生30名左右，入学后每天上午9—11时活动，毕业后男生升入一般小学，女生大部分升入严氏女子小学女学部。

综上可见，清末蒙养院以3～7岁幼儿为教育对象，通过各种保育原则和教导方法传授游戏、歌谣、谈话、手工等多项课程内容。相对于中国古代传统的、完全由家庭承担的幼儿教育而言，清末蒙养院在教育原则、方法和内容等方面已有一定的进步，初步具备了近代学前教育的基本形式。然而，它们毕竟是封建社会的产物，仍然带有浓厚的封建色彩，不仅以女童为主要教育对象，以各种封建典籍为核心课程内容，而且其地位明显居于家庭教育之下，"为人母者皆自行其教育于家庭之中，母不能教者或雇保姆以教之，是家家皆自有一蒙养院矣"。另据袁希涛在《五十年来中国之初等教育》中的统计，1907 年时，全国各地有蒙养院 428 所，入学接受学前教育的幼儿 4 893 人。由此可见，清末蒙养院不但观念依然陈旧，而且数量十分稀少，其作用和影响自然十分有限。但它们毕竟是中国第一批学前教育机构，为中国学前教育事业的后续发展做出了不可磨灭的重要贡献。

知识链接

近代幼稚园的"恩物"

"恩物"是由德国教育家福禄培尔所创，目的是使幼儿在未入小学之前，在身体和心理方面得到良好的发展。湖南蒙养院选用的十一种"恩物"教学包括以下内容。

（1）积木——按照图纸（下同）用木块堆积成各种房屋、车船的形状。

（2）板排——用木板排列组合成各种器具、物品的样式。

（3）箸排——用竹签排列成字，例如，一、二、三、大、小、工等。

（4）镶排——用铜镶排列成图形。

（5）豆细工——用竹签穿豆，制成楼台、屋宇、车船、桥梁的形状。

（6）纸织——用五色纸条编织成方、圆、长、短各种物体形状。

（7）纸折——用小方纸片折成各种动物和物体形状。

（8）纸剪——用各色纸剪成花、云、人、物的形状。

（9）纸刺——用针刺纸做出花、树、水、云的形状。

（10）缝取——用针线缝制出各种物体的形状。

（11）画方——画出各种间架形状，为图画之初步。

——《大陆》第三年第七号，1905 年 4 月 25 日

（二）蒙养院师资培养的正规化及专业化

清末蒙养院的建立和发展，须以培养一定数量的幼儿教师为前提。前文述及的严氏保姆讲习所，并非我国近代首家幼儿师范教育机构，早在《章程》颁布以前，即端方开办湖北幼稚园时，已附设女学堂，这是我国蒙养师资培养的最初萌芽。

初时，蒙养院的师资水平普遍偏低。清政府为解决"有生无师"问题，多选择敬节堂和育婴堂的节妇和乳媪，以及社会上谋生的贫妇充任蒙养机构的教师。据张之洞所说，"湖北省城所设幼稚园，系在奏定学堂章程未经颁发以前，以致办法未能画一。且于园内附设女学堂，聚集青年妇女至六七十人之多，于奏定章程尤为不合，若不亟予更正，诚恐习染纷歧，喜新好异，必致中国礼法概行沦弃，流弊滋多"。于是，便在原来的敬节分堂基础上，扩建房屋，增设教室，"挑选粗通文理之节妇一百名，作为傅姆科正额；延聘日本女教习，讲习女子师范家庭教育，以备将来绅富之家延充女师之选"。又在育婴学堂内附设蒙养院，

"挑选略能识字之乳媪一百名，作为保育科正额；延聘日本女教习，讲习保育幼儿教导幼儿之事，以备将来绅富之家雇佣乳媪之选"。事实上，这些妇女所受的教育无非是"为女、为妇、为母之道"，使其"足以持家、教子而矣""其无益文词概不必教，其干预外事、妄发关系重大之议论，更不可教"。因此，这些经过短期培训的幼儿师资是绝不可能称职的，其原因有两个：一是这种传统的贤妻良母式的师资培养，必然导致蒙养院开设的游戏、歌谣、谈话、手技等课程形同虚设；二是这些妇女仍旧素质偏低，观念陈旧，还是会以传统方法对幼儿施教。用这种无法称职的封建妇女充作师资，体现了清末蒙养院的落后性和保守性。另外，由张之洞所言亦可看出，当时的幼儿教师培养，仍然服务于封建富绅和官宦家庭，并非以《章程》所说的"广拯穷婴"为目的。

尽管中国官方培养的第一批蒙养院师资是敬节堂和育婴堂的节妇和乳媪，但私立的保姆训练机构却培养了不少真正意义上的幼儿教师。如严氏女塾及其保姆传习所，便在大野玲子的主持下，先后培养了20多名毕业生。这些毕业生后来成为中国最早的一批学前教育工作者。与此同时，吴馨在其创办的上海务本女塾内附设幼稚舍，并派吴朱哲去日本保姆养成所学习幼儿教育。1907年，吴朱哲学成回国，随即在上海公立幼稚舍内创办保姆讲习所，聘请陆瑞清、龚杰、陆费逵等担任教师，开设保育法、儿童心理学、教育学、修身学、谈话、乐歌、图画、手工、文法、习字法、理化和博物等课程。该讲习所共招收学生36人，最终毕业者21人。同年，京师第一蒙养院也设立了保姆讲习所，翌年，京师女子师范学堂宣告成立。这些私立的保姆训练机构，为中国近代学前教育事业发展积蓄了不少师资力量。

1907年，清政府迫于形势，制定并颁布了《学部奏定女子师范学堂章程》，以期实现蒙养院师资培养的正规化发展。该章程"立学总义章第一"中规定，女子师范"以养成女子小学堂教习，并讲习保育幼儿方法，期于裨补家计，有益家庭教育为宗旨"。这一点仍旧未脱封建旧教育的藩篱。不过，该章程中的"学科程度""考录入学""教职义务"等条款，也在一定程度上体现出幼儿教师培养的专业性。如"学科程度章第二"中规定："教授女师范生，须副女子小学堂教科、蒙养院保育科之旨趣，使适合将来充当教习、保姆之用。"并且规定女子师范的授课程度和内容次序为"先教以教育原理，使知心理学之大要，及男性女性之别，并使明解德育智育体育之理；次教以家庭教育之法，次教以蒙养院保育之法"；最后，女师范生还需要在附属女子小学堂及蒙养院实地练习。"考录入学章第三"中规定："学生入学，以毕业女子高等小学堂第四年级、年15岁以上者为合格。毕业女子高等小学堂第二年级、年13岁以上者亦可入学；唯当令其先入预备科补习一年，再升入女子师范科。""教职义务章第六"中规定："女子师范学堂毕业生，自领毕业文照（即文凭——笔者注）之日起三年以内，有充当女子小学堂教习及蒙养院保姆之义务。"由此可见，相对于1904年的《章程》而言，《学部奏定女子师范学堂章程》在师资培养问题上已经有了相当的进步，基于上述入学条件和课程内容培养出的蒙养院师资，无论是在学识水平上，还是在职业操守上，均比原来的节妇、乳媪专业得多。在该章程的推动下，专门的幼儿教师培养机构也开始逐渐增多。如浙江女子师范学堂保姆科以20岁以上女子为招收对象，修业期限为一年，课程包括修身、国文、教育学、儿童心理学、保育学、理科、算术、图画、唱歌、游戏、体操等。之后，上海贫儿院于1910年增设保姆科，湖南省于1911年创办女子师范，广东等地也纷纷设立保姆传习所。这些机构虽然零散且不稳定，但毕竟是中国第一批幼儿教师培养机构，在蒙养院师资培养方面功不可没。至辛亥革命前，"全国女学生的数目已经有二三十万人，学幼稚教育的人数也大增了"。

随着蒙养院师资培养的正规化发展，西方学前教育理论和专业知识也被逐步导入中国，形成了一些质量水平较高、使用范围较广的幼儿师范教材。1907年，顾倬参照德国、日本等国的学前教育著作，编撰《幼儿保育法》一书。全书分总论、养护身体、授予知识、陶冶性情、保育事项和结论六章，较为全面地展现了幼儿教师教育方面的重要内容。1909年，上海公立幼稚舍附属保姆讲习所也在学习日本学前教育理论和办学经验的基础上，辑成《保姆传习所讲义初集——保育法、儿童心理学》一书，交由中国图书公司发行。这些教材的出版问世，在一定程度上加速了中国近代蒙养院的师资培养。

知识链接

《保姆传习所讲义初集——保育法、儿童心理学》

（张景良、吴家振编辑，中国图书公司发行，宣统元年）

我国奏定学堂章程，虽有蒙养院，而内地兴办者寥寥，即办矣，而知蒙养院之性质，或误以初等小学之教法施之，反足以戕贼人之子，贻害匪浅。其原因则保姆未识保育法及儿童心理学也。上海公立幼稚舍昔有保姆传习所之设，是书，即传习所中之讲义初集出版二种，日保育法日儿童心理学。"保育法"凡分十六章，一章绪论，二章幼稚园之主旨，三章幼稚园之必要，四章幼稚园之教育，五章幼稚园与家庭之联络，六章保姆之资格，七章保育事项，八章论游戏，九章论唱歌，十章谈话，十一章手技，十二章恩物之种类，十三章恩物之理，十四章保育时间，十五章入园年龄与分组法，十六章看护术。条理秩然，行文浅而易解。"儿童心理学"分六章，一章引言，二章原气质之分类，三章快豁儿之特色，四章刚愎儿之特色，五章忧郁儿之特色，六章沉钝儿之特色。心理学为精神科学理致殊深，欲浅言之，使读者易解。

——《教育杂志》第一卷第十三期

三、"模仿起步"：清末蒙养院的主要特点

（一）家庭转向社会，体现近代化发展必然趋势

清末蒙养院是古代幼儿家庭教育向近代幼儿社会教育转化的过渡形态。尽管已经出现了蒙养院的建制，但幼儿教育基本上还是在家庭中进行，实行的是"蒙养家教相结合"的方针，旨在"以蒙养院辅助家庭教育，以家庭教育包括女学"。培养蒙养院师资（即保姆）的教材，会散发给每家每户，以供教养子女所用；每个家庭也可以自行聘请拥有教习凭单的保姆，进而成为一个蒙养院。

若从内容来看，蒙养院的确保留了浓厚的封建色彩；而从形式来看，它却是近代西方幼儿教育机构的样式。幼儿除了可以在家庭中接受教育外，还可以进入制度化的社会教育机构。就这一点而言，清末蒙养院的出现，确实使中国学前教育的历史发展向前迈进了一步，体现了近代大工业生产发展要求学前教育与之适应的必然趋势。

（二）全面照搬日本，具有半殖民地半封建色彩

清末蒙养机构的组织制度，基本上照搬了日本明治三十二年（1899 年）的《幼稚园保育及设备规程》。其课程内容主要有两个方面的来源：一是封建传统，如"谈话"课由教师为幼儿讲述二十四孝的故事，以示其做人之道；"行仪"课重"真实修身，专在践履上讲求，教师应时时随事指导"。这两项课程反映了注重伦理道德灌输和行为习惯训练的封建传统教育观点。二是学习日本，蒙养院的谈话、游戏、唱歌、手技四项基本课程，以及配套的玩具和材料等大多参照日本，同时，幼儿还需学习日语，唱由日文翻译改订的儿歌等。甚至有一些蒙养院，连院中房舍的布置、幼儿所穿的服饰也都是日本式的。可见，清末蒙养机构的创办，既体现了"中学为体，西学为用"的思想，又显示出十分鲜明的半殖民地半封建社会教育的特点。

（三）极度缺乏师资，依赖日本女性保姆和教习

西方幼儿教师多以女性为主，而中国女学未开，封建女性无法接受学校教育，因此，清末蒙养机构师资极度缺乏，虽以节妇、乳媪充之，问题仍旧无法解决。在华教会教育机构也曾培养一定数量的幼儿教师，但她们主要服务于教会，且以传播宗教为主要目的，无法真正推动中国学前教育事业发展；另一方面，她们的国文修养极浅，容易盲从、照搬和机械模仿，无法对幼儿进行有针对性的指导。于是，清末蒙养机构不仅在制度、课程等方面模仿日本，其主持教师也几乎全部从日本聘请。除上文提及的户野美知惠、大野玲子、春山雪子和佐藤操子等人外，还有京师第一蒙养院的加藤贞子，南京弁敏女学堂幼稚园的小野八千代，安庆布政使衙门幼稚园的酒井余野，福州幼稚园保姆养成所的河濑梅子，以及奉天第一、第二蒙养院的山口政子和前田新子等。这种情况直至 1907 年后，随着各省幼儿师资培训机构和女子师范学堂的不断建立，才逐渐有所转变。

第二节　"西学东渐"：在华教会的学前教育活动

随着中国社会半殖民地半封建化程度逐渐加深，中西文化冲突也日益加剧。外国教会势力在其坚船利炮的掩护下展开了对华的教育殖民，西方学前教育制度和思想也因此在中国得到广泛传播，在客观上推动了中国学前教育近代化的历史进程。

一、"新鲜血液"：教会学前教育机构的建立和发展

（一）慈幼机构和幼稚园的创办

据相关史料记载，早在 19 世纪 50—80 年代，外国教会便在中国开办了一些孤儿院、慈幼院和育婴堂等慈幼机构。1855 年，法国耶稣会传教士葛必达在上海创办土山湾孤儿院，并从 1864 年开始收容 6～10 岁孤儿入院学习。1867 年，法国耶稣会传教士南格禄、艾方济创办的上海圣母院开始附设育婴堂，招收幼儿进行教育。1881 年，美国圣公会在上海设

立圣玛利亚女校，并于 1885 年附设了育婴堂。在这些慈幼机构中，上海圣母院育婴堂更具代表性，可以看作是这一时期所有在华教会慈幼机构的一个缩影。

到了 20 世纪初，传教士们又在福州、宁波等地创办了一些专门的学前教育机构。根据美国传教士林乐知 1905 年所做的统计，1902 年，国内由教会创办的"小孩察物学堂"6 所，学生共计 194 人，其中女生 97 人，其办学目的在于"小孩未读书之前，先使察物，就其目所能见，手所能抚，耳所能闻之物，皆使记其名字，及其造法、用法。故至读书识字之时，能收驾轻就熟之效"；1903 年，国内由教会设立的育婴堂约 9 所，学生共计 298 人，其中女生 293 人。

一般而言，当时教会所办的专门学前教育机构，大都由传教士担任教师，教室布置比较精美，用具设备较为齐全，课程内容也相对丰富，主要包括游戏、唱歌、手工、识字和算术等；在教学方法上，有的采用福禄培尔教育法，有的采用蒙台梭利教育法，主要是通过使用恩物开展游戏来体现学前教育的意义和价值。在教学过程中，也能遵循"自然主义"原则，强调幼儿的自然表现和自我活动。

作为当时知名的教会教育家，林乐知十分重视学前教育。在他看来，"学必基于蒙养"，若不以幼年所受良好教养作为基础，而想要使成人的才智习气有所增变，必然是难有成效的。这就犹如人登高楼一样，"不经初级而欲飞升，安有不挫跌随之者乎"。因此，林乐知认为："中国之宜设幼稚园，如此其急也。"在他的呼吁和号召下，各地的教会人士更加重视学前教育的组织和机构建设。基督教在华教育组织"中华教育会"增设幼稚园委员会，便是其急于发展学前教育事业的一个重要体现。教会人士对于在中国创办幼稚园和慈幼机构的热衷，虽不是为了帮助我国发展学前教育，却也在客观上为中国学前教育事业的发展注入了新的活力，为中国学前教育的近代化提供了可资借鉴的重要经验，并对中国人独立创办学前教育机构起到了积极的示范作用。

（二）学前师范教育机构的设立

外国教会除了在中国创办了一些专门的学前教育机构外，还十分重视学前教育师资培养。最早在中国各地创设学前教育师资培训班及幼稚师范的，同样也是外国教会。早在 1844 年，美国女子教育协进会会员、传教士爱尔德赛便在宁波开设女塾，同时兼负培养学前教育师资的任务。1892 年，美国监理公会传教士海淑德在上海创办幼稚园师资训练班，招收 20 名学生，定于每周六下午上课。1898 年，英国长老会在厦门设立幼稚师资班，至民国初年，该班更名为怀德幼稚师范学校，成为我国最早设立的一所独立的幼儿师范学校。1889 年，美国卫理公会金振声女士在苏州创建英华女中，同时附设学前教育师资培训班，以培养幼稚园师资。1902 年，美国监理公会又在苏州创办景海女学，景海女学附设幼稚师范科以培养幼稚园教师，后来，该校改名为苏州景海女子师范学校，为全国各地培养了不少学前教育师资。

教会学前师范教育机构一般以教徒为招生对象，并且规定毕业生必须以传教为首要任务，因此，此类机构的课程包含很多宗教内容。以景海女学幼稚师范科为例，在其包含 25 个科目、总计 166 学分的课程体系中，宗教学、圣道教法和社会问题 3 个科目 3 年共有 20 学分，约占全部科目学分的 12%，而且宗教学连续 3 年开设，每年 4 学分，所占比重仅低于英文、国文和实习 3 科。同时，英文科在整个课程体系中的重要地位更是毋庸置疑，3

年总共 40 学分，约占总学分的 24%，且比国文科多 4 学分。而国文、体操、生理、音乐、琴学、唱歌、故事、美艺等文化课三年总共只有 63 学分，所占比重约为 38%；学校管理法、近代教育史、启智用具法、国文教法、音乐教法、幼稚教法、秩序法、实习等专业课三年总共只有 43 学分，所占比重约为 26%。由此可见，教会学前师范教育机构所欲培养的，同样也是笃信基督耶稣，为外国教会尽职，为帝国主义服务的工具。但由于它们在实际办学方面普遍具有一定特色，培养出来的毕业生大多热爱幼儿，热爱学前教育事业，性情温柔活泼，文化素养和教学能力较高，因此，也为中国近代学前教育事业发展做出了一定贡献。

知识链接

景海女学幼稚师范科课程和学分（见表3-1）

表 3-1　景海女学幼稚师范科课程和学分

科　　目	一 年 级	二 年 级	三 年 级	科　　目	一 年 级	二 年 级	三 年 级
英文	20	10	10	美艺		2	2
国文	12	12	12	故事		1	
社会问题	6			幼稚与国民歌曲		1	
宗教学	4	4	4	国文教法		2	
体操	2	2	2	圣道教法			2
生理与卫生	3			学校管理法			1
生理学	3			近代教育史			3
家政学	2		2	实习		10	15
音乐	2			启智用具法		1	
琴学	1	1	1	秩序法			2
心理		3		实习商榷			1
音乐教法		2		幼稚教法			2
唱歌		1		学分总数	54	52	59

另外，当时的一些教会大学也曾参与学前教育师资培养。例如，1905 年基督教教会在北京开办华北教育会协和女书院，内设两年制的幼稚师范科，该科至 1911 年时并入燕京大学，成为其教育学系之下的幼稚师范专修科。此后，金陵、复旦、齐鲁、沪江和岭南等大学，也纷纷开设幼稚教育专业，为中国学前教育事业发展培养了不少高层次人才。教会学前师范教育机构的毕业生，不仅供职于教会所办幼稚园，而且也为中国官办和私立幼稚园服务，当时中国的幼儿教师绝大多数出其门下，对此，陈鹤琴曾专门指出：在 20 世纪前 20 年，教会幼儿师范教育控制了整个幼教界。

（三）清末教会学前教育的弊端

清末时期，外国教会势力在中国创办的学前教育机构总体发展较为缓慢，不仅数量上明显少于所谓的"慈善"机构，而且个别机构的设备条件也十分恶劣。教会学前教育的根本目的在于传播基督教，并从思想上奴化中国民众，因此，它们具有如下两个弊端。

1. 宗教侵略

幼稚园专任教师多为传教士，他们以传教为主业，不断向幼儿灌输宗教思想，引导幼儿皈依上帝，成为帝国主义的恭顺奴仆。1894年，梅因牧师在一次基督教年会上曾说：只要让他训练幼儿直至七岁，他一定会让他们终其一生对教会保持忠诚。另一位女传教士也曾明确表示，幼稚园"应为社会之中心点，以养成基督教信徒、教育家、慈善家为目的"，"欲造民主国国民根基，除幼稚园外，无他术也，欲使街巷顽童、家中劣子，成为安分之小国民，除幼稚园外，亦无他术能收效若是之速也"。教会学前教育机构一般设在教堂内部或者附近，教室墙上都会悬挂耶稣或圣母玛利亚画像，不少幼儿被长期关在教堂深院之中，成为与世隔绝之人，而祈祷和听讲《圣经》则成了他们每日必做之事，每逢宗教节日，还会举行各种庆祝活动。这种教徒般的生活并不能使幼儿安全、健康地成长，他们中有不少人因饥饿、疾病、体罚或虐待而丧失生命。

2. 全盘西化

相对于中国自行创办的蒙养机构，多数教会幼稚园的办学条件相对优越。西洋式的房舍里设有漂亮的活动室，漂亮的活动室里满是各式各样的外国玩具，课程内容和教育方法也都是选自外国。幼儿在教会幼稚园里学说外国话、唱外国歌、行外国礼、学外国事，简直无异于置身国外。教会如此不惜工本、重金办学的目的，就是希望以西方先进的物质文明和优越的生活方式征服或腐蚀中国幼儿爱国之心，使其从小养成崇洋媚外的奴化心理。

知识链接

上海圣母院育婴堂

上海圣母院育婴堂是一八六七年创办的，经过八十年的经营，具有相当的规模。第一排房间设有所谓的招牌间，是专为接待外宾用的，设备比较完全，挑选一些养育得比较好的又伶俐的幼儿充当样品，给他们穿上整洁的衣服，教他们学会表演一些节目。当外宾（包括中外资本家及头面人物）被邀请来参观时，就引导他们到这里，孩子们给外宾表演节目以博取他们的同情，负责的修女就趁机向他们募捐以充作育婴堂的经费。这少数孤儿是修女们的摇钱树，所以能另眼看待。

育婴堂后面还有四排房子，孤儿的待遇就完全两样，一张小小的床要挤睡好几个孩子，衣服也穿得破破烂烂，营养条件很差，稍不听话就要打骂。这几排房子被称作小毛头间，走到里面就是一片哭声，此起彼伏。墙上挂满了一些宗教招贴画，有天堂图、地狱图、好人善终上天图、恶人死后被魔鬼拉入地狱图等。修女们经常利用这些图画对幼儿们灌输宗教思想，对他们说只要听神甫和嬷嬷的话就可以升到天堂享福，不听话的孩子就要被魔鬼拉入地狱。你看那地狱是多么阴森可怕，魔鬼正在那儿张牙舞爪，使这般幼小的心灵里蒙上了一层恐怖的阴影。

最后一排有两间隔离室，人们称之为挺死间。这里是安置有传染病的孩子的，凡被送进挺死间的幼儿，由于得不到应有的治疗和护理，大部分者是夭折的。每天上下午都有人到这里来收尸，被送到小圣地去掩埋。这所育婴堂的死亡率高达百分之九十五，新中国成立后仅从该堂后面小圣地里掘出的孩儿尸骨就重达八百多斤，这不过是一小部分。

少数侥幸存活的孩子活到六岁，就要送进圣母院幼稚院教养一年，然后再送到圣母院孤儿院里。从这时开始，凡是女孩子就要学习刺绣、做花边、编织、缝纫等劳动，并负责勤杂事务；男孩子要学习印刷、修琴、画圣像、木工、铁工和其他打杂工，同时给他们进行宗教灌输和必要的识字教育。孩子们的这些无偿劳动每天都有规定的定额，如不完成，就要遭到处分和定罪，如未完成定额或因疲劳坐下歇一下就被定为懒惰罪，吃了超过规定的饭量被定为贪吃罪，不听修女的话被定为触犯天主罪等，孩子们为此而经常遭到宗教性惩罚和辱骂体罚。这些孤儿们的童年就是在帝国主义的精神侵略和肉体折磨的情况下艰难地度过的。

孩子长大成人后，必须要由修女代为择配，与信教的人结婚，决不允许自由婚姻。育婴堂和孤儿院可从匹配婚姻获取相当可观的聘金，至于他们婚后的生活如何就不在修女们的考虑之中了。因此，由婚姻造成的悲剧也为数不少，有的实际上沦为有钱教徒的小老婆，从一个火坑跌进了另一个火坑。

在婴儿被送进育婴堂时，家长必须在该堂预先印好的"永绝字句"上画押，声明孩子的"一生由堂内作主，在堂天亡或成废……决不可以德为怨"。因此，孩子送进以后，等于和家长诀别，是生是死，只好听堂由命，即使存活，也是身不由己，一切须受修女摆布。

上海圣母院育婴堂的实际情况是在华所有教会慈幼机关的一个缩影。由于帝国主义和反动派的侵略压迫而送进这些慈幼机关的千百万儿童，他们的命运并不比未进育婴堂的儿童好些，相反地，还要受到精神和肉体的双重折磨。

——顾长声：《传教士与近代中国（增补本）》

二、"初见端倪"：教会与西方学前教育理论的导入

在将西方学前教育理论导入近代中国的过程中，西方传教士做出了十分重要的贡献。大约在19世纪末至20世纪初，通过西方传教士的介绍，西方学前教育理论才逐渐为国人所知。其中，英国救世会传教士秀耀春所撰、我国学者汪振声翻译、1899年发表于《万国公报》第121~122卷的《养蒙正规》一文，使中国学者对裴斯泰洛齐和福禄培尔的幼儿教育思想有了最初的了解。

（一）裴斯泰洛齐的"训蒙法"

在《养蒙正规》的"栢思大罗齐（栢思大罗齐即裴斯泰洛齐——笔者注）训蒙新法"部分，作者着重阐述了裴斯泰洛齐在学前教育方面的基本观点和具体主张。首先，在教育目的上，裴斯泰洛齐指出，对幼儿进行学前教育，无非是开发其智慧而已，并认为"智慧由闻见而生，即如书中所载名物，但考之于书，虽知其名，未见其物，则仍茫然莫解也"。因此，他主张，对幼儿的教学"务必先明其体，次知其用，反复问难"，只有这样，才能使学生"十分透澈""永记不忘"，且能乐于受教，不觉其苦。其次，在教育原则上，裴斯泰洛齐非常重视循序渐进和因材施教。他认为，对于那些"聪明显露"的学生，教师应该"循序以导之，不可躐等"。对于那些"性成愚鲁"，又"隐然有向上之机"的学生，教师则应

该从三个方面展开教育工作：第一步，"开其蒙昧，勿使懵懂如睡"；第二步，"引其聪明，使之渐出"；第三步，"察其智慧开发之迟早，而依其自然之次第以教之"。最后，在教育方式上，裴斯泰洛齐十分强调对幼儿的正面鼓励和关爱，他认为，幼儿教师不仅要"善能诱掖奖劝，不惮劳苦"，而且要始终做到"示厚爱于诸生"，使其"心悦诚服，愿安承教"。

介绍完上述基本观点，作者又总结了裴斯泰洛齐在幼儿蒙养方面的九条主张，具体如下。

第一，学校之正理，根本于性。

第二，由性生者，其身体所发之力一也，思虑二也，能分别善恶三也。此三者本蒙童生而即具，常欲自行发露为师者宜引导之，使行其所当行，以底于有成。若督责太严，令常习一种功课，如胡琴然，常拉一处之弦必将中断。若夫正言厉色，时时规戒，必至劳苦厌倦，反汩没其本有之灵明。要知训蒙之方，必量其天资之高下，有一分资质，始可加一分工夫。躐等而进，无益有损。

第三，凡有碍于读书者，必力去之。有益于读书者，必力助之。使学生但知其乐，而不觉其苦。假使身体有不畅适，或耳目有疾病，为师者不能体贴，强令加工，日积月累，甚有因此而成废者。

第四，学生初入学时，全凭五官。五官之用，由外感动，而归之于心。故心能知觉，则能存记在心，此为知识思虑之根本。

第五，孩童之性，好动不好静，正是天机欲发露出来，不可勉强遏抑，须顺其自然，迎机以善导之。

第六，学校之大意，原欲成就学生各种本领。若使已有学识而不能试行于外，则犹未尽其所能也。

第七，一切学问，必要学生出其自己见识。此为实在根本。如但凭人指授，犹之鸟在笼中学作人语，但能人云亦云，全不知意之所在，不几与不学者同乎？

第八，学由自己聪明领悟出来者，较之他人指授尤为明澈。但若心虽能明，而口不能道，则所知之理仍未详尽。

第九，学生造诣由近及远，由浅入深。自耳目所能及，以至心思所能到，步步推之，由一类以例百千万类，总不外乎一理。由此可以贯通焉。

（二）福禄培尔的"训蒙法"

在"福禄培尔训蒙法"部分中，作者首先介绍了福禄培尔的生平及其学校教育观和幼儿发展观。学校教育观即"学校之大原，在乎首正人心""教人为学，必勉为成德之君子。如但开其聪明，增其见识，则立教之意，犹有极大之缺陷处，未可以为全备也"。幼儿发展观即"孩童俱有好动之性，如强制之则拂其性，必不能期其壮实，盖体之动，由其心使之。闻一未闻之事，则必问之。见一未见之物，则必扪之。此皆发于不自觉"，若"视其不安静而痛戒之，则大谬矣"。而后，作者又概括出福禄培尔"训蒙法"的八项要义和七条准则。

福禄培尔"训蒙法"的八项要义具体如下。

第一，孩童习业之成就，有迟速难易之不同，而俱赖其自有之明悟。为之师者，不过善导之耳。若使不能开其明悟，则工夫终无进境。

第二，孩童就学，原贵有记性，但专令其强记，亦属不可。

第三，孩童之聪明能干，各有所长，各有所短。第就其现在所能者，步步引导，不必问其以后之学业。定欲如何成就，且俟将来。量材而教之可也。

第四，先令考究万物之形质与其变化，并现在习用之语言文字。至于古文，有余力而学之。

第五，教习学生，不但开其知识，并教以保养身体与练习身体之法，使其日渐强壮。

第六，肄业诸生，无论富贵贫贱，俱宜练习目的手劲。

第七，女学堂之教习，亦必择深有学问之人，教导女学生，使其日后可以课子。

第八，教习幼童，如学医然，医生必深明化学，及一切应知之事，循序而进，自有功候。童子之向学亦然，故须用功久，而不可躐等。

福禄培尔"训蒙法"的七条准则具体如下。

第一，小孩初生时，虽无知识，而能知其母之喜怒。如孩提无故啼哭，其母万不可顺其性，必呵斥之，彼即立正。

第二，起初之教训，与后来大有关系。因起初如此，以后则一成不变，所以教习幼童，在八岁以前为最要。

第三，人之性与体，不分为二。故其体渐长，其性亦必渐明。有相因而成之理。

第四，人之具有五官，所以有视听言动。但由外感者，必须由心会之。犹之五官为门，而心则其堂奥也。故教孩童，凡于视听言动，不可昧然不思。

第五，孩童之知识，虽赖有五官之用，然其中实有良知良能，必看其如何发露，即因其所发而启迪之。

第六，孩提之良知良能，根于其性，而发于其体。能全其性与体，则良知良能方为其备。

第七，孩童之知能，其始，发露于四体，当如何练习，以使其勤。

由此可见，西方传教士在近代中国导入西方幼儿教育理论方面确有引领和开创之功。然而，统观整个清末时期，中国对西学的引进仍然以日本为主要媒介。当时的中国学者以《万国公报》和《教育世界》为阵地，翻译日本学者的著作和文章。其中，关于学前教育的主要有译自日本华字第八号新报的《大日本国事：日本新设幼稚学塾》（《万国公报》第431卷）、日本学者关信三的《幼稚园恩物图说》（《教育世界》第46号）和东基吉的《幼稚园保育法》（《教育世界》第76～78号）等。不过，日本的学前教育经过二十多年的发展，在目标、课程、教材等方面已然形成自己的民族特色，并非完全根据西方的学前教育理论。因此，清末时期传入中国的幼儿教育理论，大多因日本人的改造而失去原貌，这种状况直至中华民国成立之后，中国学者开始直接向西方学习引进学前教育理论之时，才真正有所转变。

第三节 "他山之石"：清末学前教育之启示

一、对当代学前教育的启示

（一）学前教育主导，家庭教育配合

虽然清末时期中国学前教育完全由家庭负担的历史已然结束，而家庭教育的作用和地

位却仍不可小觑。当下，我国学前教育的发展也需要切实加强幼儿园和家庭人合作，让家长能够有效参与幼儿园的教育和管理，充分发挥家庭对幼儿的积极影响。只有当家长真正成为学前教育的参与者，幼儿园和家庭之间才能形成有利于幼儿健康成长的合力。

（二）探究教学方法，培养幼儿个性

清末蒙养院沿袭中国封建教育传统，在教学方法上注重机械识记和反复背诵；教会学前教育机构同样为了传教而不断向幼儿进行宗教思想方面的灌输。这样的教学方法使幼儿处于一种消极、被动的地位，扼杀其聪明才智和创造精神。在社会飞速发展的新时代，发挥幼儿的积极性和主动性，培养其创新能力和独特个性，才是学前教育的主要目标。而探究有效的教学方法则是实现此目标的有力保障。

（三）可以学习引鉴，切勿照搬模仿

清末蒙养院制度几乎完全照搬日本，教员由日本保姆和教习担任，课程、玩具、教法等也多由日本引入。借鉴发达国家先进经验是中国后发外生型教育近代化的必要途径，然而，完全照搬照抄却是当时特定历史背景下难以避免的问题，实无可取之处。目前，我国学前教育发展仍然需要学习西方，但这种学习应该是积极的、有所取舍的和适合自己的。模仿他国和形成自身特色是一对矛盾，更是我国教育国际化、本土化发展的有效动力。

二、给学前教育师生的建议

第一，将清末蒙养院制度与同时期日本的学前教育制度进行对比，充分了解清末照搬日本学前教育的实际情况。

第二，认清清末教会学前教育机构培养教会忠实信徒的主观目的，及其推行宗教侵略、奴化中国民众的反动本质。

第三，了解教会学前教育机构导入西方学前教育理论的过程，及其推动中国学前教育事业不断发展的其他史实。

 练习题

1. 简述清末蒙养院的办学概况及其特点。
2. 简述清末在华教会的学前教育活动。

第四章　民国时期的学前教育

幼稚教育为国民教育之始基，我国在古代亦注意胎教及家庭教育，但在学校系统上，自新教育实施后方有明白规定，清光绪二十八年，张百熙所奏定之壬寅学制规定蒙学堂收容五岁之学龄儿童三年毕业，是为幼稚教育在学制上之初次规定。次年，张之洞等整订癸卯学制规定蒙养院招收三至七岁之学龄儿童。民国元年（1912年）之壬子学制改称蒙养园，招收六岁以前之学龄儿童。民国十一年（1922年）新学制始称为幼稚园，收受六岁以下之儿童，民国十七年（1928年）戊辰学制即为现制幼稚园仍沿旧制未改。

——《第二次中国教育年鉴》

辛亥革命胜利，中华民国诞生，尽管半殖民地半封建社会性质并未改变，但南京临时政府在孙中山的领导下进行了一系列的学前教育改革。新文化运动和五四运动掀起了中国人民反帝反封建的热潮，它批判了封建旧文化，传播了欧美新思想，使学前教育由模仿日本转为学习欧美，为学前教育中国化和科学化发展奠定了基础。20世纪二三十年代，新学制更进一步确立了学前教育的地位，国内一些具有爱国情怀和民主思想的教育家，先后在各地创办了为农民、工人和平民服务的幼稚园，以及培养学前教育师资的幼稚师范学校。抗日战争和解放战争期间，学前教育事业发展总体较为缓慢，但也不乏一些在原有基础上所取得的新进展。

第一节　"本土实践"：民国时期学前教育制度的演进

一、蒙养园制度的确立

1912—1913年，南京临时政府教育部在制定并颁布的"壬子癸丑学制"中规定，学前教育机构的名称为"蒙养园"，招收未满6岁的学龄前儿童入学；它与大学院一样，不占学制年限，只作为学制系统中其他教育机构的附属部分。后来，又在公布的《师范教育令》和《师范教育规程》中规定，女子师范学校和女子高等师范学校应附设蒙养园，或单独设立"公立私立之蒙养园代附属蒙养园"，但"得附设保姆讲习科"，以培养、造就蒙养园师资。

1915年，北京政府教育部颁布《国民教育令》和《国民学校令施行细则》，对蒙养园的招生对象、保育目标、保育方法、课程安排、师资条件、硬件设施等进一步做出规定。

蒙养园的招生对象：满三周岁至入国民学校年龄之幼儿。

蒙养园的保育目标：保育幼儿，务令其身心健全发达，得良善之习惯，以辅助家庭教育。

蒙养园的保育方法：第一，与其身心发达之度相副，不得授以难解事项及令操过度之业务；第二，心情容止，宜常注意使之端正，并示以善良之事例，令其则效。

蒙养园的课程安排：第一，课程内容包括游戏、唱歌、谈话、手艺四项；第二，保育之时数，由管理人或设立人定之，报经县知事之认可。

蒙养园的师资条件：第一，蒙养园得置园长和负责保育幼儿的保姆；第二，保姆须女子有国民学校正教员或助教员之资格，或经检定合格者充之。

蒙养园的硬件设施：第一，应设备游戏园、保育室、游戏室及其他必要诸室，室以平屋为宜；第二，恩物、绘画、游戏用具，乐器、黑板、桌椅、钟表、寒暑表、暖房器及其他性格器具，均须齐备。

从上述条款中可以看出，民初关于蒙养园制度的规定，与清末对蒙养院制度的规定相比，除师资条件上略有进步外，其他方面均大体一致。可以说，《国民学校令施行细则》仍然是模仿日本学前教育制度的产物，在具体实施上依旧摆脱不掉封建主义和日本式教育的影响。所不同的是，它不再像《奏定蒙养院章程及家庭教育法章程》那样，披着厚重的"封建"外衣，使中国学前教育逐渐摆脱封建传统的束缚，在近代化道路上前进一步。

虽然蒙养园在"质"的方面没能发生真正的改变，但在"量"的方面却有一定程度的增加。1912 年（即民国元年），唐金玲在上海北四川路创立"游沪广东幼儿园"，有学生 43人，教师 9 名。1918 年时，上海已有民国后新建的幼稚园 12 所（其中 6 所为教会所办），幼儿 439 人，幼儿教师 42 名。

知识链接

上海幼稚园一览表（1918 年 3 月江苏教育会幼稚教育研究会报告）（见表 4-1）

表 4-1　上海幼稚园一览表（1918 年 3 月江苏教育会幼稚教育研究会报告）

校　　名	地　　址	开 设 年 月	现有男女生数	幼生总数	保师人数	备　　记
养真幼稚园	闸北长老会堂	约十余年	男 9 名 女 6 名	15 名	2 人	平均每保师教 6 人强
旅沪广东幼稚园	北四川路	1912 年	男 60 名 女 27 名	87 名	9 人	平均每保师教 10 人弱
城西幼稚园	上海西门外小菜场生生里	1912 年	男 45 名 女 27 名	72 名	8 人	平均每保师教 9 人
启秀幼稚园	北四川路宝兴路	1913 年 8 月	男 21 名 女 25 名	46 名	2 人	平均每保师教 23 人
进德幼稚园	老北门外	1913 年	男 21 名 女 10 名	31 名	2 人	教会设立 平均每保师教 15 人强
兴华中西女塾附设（幼稚园）	老靶子路三十六号	1915 年 1 月		25 名	4 人	平均每保师教 6 人强

校 名	地 址	开设年月	现有男女生数	幼生总数	保师人数	备 记
培真幼稚园	北四川路	1915 年	男 13 名 女 12 名	25 名	3 人	教会设立 平均每保师教 8 人强
晏摩氏附设（幼稚园）	北四川路	1915 年	男 12 名 女 8 名	20 名	3 人	教会设立 平均每保师教 7 人弱
中国女塾附设（幼稚园）	蓬路太原坊	1916 年	男 21 名 女 23 名	44 名	2 人	教会设立 平均每保师教 22 人
博文幼稚园	上海法租界贝勒路	1916 年	男 18 名 女 16 名	34 名	4 人	平均每保师教 8 人强
清心幼稚园	南门	1918 年	男 20 名 女 10 名	30 名	3 人	教会设立 平均每保师教 10 人
守真堂附设（幼稚园）	北四川路			10 余名		教会设立

除上海外，其他各地也陆续出现一些蒙养院和保姆讲习所。据相关史料记载，1913 年，张謇在南通新育婴堂创立幼稚园讲习所；同年，黑龙江私立奎坦中学仿照日本东京小石川女子大学，在校内附设蒙养园；1914 年，北京女子师范学校附设蒙养园；同年，杭州弘道女学创设幼稚师范科并附设幼稚园；1917 年，苏州景海女子师范学校开设幼稚师范科，并附设幼稚园；同年，江苏省第一女子师范学校开设保姆讲习所，次年附属蒙养园成立；1918 年，浙江湖州民德妇女职业学校开办附属幼稚园；1918 年，张雪门在宁波鄞县创办星萌幼稚园，后又成立两年制的幼稚师范学校。1919 年，熊希龄在北京创办香山慈幼院，陈嘉庚在厦门创办集美幼稚园，南京高等师范学校在附属小学的"杜威院"内附设幼稚园；1920 年，山西大同第一女子高等小学附设蒙养园；同年，山西省立国民师范附属小学创设幼稚园。综上可见，民国初年的学前教育事业发展还是取得了一定成绩的。

二、幼稚园制度的建设

（一）学制规定与事业发展

1919 年的五四运动推动了中国新一轮的学制改革。1922 年，北京政府教育部颁布《学校系统改革令》，也称"壬戌学制"或"1922 年新学制"。新学制规定在小学之下设幼稚园，以未满六岁的儿童为招收对象，并将幼稚园正式列入学制系统，确立了学前教育在近代学制中作为国民教育第一阶段的地位。

新学制的颁布，使我国学前教育事业获得了进一步的发展。1922 年年末，江西省第一女子师范学校和江西省第一师范学校分别开设幼稚园。1923 年 5 月浙江省教育厅明令各县自本年度起至少筹设一所幼稚园，此后，全国各省市幼稚园数量不断增加，并不断向农村地区发展。以上海为例，1926 年时，全市共有幼稚园 21 所（其中 8 所为教会所办），幼儿

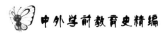

851 人，幼儿教师 62 名，至 1935 年，幼稚园数量已达 119 所，约为 1926 年时的 6 倍。

知识链接

上海幼稚园一览表（1926 年 12 月广东公学调查报告）（见表 4-2）

表 4-2　上海幼稚园一览表（1926 年 12 月广东公学调查报告）

校　名	地　址	开设年月	现有男女生数	幼生总数	保师人数	备　记
养真幼稚园	宝山路宝兴西里底	1909 年	男 50 名女 40 名	90 名	3 人	平均每保师教 30 人
上海城西幼稚园	法租界篮维蔼路永福里	1911 年	男 14 名女 10 名	24 名	3 人	平均每保师教 8 人
上海广东公学附设幼稚园	闸北宝源路	1912 年 5 月	男 62 名女 35 名	97 名	10 人	平均每保师教 9 人强
中西女塾幼稚园	汉口路二十一号	1914 年	男 25 名女 12 名	37 名	2 人	教会设立平均每保师教 18 人强
启秀女学附属幼稚园	宝兴路十八号	1914 年 9 月	男 34 名女 35 名	69 名	4 人	平均每保师教 17 人强
中西女塾第二附小幼稚园	海宁路太原坊	1914 年	男 32 名女 27 名	59 名	2 人	教会设立平均每保师教 29 人强
广东旅沪郇光学校附设幼稚园	北四川路横浜桥	1918 年	未详	56 名	3 人	平均每保师教 19 人弱
上海广肇公学幼稚园	北四川路横浜桥	1919 年 2 月	男 44 名女 18 名	62 名	4 人	平均每保师教 15 人强
崇德幼稚园	白保罗路六号	1920 年	男 19 名女 16 名	35 名	2 人	教会设立平均每保师教 17 人强
沪江附属幼稚园	沪江大学内	1920 年	男 8 名女 10 名	18 名	1 人	教会设立
广肇女学附设幼稚园	横浜桥福德里	1921 年 9 月	男 20 名女 23 名	43 名	3 人	平均每保师教 14 人强
群学会附属幼稚园	上海中华路小南门	1922 年 3 月	男 13 名女 13 名	26 名	3 人	平均每保师教 9 人弱
伯特利幼稚园	西门斜桥南制造局路	1922 年	男 14 名女 5 名	19 名	1 人	教会设立
上海幼稚院	西门林荫路十八号	1924 年	男 8 名女 34 名	42 名	5 人	平均每保师教 8 人强
上海幼稚院	康脑脱路康乐里	1924 年 8 月	男 16 名女 8 名	24 名	3 人	平均每保师教 8 人
西成幼稚园	西门蓬莱路西成学校内	1924 年 8 月	男 24 名女 18 名	42 名	3 人	平均每保师教 14 人

校　　名	地　　址	开设年月	现有男女生数	幼生总数	保师人数	备　　记
培真幼稚园	上海徐家汇南洋大学内	1926 年 2 月	男 12 名女 8 名	20 名	2 人	平均每保师教 10 人
树基公学附设幼稚园	法租界贝勒路新天祥里	1926 年 2 月	男 19 名女 16 名	35 名	2 人	平均每保师教 17 人强
清心幼稚园	上海大南门	未详	未详	40 名	3 人	教会设立平均每保师教 13 人强
应升幼稚园	东有恒路德裕里	1926 年 9 月	男 7 名女 6 名	13 名	2 人	平均每保师教 6 人强
裨文幼稚园	南门	未详	未详	未详	未详	教会设立

再从全国范围来看，1929 年各省市幼稚园总数为 829 所，1936 年增加至 1 283 所，全面抗战爆发后，学前教育事业发展遭受严重破坏，1940 年各省市幼稚园总数锐减至 302 所，1944 年仍然只有 428 所，抗战胜利后，学前教育事业发展再次迎来春天，1945 年各省市幼稚园总数急增至 1 028 所，1947 年达到 1 301 所，恢复到战前水平。当然，中国毕竟是一个人口大国，即便是在幼稚园总数达到最多的 1947 年，也不过只有 130 213 名幼儿有机会入园接受教育。在当时所建的各类幼稚园中，陈鹤琴于 1923 年在南京创办的私立鼓楼幼稚园，是我国第一所实验幼稚园，陶行知于 1927 年在南京郊区创办的燕子矶幼稚园，是我国第一所乡村幼稚园。

知识链接

全国幼稚园发展统计表（1929—1947 年）（见表 4-3）

表 4-3　全国幼稚园发展统计表（1929—1947 年）

学　　年	幼稚园数	班　级　数	儿童数（名）			教职员数	经费数（元）
			男　　生	女　　生	合　　计		
1929	829	1 585	22 469	9 498	31 967	1 580	379 954
1930	630	697	15 098	11 577	26 675	1 376	468 329
1931	829	1 318	21 275	15 495	36 770	1 839	610 451
1932	936	1 407	24 798	18 274	43 072	2 056	712 863
1933	1 097	1 449	27 432	20 080	47 512	2 219	828 280
1934	1 124	1 599	36 582	22 916	59 498	2 472	940 769
1935	1 125	1 666	42 071	26 586	68 657	2 443	1 076 225
1936	1 283	1 988	76 597	33 230	79 827	2 607	1 091 459
1937	839	1 180	27 150	19 149	46 299	1 400	461 706
1938	857	1 157	23 836	17 488	41 324	1 491	416 253
1939	574	754	27 444	13 038	40 479	946	208 195
1940	302	791	15 897	12 620	28 517	973	248 901

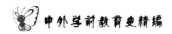

学　　　年	幼稚园数	班　级　数	儿童数（名）			教职员数	经费数（元）
			男　　生	女　　生	合　　计		
1941	367	925	34 730	23 609	58 339	789	430 600
1942	592	1 398	33 199	18 550	51 749	1 014	1 108 841
1943	441	1 190	27 565	18 637	46 202	1 021	2 563 361
1944	428	1 527	30 885	19 606	50 491	1 393	4 745 442
1945	1 028	2 889	66 827	39 421	106 248	2 407	45 125 394
1946	1 263	未详	未详	未详	112 792	2 805	未详
1947	1 301	3 367	81 147	49 266	130 213	2 502	未详

（二）课程标准制定和师资培养

1. 课程标准的出台

随着各地幼稚园数量的不断增加，其课程如何制定便成为日益突显且亟待解决的问题。编订一个适合中国国情的幼稚园课程标准，成为当时学前教育界的首要任务。1929 年，在陈鹤琴等人的共同努力下，《幼稚园课程暂行标准》制定完成并在全国范围内试行。1932 年，《幼稚园课程标准》由教育部正式颁布，成为我国第一个自行制定、全国实行的幼稚园课程标准。《幼稚园课程标准》包括幼稚教育总体目标、课程范围和教育方法三个部分。

第一部分总体目标共有 4 项：第一，增进幼稚儿童身心的健康；第二，力谋幼稚儿童应有的快乐和幸福；第三，培养人生基本的优良习惯（包括身体、行为等各方面的习惯）；第四，协助家庭教养幼稚儿童，并谋家庭教育的改进。

第二部分课程范围共有 7 项：音乐、故事和儿歌、游戏、社会和常识、工作、静息、餐点。每一项均列有目标、内容和最低限度的要求。

第三部分教育方法共有 17 项：第一，各项课程实际施行时，应打成一片，不分科目，以作业为中心；第二，幼儿全天在园时间为 6 小时，可实行半日制，各种课程不可分节规定，但应劳逸结合；第三，各种作业，可由儿童各从所好，自由活动，但团体作业须每日一次；第四，大部分课程可在教师引导下施行团体作业，但"工作"应由幼儿个别活动；第五，教师应做好充分的预备，预备的事项应随幼儿活动趋向而定；第六，课程作业所用的材料和方法均须符合幼儿的心理和经验；第七，教学材料应为日常实物、事实，教育场所不应限于室内，须以户外的自然和社会环境为最好的活动地点；第八，幼稚园的设计教学，应从幼儿的自由活动中选择题材，并符合幼儿的能力，以易达目的、易得结果为最好；第九，教师应以一贯的宗旨和暗示，不断引领幼儿朝着既定的目的努力；第十，幼儿的问题应由由其自己解决，实在无法解决时，教师才可启发引导；第十一，教师应以言语和玩具作为奖励，来鼓励幼儿对作业的兴趣，但奖励不可常用；第十二，教师应通过"练习"使儿童技能达至纯熟，而且练习应时间短且连续、材料真实且有价值、方法优良且适宜；第十三，幼稚园中的事务，凡是幼儿能做的，应尽量让他们去做；第十四，定期进行体检和健康检查，对于幼儿的身体缺陷和各种疾病，教师应设法补救；第十五，教师应将对幼儿的身体、性格、爱好，以及家庭环境等方面的观察所得记录起来，作为研究和施教的资料；第十六，教师应与幼儿家长保持联络，并向其宣传幼稚教育和家庭教育的方法；第十七，幼稚园教育应符合我国民族性、地方社会情形和幼儿身心需要，并体现教育的真谛，利用一切废物、天然物和日用品启发幼儿的创造力。

《幼稚园课程标准》是我国第一个由国家颁布施行的幼稚园课程标准。它建立在幼稚园制度基本确立和幼稚园数量较大发展的基础之上，由我国学前教育专家通过总结自身实践经验，并借鉴西方理论方法制定而成，既体现民族性，又具有科学性。该"标准"要求寓知识于游戏活动之中，规定的学前教育内容和方法都较为符合幼儿的接受能力和年龄特点。其课程内容设置，不仅有助于幼儿德、智、体、美诸方面的发展，而且对于培养其社会性，促进其社会化，也具有十分积极的作用。从教育方法上看，不仅对幼儿的培养和引导较为灵活多样，有团体、小组和个人等多种方式，以及各种可以让幼儿充分享受自由的活动，而且在要求幼儿达到的标准方面也多留伸缩余地，既有一般要求，也有最低限度，以适应不同地区发展不平衡的实际状况。由此可见，这一课程标准较好地体现了科学化和中国化的特点，但与此同时，也无法避免地受到了封建主义遗毒和西方教会势力的影响。

2. 学前师资的培养

1922年新学制中规定，师范学校和女子师范学校可附设幼稚师范科。遵照此规定，江苏省立第一女子师范学校率先于1922年冬成立了幼稚师范科，其后部分女子中学也开始附设幼稚师范科。然而，新学制颁布后的几年时间里，幼稚师范教育并未引起世人足够的重视。为了进一步促进学前教育师资培养，在1928年的第一次全国教育会议上，陶行知和陈鹤琴便分别提出"各省开办试验幼稚师范案"和"各省师范学校急需设幼稚科案"，两份提案经大会讨论后均获通过。此后，南京国民政府教育部随即通令各省市应开设幼稚师范学校，或在各师范学校及高中师范科内添设幼稚师范科，以培养学前教育专门人才，供给良好师资。1932—1933年，南京国民政府教育部又先后颁布《师范教育法》和《师范学校规程》，其中规定师范学校得附设幼稚师范科，招收初中毕业生，修业三年或二年，同时还规定了三年制和二年制幼稚师范科的教学科目和教学计划，以及幼稚师范科学生入学、转学、休学、复学、退学、毕业、服务等办法。

知识链接

三年制和二年制幼稚师范科教学科目及各学期每周教学及自习时数表（见表4-4）

表4-4　三年制和二年制幼稚师范科教学科目及各学期每周教学及自习时数表

科目 \ 学期	三年制幼稚师范科						二年制幼稚师范科			
	第一学年		第二学年		第三学年		第一学年		第二学年	
	第一学期	第二学期	第一学期	第二学期	第一学期	第二学期	第一学期	第二学期	第一学期	第二学期
公民	2	2	2	2			1	1	1	1
体育及游戏	3	3	3	3	2	2	3	3	3	3
卫生	2						1	1		
军事看护			1	1						
国文	4	4	4	4	4	4	5	5	5	5
算学	2	2	3	3			3	3	2	

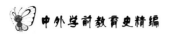

续表

科目＼时数＼学期	三年制幼稚师范科						二年制幼稚师范科			
	第一学年		第二学年		第三学年		第一学年		第二学年	
	第一学期	第二学期	第一学期	第二学期	第一学期	第二学期	第一学期	第二学期	第一学期	第二学期
历史	3	3					2	2		
地理	3	3					2	2		
生物	3	3					2	2		
化学		4					2	2		
物理			4							
劳作 农艺	3	3					2	2		
劳作 家事					3	3	2	2		
劳作 工艺			3	3					2	2
美术	3	3	3	3			2	2	2	2
音乐	3	3	3	3	3	3	3	3	3	3
伦理学	2									
教育概论	3	3					2	2		
儿童心理			3	3			2	2		
幼稚园教材及教学法			2	2	2	2	2	2	2	
保育法			3	3					2	2
幼稚园行政					2	2			2	
教育测验及统计					2					
实习				6	18	18			12	18
每周教学总时数	36	36	34	36	36	34	36	36	36	36
每周课外运动及自习总时数	24	24	26	24	24	24	24	24	24	24

　　20 世纪 20 年代末至抗战爆发前，我国幼稚师范教育持续稳定发展，幼儿教师数量不断增加。1929 年，全国幼稚园教职员总数为 1 580 人，至 1936 年，增长到 2 607 人。抗战时期，学前教育师资培养受到严重影响，人数锐减，1941 年时仅为 789 人，抗战胜利后恢复，1946 年时达到 2 805 人。在此期间，除了公立幼稚师范科取得一定发展成就外，私立幼稚师范学校，如陈嘉庚开办的集美幼稚师范学校和张雪门校长的北平幼稚师范学校等，也在不断建立，同时还有陈鹤琴创办的江西省立实验幼稚师范学校，1943 年改为国立幼稚师范专科学校。这些幼稚师范学校皆以培养幼稚园师资，造就幼稚教育人才为宗旨，为我国学前教育事业发展做出了十分重要的贡献。

在幼稚师范学校纷纷建立的同时，南京国民政府教育部为保证学前教育师资培养质量，还于 1935 年公布的《师范学校学生毕业会考规程》中，对幼稚师范生参加国家统一毕业会考做出明确规定：会考成绩占毕业总成绩 50%，会考科目中，有三科及三科以上不及格者，应予以留级，有一科或两科不及格者，可令其先行服务，同时给予其两次参加该科会考的补考机会，及格后方能毕业，并享有正式的服务资格。1944—1946 年，教育部又先后公布了《中学及师范学校教员检定办法》和《国民学校教员检定办法》，对幼稚师范科及幼稚师范学校的教员检定方式和程序做了规定。教员检定分为无试验检定和试验检定两种，试验检定又包括笔试、口试和实习等项，必要时还须进行体格检查。尽管上述"办法"在战争年代只不过是一纸空文，但对于促进幼稚师范教员素质和教学质量的提升仍具有一定的积极作用。

第二节 "欧风美雨"：西方学前教育思想的系统导入

清末时期虽有学者对西方学前教育理论进行初步介绍，但中国真正开始系统导入原汁原味的西方幼儿教育理论成果并产生较大影响，则是在民国成立以后，尤其是新文化运动和五四运动时期。

一、裴斯泰洛齐幼儿教育思想的导入

20 世纪上半叶，裴斯泰洛齐幼儿教育思想在中国的传播和发展，大致可分为起步、深化、高潮和总结四个阶段。

（一）起步阶段

裴斯泰洛齐（1746—1827）被誉为西方教育史上提倡和实施爱的教育的光辉典范，在其辞世 85 周年后，中国学界才开始对其事迹和思想有更为深入、系统的了解。1912 年，贾丰臻在《教育杂志》第 5 卷第 5 号上发表《裴斯泰洛齐传》，对其生平和幼儿教育实践进行介绍。文中指出，裴斯泰洛齐对于那些沾染恶习且大都患有恶疾的孤儿，非但毫无反感，而且谆谆教诲不倦。他"与孤儿同寝食，后孤儿寝，先孤儿起，孤儿之食固不能如常，但氏亦喜食之。共谈笑，共对天祈祷""见儿童能脱恶习则喜，见孤儿能进智德则乐"，足见其对于幼儿教育的赤诚和热心。1919 年，姜琦又在《新教育》第 1 卷第 2 期上发表《裴斯泰洛齐传》，该文在更为详尽地呈现裴斯泰洛齐的生平和幼儿教育实践的同时，着重介绍了他在教授贫儿时所使用的"直观教授法"和"交互教授法"。姜琦指出，"直观教授法"是裴斯泰洛齐通过日常教学中的细心观察，豁然有悟而提出的一种开后世之先河的教学方法；"交互教授法"则是基于当时教员奇缺的状况而采取的以优等生教后进生的"万不得已之策"，但这一方法的效果却十分显著。

（二）深化阶段

随着新文化运动和五四运动的开展，中国学界对裴斯泰洛齐的研究也进一步深入，不仅就其思想和方法展开分析和评论，还将之与其他教育思想家进行比较。如王凤喈在《西洋教育史纲要》（1922 年由上海商务印书馆出版）中即认为，裴斯泰洛齐的思想发端于改良社会，其事业肇始于拯救贫民，改良社会、拯救贫民的首要方法是教育，而教育的第一要义则是发展个人天赋固有的能力。裴斯泰洛齐所谓人的天赋能力主要有三种：一为智识能力，二为道德能力，三为技术能力，"三者均应互相调和，不宜有所偏重"。陶冶能力的方法有四种，即常常使用、因时指导、继续不断和注重直观。智识的陶冶"以直观为起点，以概念为归结"，数、形、言语三要素为"智识陶冶之渊源"；技能的陶冶，在于使物力顺应心力，"心力之欲望，须以物力发表之"，"此种陶冶的目的在养成家庭生活国民生活之实力"；道德的陶冶"以爱与信仰二者为主眼"，包括道德情感的熏陶、善良意志的养成和道德律的学习三个步骤。此外，王凤喈还将冒甫（Morf）总结裴斯泰洛齐思想而得出的 11 条幼儿教育原理一一开列，其中包括强调直观教学和专一学习的重要性，注重语言与直观、知识与才能的联系，顺应幼儿的年龄特点和个性特征，构建以爱为本的师生关系，实施较高层次的教育。总体来说，王凤喈认为裴斯泰洛齐的教育事业是有成有败，得失参半的，他的教育学说也多数得之于卢梭和康德，但对于"他那种牺牲的精神，博爱的精神，力行的精神"，王凤喈却给予了极大的肯定，并指出裴斯泰洛齐正是凭此而对近代世界教育产生了十分重要的影响。

1923 年，黎荣燊在《群言》第 2 期上发表《裴斯泰洛齐之教育运动》一文，进一步梳理和评述裴斯泰洛齐的教育事业和教育思想。文中指出，"裴氏之教育目的为自然的，实用的，进步的，人文的，以发展人类天赋之全能为主"。并主张欲实现此目的，一方面应积极研究幼儿心理，有效利用适当的刺激以促使幼儿能力的发达调和；另一方面应高度重视家庭教育，充分发挥母亲作为幼儿最重要的启蒙教师的职能。同时，对于"裴氏之教育方法"，黎荣燊强调"第一不可不注意者即直观之教授方法也。裴氏盛说直观教授之重要，彼以为一切教授，皆不可不以直观为基础，直观者，实一切认识之根底也"。最后，对于"裴氏之教育学说"，他总结得出 10 条优点和 12 条缺点，并将之与卢梭的自然主义教育思想进行对比，认为裴斯泰洛齐的幼儿教育思想更为注重家庭和社会，通过教育陶冶幼儿天赋能力的最终目的，是使他们对人类社会向更高层次迈进。

（三）高潮阶段

1928 年，中国学前教育界迎来了一次裴斯泰洛齐研究的小高潮，古楳、于敬修、克终、胡愚坡、胡寿塘等学者在《京师教育月刊》上发表一系列文章，从不同角度对裴斯泰洛齐幼儿教育思想进行本土化探讨。古楳在《裴斯泰洛齐之贡献及其批评》一文中，对冒甫总结的 11 条幼儿教育原理一一进行分析和解释，既能与中国教育实际相结合，又能与其他学者思想相参照；于敬修在《裴斯泰洛齐主义在各国的运动》一文中，详细介绍了德、美、日、法、瑞士等国导入和宣传裴斯泰洛齐教育思想的具体情况，为中国学前教育界指明了路径；克终在《裴斯泰洛齐成功的经过》一文中，对裴斯泰洛齐批判地继承卢梭的自然主义教育思想，提出自己的新主义，并抱定决心献身教育事业的过程进行了详细阐述；胡愚坡在《裴斯泰洛齐的哲学》一文中，对裴斯泰洛齐新人文主义哲学的宗教观、伦理观、认识论、直观论，以及人与社会关系论等进行评述，进而得出人性的教育以人性的哲学为基础的最终结论；胡寿塘在《裴斯泰洛齐的爱》一文中，从心理、伦理、宗教、教育四个方面探讨裴斯泰洛齐对贫民孤儿的爱，并认为这是一种体现慈善、忠恕、克己、勇敢等珍贵品质的人道之爱。除上述文章外，还有褚绍唐在《暨南周刊》（第 5 期）上发表的《裴斯泰洛齐教育理论之图表》一文，该文以图表的形式对裴斯泰洛齐的幼儿教育理论进行总结。

知识链接

裴斯泰洛齐教育理论（见图 4-1）

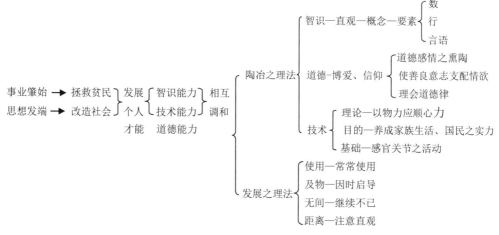

图 4-1　裴斯泰洛齐教育理论

进入 20 世纪 30 年代，国内大学有代表性的西方教育史教材，如瞿世英的《西洋教育思想史》（1931 年商务印书馆出版）、孟宪承的《新中华教育史》（1932 年新国民图书社出版）、蒋径三的《西洋教育思想史》（1934 年商务印书馆出版）和雷通群的《西洋教育通史》（1934 年商务印书馆出版）等，大都有专门章节介绍裴斯泰洛齐及其幼儿教育思想。这些教材通过教育史或思想史的分析框架，力求揭示和阐明裴斯泰洛齐的历史地位，标志着民国时期对裴斯泰洛齐教育思想的介绍和导入已经达到一个新的水平。另外，其他学者也能从本国教育实际出发，深刻把握裴斯泰洛齐教育思想的本质和精髓，不再像以往那样浮于表面。如刘钧在《教育之父亨理裴斯泰洛齐》（《河南大学学报》，1934 年第 3 期）一文中指出，裴斯泰洛齐的每部作品中都蕴藏着社会的、人生的和教育的精义，"这不是逻辑形式的和哲学意构的精义，而是被他的敏锐情感和深刻的经验所发现的社会人类需要""裴氏的教育是社会的，民众的，生计的，实做的，正合于人类社会的需要"。李允谞也在《裴斯泰洛齐教育的根本精神》（《江西教育》，1935 年第 4 期）一文中明言，裴氏教育思想的核心观点，是基于其重农主义经济思想而提出的救贫主张。所谓救贫，不应专靠外在的经济援助和物质救济，而是通过教育激发贫苦儿童的内在自觉和天赋本能，使之能够自发地从事各项事业。这种教育的本质正是社会的、民众的、生计的和实做的，完全合于人类社会的需要。不久，李允谞又在《裴斯泰洛齐的劳作教育思想》（《江西教育》，1936 年第 6 期）一文中进一步指明，在裴斯泰洛齐教育思想体系中，劳作教育占据极其重要的地位，通过将学校教学活动与儿童日常活动紧密结合，从学校内部打破劳作与学习、工场与教室之间的藩篱，无论对于养成职业以改造社会，还是感化人格以救济贫民而言，都具有十分重要的意义。

（四）总结阶段

随着抗日战争的爆发，中国学前教育界对裴斯泰洛齐教育思想的研究和导入开始陷入停滞，虽有一些研究成果，如黄金鳌的《裴斯泰洛齐的教育精神》、梁兆康的《裴斯泰洛齐》等文，却未能取得实质性进展。抗战胜利后，恰逢裴斯泰洛齐 200 周年诞辰，为了纪念、宣扬这位"教育精神千古难遇的代表人物"，吴志尧专门著成《裴斯泰洛齐》一书，由商务印书馆收入"国民教育文库"丛书出版。作为一部学术专著，该书无论对裴斯泰洛齐生平事迹的介绍，还是对其教育思想的阐析，都明显有超越前人之处，甚至可以说是民国时期裴斯泰洛齐研究的集大成之作。

二、福禄培尔幼儿教育思想的导入

福禄培尔（1782—1852）与裴斯泰洛齐、赫尔巴特并称 19 世纪欧洲三位伟大的教育巨匠。福禄培尔在大学期间便接受了卢梭和裴斯泰洛齐的自然主义教育思想，毕业后又到裴斯泰洛齐创办的学校考察、学习、任教，1837 年开始在布兰肯堡创办学前教育机构（后改称"幼儿园"），从此将毕生精力献给了幼儿教育事业，被誉为"幼儿园之父"。福禄培尔的名字早在清末引进日本幼稚园制度之时即已传入中国，但其幼儿教育思想的系统导入却是在中华民国成立以后。整个导入过程大致可分为学习了解和分析评价两个阶段。

（一）学习了解阶段

1912 年，谢天恩在《教育杂志》第 4 卷第 7 号上发表《美国幼稚园略述》一文，介绍福禄培尔自然主义的幼儿教育思想。文中指出，在福禄培尔看来，幼儿的成长发展应由其善良天性所决定，教育虽与幼儿的经验获得和习惯养成关系密切，但其方式方法却不能与幼儿的天性发展相违背。因此，在福禄培尔之前，教育幼儿以由外铄内的机械训练为主，从福禄培尔开始，学前教育界认识到旧法之弊并主张由内及外，使幼儿获得顺应天性的自然发展。1914 年，《教育杂志》第 6 卷第 1 号刊载了《德国柏林裴斯泰洛齐福禄培尔馆》一文，这是作者参观该馆后写就的一篇报告。该报告着重介绍了福禄培尔弟子虚拉翟尔在主持"裴斯泰洛齐福禄培尔馆"期间，对福禄培尔重视游戏的幼稚园教育理念的秉承和坚守，并借此向国人大力宣传福禄培尔幼儿教育思想的真谛。1919 年，姜琦在《新教育》第 1 卷第 3 期上发表《福禄培尔传》，成为五四运动前对福禄培尔生平和教育实践介绍最为详细的一篇文章。姜琦在该文中指出，裴斯泰洛齐首倡的教育理论和方法之所以能够形成后来的"新教育"，贡献最大者不得不首推福禄培尔。在与裴斯泰洛齐朝夕相处的两年中，福禄培尔既深受裴氏的感化和影响，又自发得出与裴氏不同的意见，如裴斯泰洛齐重视家庭教育，而福禄培尔则主张学校教育，并认为陶养幼儿使之适应未来生活，是幼儿园的首要任务。

（二）分析评价阶段

五四运动以后，中国学前教育界对福禄培尔生平和思想已然十分熟悉，不仅在幼儿教育实践中运用其理论，更有学者对其学说进行分析和评价。王竹生在《卢梭与福禄培尔教育思想之比较》一文中，将福禄培尔的幼儿教育思想与卢梭进行了比较分析。他在文中指出，福禄培尔与卢梭在以幼儿为中心、不以教材为中心的总体观念上是一致的，而二者的不同主要体现在五个方面：第一，卢梭将培养自然人作为教育目的；福禄培尔则以自然、神、人的一贯发展为教育目的。第二，卢梭认为幼儿阶段乃是理解的睡眠期，没必要在这一时期对幼儿进行教育，这样的教育是为未来而牺牲现在；福禄培尔则认为"凡初生时所受之感化，必影响于其后来全体之发达""现在之完满，同时即为将来之保证"，因此，他强调人之初生时期的教育最为重要。第三，卢梭主张对幼儿的教育应由家庭教师负责，施教之地应选在田野，教育过程偏于个人方面；福禄培尔则要求幼儿参与社会活动，注重团体生活，可谓个人和社会并重。第四，卢梭注重幼儿的身体发展，将体育作为德育和智育的基础；福禄培尔则主张幼儿的身心发展协同并进。第五，卢梭认为幼儿时期为纯粹的生理发展阶段，教育上应采取放任的态度；福禄培尔则主张不能放任，身为教师者应指导幼儿的生活。

张宗麟在其撰写的《幼稚教育概论》一书中，对福禄培尔的幼儿教育思想进行了较为全面的评价。他一方面肯定了福禄培尔在幼稚园课程、幼儿教育宗旨及目标等方面的主张为"千古不朽之言论"；另一方面又指出了福禄培尔幼儿教育思想所存在的三点不足。其一，福禄培尔在恩物的设计上，"以圆为起点，以整个为归束""细考其恩物十九种，其目标无一不在于整个。由整个而变成种种玩法，或由种种小恩物而积成整个之恩物"。此为哲学观点之谬误。其二，福禄培尔"不知音乐尤为幼稚生所喜"，在幼稚园课程中未设音乐课，恩物中也无乐器，而且"所有恩物多偏于细小"，与幼儿肌肉发达程度不相符合。此为教育心理学观点之谬误。其三，福禄培尔"于幼稚园中甚器重上帝"，认为"吾人之教育儿童，为上帝而教育，非为儿童而教育，非为国家培植国民"。此为迷信宗教之谬误。

不论以上两位学者的分析和评价得当与否，都在一定程度上表明五四运动以后，我国学者对福禄培尔学前教育思想的导入已经超越了单纯模仿的阶段，开始步入反思融合的新时期。

三、蒙台梭利幼儿教育思想的导入

（一）引进介绍阶段

蒙台梭利是 20 世纪具有国际声誉和影响的最伟大的儿童教育家之一，其幼儿教育思想深受民国学者的重视。早在 1913 年，樊炳清即在《教育杂志》第 5 卷第 1 号上发表《蒙台梭利女史之新教育法》，这篇文章应该是我国学者对蒙台梭利幼儿教育思想的最早导入。作者在该文中对蒙台梭利"儿童之宅"（即"儿童之家"）的课程内容、教育方法及其心理学原理等进行了较为细致全面的介绍。例如在教学上，"练习知识者，尤以练习感觉为主"，"糙滑轻重冷暖青赤等之区别，务须及早练习，由是循序渐进，以益求其感觉之精密"；即便是教授一定的知识原理，也应以直观简明、有利于感官训练为原则，除了那些直接讲解知识原理的言语外，教师不应多说一语。又如在训练上，蒙台梭利始终坚持两个"不可以"：一是不可以强制之力要求儿童，二是不可以赏罚手段对待儿童。最后，作者指出，蒙台梭利的新教育法"实具有心理学上之理由，盖自心意之进程言，则运动之习惯，由活动之本能而发，知识与思考之习惯，由联合之法则而生，适应心意发达之自然情态，而利用观念联合之活泼能力，此即女史之教育法之根据也"。不久，《教育杂志》第 5 卷第 5 号上又发表了署名愨生的《蒙台梭利新教育之设施》一文，对蒙台梭利新教育在美国、英国、瑞士等地的传播和发展情况，新教育法重自由、重感觉、重教具的特色，以及"儿童之宅"的各种教具和应用新教育法后所取得的成效等一一加以介绍。同年，《大同报》第 33~36 期的"西报选译"栏目还连续刊载了史青编译的《蒙台梭利女士之儿童教育学》，全文共分四篇，从教育主旨、教授方法、家庭教育及教师资格等方面，系统阐述了蒙台梭利的儿童教育学说。

1914 年，国内学者对蒙台梭利教育思想给予了更大的关注，这种关注分别体现在理论探讨和交流实践两个层面。在理论探讨上，商务印书馆率先出版了日本学者今西嘉藏著、但焘译的《蒙台梭利教育法》，将蒙台梭利幼儿教育思想在中国的导入推向高潮；随后，中华书局又出版了顾树森编译的《蒙台梭利女史新教育法》，该书对蒙台梭利幼儿教育思想的历史渊源进行了分析。此外，这一年还发表了若干篇有关蒙台梭利的文章，如钱智修的《蒙台梭利女史小傅》（《教育杂志》第 6 卷第 3 号）、署名天民的《蒙台梭利教育原理——珠算教授法》（《教育杂志》第 6 卷第 4 号）等。钱智修在文章中对蒙台梭利幼儿教育理论与事业的开创发展过程，以及导致其成功的内在品性、外部助力和其他原因等进行了叙述；而天民则分析指出，蒙台梭利教育法即以适当的教具和教材训练幼儿，使之能够自由活动，同时教师仔细观察幼儿活动状态，并对其施以符合其个性的指导，自动化、趣味性、个别化是其三大特色。在交流实践上，一方面作为商务印书馆主要负责人之一的高凤谦亲往意大利拜访了蒙台梭利，并在为《蒙台梭利教育法》撰写的序言中，生动地将自己在国外的见闻介绍给国内学者；另一方面，江苏省教育会成功组建"蒙台梭利教育法研究会"，这一机构对于蒙台梭利幼儿教育思想在中国的传播起到了十分重要的推动作用。

此后，很多介绍和探讨蒙台梭利新教育的文章和著作陆续发表。1916 年，顾树森与王维尹合译的《蒙台梭利教育之儿童》在《中华教育界》第 5 卷第 2、5、6、7、9、10、11、12 期上连续发表，分十三章对蒙台梭利新教育法进行介绍，其中包括幼儿感知力、表达力、意志力、意想力、合群力、襄助力的培养，以及"身体""写读""色彩""天良""沉默"等方面的训练。1922 年，《教育杂志》现代教育思潮专号刊载了常乃惠的《蒙台梭利之小学教育方法论》一文，对蒙台梭利所做的儿童心理活动状态的研究，以及基于该研究结果而提出的各种教育观点进行了介绍，如小学教师必须要有充分素养，学校环境和设备必须进一步翻新，必须重视有目的的工作对儿童精神自由的作用，必须重视对儿童的意志教育和智能教育等。

（二）总结批评阶段

1925 年，汪震在《赫尔巴特福禄培尔蒙台梭利三家教育学说之特质》一文中，对蒙台梭利的教育思想进行了总结和批评。作者认为"蒙台梭利是一个生理的心理学家，也是学说之最大之点，为自由与自学。自主而后有自由，自学而后健全。故她所重者为日常生活技能之训练，感官之训练，读写复工之训练。她学说之缺点在只能施于低能儿，而不知高才生心灵活泼，能领略更远大之事也"。

1926—1927 年，陈鹤琴、张雪门也在各自的著作和文章中对蒙台梭利幼儿教育思想有所论及和评价。陈鹤琴比较认同蒙台梭利的"自由学说"和"自我教育学说"，他认为只有儿童自己获得的、没有教师从外面加进去的教育，才是最好的教育；也只有这样的教育，才能使儿童自觉认识和纠正自己的错误，并在这一过程中收获快乐。然而，对于蒙台梭利的"自我表现"和"感官训练"学说，陈鹤琴却认为不切实际且多有批评之辞。总体来说，陈鹤琴肯定蒙台梭利为"19 世纪中叶的教育家""近代女子研究学问之师表"，但对于其为预备成人生活而教育儿童的做法，则实难接受。张雪门同样认同蒙台梭利的自由学说，他认为"蒙氏的教育思想就是自由主义的思想；其教育法的根本原则，在不戕贼孩子的本性，使之自由发展，而训练的价值，尤在于孩子的自动而不在被动"。对于蒙台梭利在教育上的贡献，张雪门既坦然承认其教育学说"大半采取前人的原理"，又欣然指出能够适应儿童个性，尊重儿童主体性，以生物学和心理学为基础，教学上使用生动、具体的教材，既不偏于理想也不蔽于神秘等，是蒙氏教育思想的主要特色。最后，张雪门还明确表示，尽管蒙台梭利的影响在 20 世纪 20 年代末的中国已然式微，但究其原因，与其说是蒙氏教育本身存在问题，不如说是当时的中国不具备推广蒙氏教育思想和实践的主客观条件。

20 世纪 30 年代初，蒙台梭利曾致函时任南京国民政府教育部长的蒋梦麟，诚挚肯请中国政府派遣专员赴意大利罗马的"儿童之家"进行参观并接受正规培训，同时也希望能够征集一些有关其教育的报告和书籍。而蒋梦麟却在回信中直言："你的教具颇多，但不甚经济，中国多采用设计教学法，教材取自生活，不需购置教具。"又称"中国没有实施蒙台梭利的报告文章及翻译的书籍等"。可以说，20 世纪三四十年代的中国，内外战争不断，社会经济萧条，教育领域又深受杜威实用主义教育思想影响，这样的历史背景使蒙台梭利的幼儿教育思想缺少在中国立足发展的环境和条件。在抗日战争和解放战争期间，仍然有学者对蒙台梭利的学说和方法给予支持和倡导，如张家凤在 1937 年发表于《青岛教育》第 4 卷第 9 期的《蒙台梭利制的研究》一文中指出，"在欧洲大部分的地方，蒙台梭利的方法，仍旧是好像一朵怒放的鲜花。从所谓新教育的立场来说，它是很旧的了。但是就实际上说来，它的成功激起了新教育好几方面的发展。毫无疑问的，蒙台梭利的事业，给班级方法的教育会妨碍班中个别儿童教育上发展的信念以一个新的生命，一部分又因为蒙台梭利看重个人的结果，教育家再开始致力于更着重个人的需要和能力的大学级的教学法之改进"。李惟远也在 1948 年发表于《教育通讯》第 6 期的《蒙台梭利论儿童的科学研究之重要》一文中强调，蒙氏的教育事业虽屡遭战争破坏和政治影响，但其献身教育的信念却四十余年始终如一，而且她的努力也没有白费，教育领域因此而发生巨大的转变，国际蒙台梭利教育运动也已然形成。然而，这些在世界范围内取得的成就，却无法改变蒙台梭利学说在中国的历史命运，她的幼儿教育思想和幼稚园教育实践，终因不适应当时的国情而未能在近代中国得到广泛的传播和推广。

第三节 "典型个案"：鼓楼幼稚园 与学前教育中国化探索

自清末成立第一所蒙养院以来，中国近代学前教育的发展先是取法日本，继而模仿欧美，有着浓重的外国化色彩。到了 20 世纪二三十年代，中国幼稚园在质与量两个方面皆有明显提升，但问题也随之变得更为突出。陶行知将当时的问题归结为"三大病"，即外国病、花钱病和富贵病。而这"三大病"的最大根源便是国人办园过程中的盲目"外国化"。因此，这一时期，各界呼吁中国教育本土化的声浪不断高涨，一部分致力于学前教育发展的专家学者，也纷纷踏上了幼稚园"中国化、科学化"的探索之路。其中，被誉为"中国福禄培尔""中国幼教之父"的陈鹤琴即是一个典型代表。1923 年秋，他在南京鼓楼头条巷 25 号的自家客厅里，创办了著名的"鼓楼幼稚园"，招收幼儿 12 名，多为东南大学教师子弟。后来，又在朱琛甫等人的襄助下，于自家住宅旁置地兴建园舍，并将"鼓楼幼稚园"园址定于此处。陈鹤琴在鼓楼幼稚园进行了大量的实验研究和实践探索，逐渐使该园成为一所本土化特征十分明显的近代著名幼稚园。

一、鼓楼幼稚园本土化探索的主要内容

根据 1926 年的试验报告可知，南京鼓楼幼稚园创立后不久，陈鹤琴等人便开始以"创设中国化的新幼稚园"为目标，针对"幼稚园的课程和教材""幼稚园的教学法""设备和儿童玩具"等方面开展研究和试验工作。经过一段时间的反复探索，陈鹤琴又在 1927 年发表的《我们的主张》一文中总结指出："我们现在办这个幼稚园，是先有了研究，再根据儿童的心理、教育的原理和社会的现状，确定下面几种主张做法。"在他提出的 15 条主张中，首先便是幼稚园的发展要适应中国的国情。在他看来，"幼稚园的设施，总应当处处以适应本国国情为主体，至于那些具世界性的教材和教法，也可以采用，总以不违反国情为唯一的条件"。由此可知，陈鹤琴在南京鼓楼幼稚园所进行的学前教育本土化探索，主要是围绕着幼稚园的课程、教材、教法、设备及玩具等方面而展开的。

（一）课程的试验

陈鹤琴在南京鼓楼幼稚园开展的近代学前教育改革试验是全方位的，但其中以 1925 年开启的课程试验为主导。其实，陈鹤琴及其同事们早就"感到课程是最大的问题"，抄袭外国课程根本无法适应中国的国情，所以从一开始他们就本着试验的精神，研究"儿童应当学什么，教员应当教什么"的课程问题。为了使课程改革成为中国学前教育发展的突破口，他们尝试并完成了以课程组织试验为主纲的课程改革试验。整个试验过程分为散漫期、论理组织期和设计组织期，后一时期总结前一时期的经验教训，三个时期各有各的动机和特点。

1. 散漫期

在进行试验之前，他们首先制定了四条课程原则：第一，"一切课程是儿童自己的，不是教师的，更不是父母或社会上的其他装饰品"；第二，"一切课程是当时当地儿童自发的活动，不能抄袭任何人家的"；第三，"教师的责任只有供给儿童的询问及各种应用材料，并指导儿童所需的材料"；第四，"注意于儿童身体的健康、动作的活泼，不愿儿童受纳许多呆板的知识和斯文如木偶的礼节"。根据上述原则，鼓楼幼稚园放弃了传统的分科课程形式，让儿童自由活动，教师的责任则在于改进和丰富幼稚园的设备，布置一个极完备的环境，以及提供相应材料并从旁指导。照这样的做法，在试验的最初几天，"确是个个儿童活泼尽致，教师兴趣淋漓，全园充满了生气与快乐"。但过了不久便开始"困难丛生"，如教师难以应付儿童不断发生的兴趣，儿童因难以集中注意力而进步迟缓等，并且教师和儿童的这些困难都是不易解决的。于是，当教师们筋疲力尽、充满怀疑而又见不到试验效果时，陈鹤琴不得不在坚持了半年以后，放弃此次试验，转入下一期。

2. 论理组织期

通过总结第一期试验缺少课程组织的问题，第二期试验加强了课程的计划性和组织性，使鼓楼幼稚园的课程既经过教师的组织，又坚持以儿童为中心。教师们根据当地、当时的自然和社会环境事先拟定好一周的课程大纲和细目，然后再根据大纲和细目分头去找材料。实施预定课程时，教师则照着大纲和细目一件一件去做，做不了的，移到下周再做，材料不足的再找新材料加以补充。这样的做法，不仅大大节约了教师的备课时间，更进一步提高了儿童的学习成绩，因此得到了社会上的普遍认可。然而，陈鹤琴等人却发现，它同样存在着许多不能填补的陷阱，如压抑了儿童的兴趣，忽视了儿童的个性，教师选择的材料于儿童不合适，临时发生的情境很难融入固有的课程计划等。经过了深刻反思以后，陈鹤琴等人认为，"照着这条路上走去，处处觉得勉强，失去许多良好的机会，剥夺了儿童许多自由，埋没了许多天才。只图教师的便利，只要博得社会的欢心，不顾儿童的本身，那是一条教育上极危险的路"。于是，他们又一次在坚持了半年以后，重新踏上了新的征程。

3. 设计组织期

鉴于前两期的经验和教训，陈鹤琴等人认识到，幼稚园的课程既不能没有组织，也不能过分组织，应该在二者之间取一个折中状态。于是，他们在这种矛盾和困惑之中不断思考，终于找到了所谓的第三条"设计"课程之路。设计制课程，也称中心制课程或单元制课程，其基本思想同样是从儿童直接接触的当地、当时的自然环境和社会生活中选择课程内容，但与第二期试验不同的是：第一，设计课程以主题和单元为形式，而不以学科为形式，尽管我们同样可以看到常识、故事、游戏、手工等学科，但当某一主题或单元不能包含这些学科时，则不强行安排，学科要服从于主题的进行，主题是显线，学科是隐线。第二，设计课程并不严格按照预定的大纲进行，而是可以根据儿童临时发生的兴趣和意料以外发生的情境改变原来的计划。第三，设计课程并不要求儿童在同一时间内做同一件事，而是在同一主题或单元里，不仅有许多不同方面的活动，让儿童基于自身兴趣自由选择，更有需要多人合作的活动，以培养儿童分工合作的能力。由上述三点可以看出，第三期课程试验是兼具计划性和灵活性的，既坚持了以儿童为中心，又突显了教师的主导作用，二者得到了较为完美的统一，因此，试验取得了一定的成效。设计制课程于 1927 年开始在南京 14 所幼稚园试行，后来又进一步推广，从而使其成为当时幼稚园的主要课程，同时也为

1932 年南京国民政府教育部颁布的《幼稚园课程标准》提供了范本。

事实上，鼓楼幼稚园的课程试验，是陈鹤琴对西方盛行的"儿童本位"课程价值取向及"废弃组织论""预先排定论"等课程思想所进行的一次本土化运用。整个试验包含从幼儿生成活动，到教师预设活动，再到教师预设与幼儿生成活动有机结合的三阶段过程。在试验过程中，陈鹤琴始终坚持从当时、当地的自然与社会环境中选取课程内容的原则，并形成了幼稚园课程"以自然和社会为中心"的思想，这乃是对杜威主观经验论的具体运用。其最终得出的"设计制课程"或"单元制课程"模式，则是杜威"教育即生活"的实用主义教育思想与中国传统文化中的"生活哲学"的成功嫁接，实现了杜威教育思想在中国学前教育领域的本土化。

（二）教材和教法

陶行知在 1924 年向世界教育会议所做的报告中指出，国立东南大学教授陈鹤琴在鼓楼幼稚园所开展的教育试验，是"意义重大又令人鼓舞的""他和他手下的工作人员有感于目前在幼稚园教育中所使用的一些教材和教法都是照搬外国的，其中有一些不符合中国儿童的实际"，所以从 1923 年秋季开始，便以"中国的儿歌、童话以及其他的教材在幼稚园中进行实验"。

对于幼稚园在教材和教法方面所存在的问题，陈鹤琴自己也曾明言：中国的幼稚园大多没有自己的教材，教法也完全是对西洋的模仿，"不是直接抄袭福禄培尔，就是直接抄袭蒙台梭利，不肯加以变化，也不管儿童是否接纳"。面对当时的这些现实问题，陈鹤琴等人首先提出了幼稚园教材的"两个来源"和"三条标准"。所谓"两个来源"是指教材的"一小部分是从书本上来的，如歌谣、故事等"，而"大部分是自然界、社会上日常所见的万事万物"。之所以强调这样的教材来源，是因为幼稚园的课程也大多是从大自然、大社会中得出来的。不过，仅仅有了"来源"还不够，幼稚园教材的选择还需坚持"三条标准"：第一，教材内容应符合儿童的学习能力，并有利于儿童的身心发展；第二，教材内容应符合儿童的固有经验，不能与儿童生活实际离得太远；第三，教材内容应有利于儿童的社会化，不可以对儿童将来的社会生活有所妨碍。陈鹤琴认为，以这样的标准，在当地、当时的自然环境和社会生活中进行选择，"那所选的教材就不至于有大错了"。

陈鹤琴等人还在鼓楼幼稚园进行了一些教法方面的初步试验，形成了"教学游戏化"的基本策略，并提出了读法教学的几种新方法，如游戏法、故事法、歌谣法、表演法、自述法、复习法等。在试验这些方法的过程中，陈鹤琴等人十分强调"本土化"，努力打造具有本国特色的教学方法。例如，故事法虽是陈鹤琴为弥补中国传统教育忽视故事价值的弊端，借鉴西方幼儿园注重故事教学的经验而创设的，但在运用这种方法时，他却极为强调幼稚园的故事教学要适应中国的国情和中国儿童的发展特点。为此，他做了许多有益的探索，一方面，他反对一味追捧从外国引进的故事文本，主张多编一些"富于本地风光"的故事题材，使具有本土生活经验的儿童更易于对其产生兴趣；另一方面，他在翻译西方国家的儿童文学作品时，也往往是根据中国儿童的心理特点和阅读需要，对其中的情节、人物和语言进行大量改动，甚至是重编、重写，然后才拿来讲给中国儿童听。陈鹤琴的上述做法表明，他对幼稚园教学方法的试验和研究，具有既追求"国际化"又不失"本土化"的双重特点。

（三）设备和玩具

受杜威思想的影响，陈鹤琴等人认为，经验是发展儿童个性的工具，无论是家庭还是幼稚园，都应该给儿童充分的经验。儿童的经验有两个主要的来源：一是与实物相接触；二是与同伴相接触。这两种接触，都必须以充分的设备和玩具为条件。如果幼稚园设备十分简陋，而且没有任何玩具，那么，即使是许多儿童聚在一起，也无法做出有用的事，更无法从中获得有利于成长的经验。正是基于这样的观点，陈鹤琴等人才强调幼稚园必须要有充分且适宜的设备和玩具，并为此专门开列了"比较完备的幼稚园设备表"和"幼稚园最低限度设备表"。同时，陈鹤琴还十分重视幼稚园设备和玩具的本土特色和"本地风光"，认为"本地出品，儿童接触得多，熟悉了，当然很爱的。并且除了在幼稚园玩耍以外，在社会上、家庭里可以常常遇得到，可以免去幼稚园与家庭隔膜的弊病。还有本地出品，在价格中，必可较廉。"鼓楼幼稚园为儿童制造、准备的设备和玩具种类很多，例如，设备方面包括小桌子、小椅子、小书架、洗面架、小面盆、茶壶茶杯和水壶炉子等，玩具方面包括摇马、秋千、滑梯、雪车、积木、皮球、木剑、竹圈、水枪、沙箱、傀儡和锣鼓等。下面以其中几种为例，略做说明。

1．空心积木

这是陈鹤琴针对福禄培尔积木玩具造价过高、玩法呆板等弊端，自行改造而成的一种玩具。它不仅造价便宜，适合中国经济情形，而且既大又轻，具有大积木的优点，可以充分锻炼儿童的思维，并形成其互助、合作的良好习惯。

2．彩色竹圈

这也是陈鹤琴根据福禄培尔的"恩物"所进行的本土化创造。他说，欧洲没有竹子，因此福禄培尔只能用木头做玩具，而东方有竹子，所以我们可以用竹子来服务儿童。这种用竹子做成的玩具，不但保留了东方民族的特色，而且还和福氏"恩物"一样好玩。

3．"傀儡"

这是陈鹤琴在一次出国考察时被国外见闻触动后发明的儿童玩具。最初，他只是从国外带回了一只"傀儡猪"，送给鼓楼幼稚园的孩子们。当他发现孩子们非常喜欢后，便带领老师们制作了大量的"傀儡"，并将之与中国的木偶戏相结合，在鼓楼幼稚园开展傀儡戏的试验。

由此可见，陈鹤琴在设备玩具研发试验方面的做法，也鲜明地体现了他追求幼稚园教育本土化的探索精神。他既借鉴了国外许多设备玩具的设计原理，又注重与中国本土文化元素的有效结合，真正做到了中西教育的融会贯通。

二、鼓楼幼稚园本土化探索的基本特点

（一）以坚定信念为动力

为中国学前教育事业奋斗终生，是陈鹤琴一贯坚持的信念。他曾语重心长地说："儿童是振兴中华的希望。儿童教育是整个教育的基础，关系到我们伟大祖国的命运……儿童教育是一门科学，只有了解儿童，才能教好儿童。实践出真知。要从实践中摸索教育儿童的规律。"正是以这样的信念为动力，陈鹤琴和他的同事们才会在鼓楼幼稚园不停地进行课程、

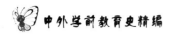

教材、设备等方面的本土化探索，反复试验，毫不畏惧困难和失败，展现出顽强的毅力和牺牲的精神。

（二）以反复试验为手段

陈鹤琴早就认识到，想要打造适合中国国情的教育绝非易事，并非少数人花几年时间便可实现，必须经过大多数人的长期试验探索才有可能成功。而"幼稚教育是各种教育中之一种，当然也应该依着实验的精神去研究"。因此，他在鼓楼幼稚园不仅进行了三次课程试验，而且还针对幼稚园的教材、教法和儿童玩具等，展开了长期、反复的试验研究。可以说，以反复试验为手段，乃是鼓楼幼稚园本土化探索的另一基本特点。

（三）以"洋为中用"为原则

在推动近代学前教育向前发展的过程中，如何对待中西文化及其教育思想，是每一个学前教育专家都不得不面对的问题。在这一问题上，陈鹤琴的态度十分明确，他始终坚持中西文化的融会贯通，并努力实现教育上的"洋为中用"。对于当时盛行于中国的许多国际著名教育家的思想，陈鹤琴既不拒绝，也不盲从，而是以批判的态度继承其思想的合理内核，并将之与中国的文化传统和教育实践有效结合。因此说，鼓楼幼稚园本土化过程中每一点成绩的取得，都与贯彻"洋为中用"的原则有关，这也正是其最为基本的特点。

第四节　"前车之鉴"：民国学前教育之启示

一、对当代学前教育的启示

（一）健全法规制度，保障事业发展

民国时期，学前教育的相关法规制度等进一步完备，课程内容的实施、师资队伍的培养，乃至整个事业的发展，都得到了更好的规范和保障。当代，在依法治国基本方略的指导下，学前教育同样需要完善的法规制度作为保障，这既是实现法治社会的重要任务，也是学前教育发展的内在要求。

（二）引进西方思想，融合本土经验

中国近代学前教育的产生乃是借鉴西方先进经验的结果。清末时期主要是模仿西方学前教育制度，进入民国，则着重学习西方学前教育思想。引进学习并非全盘照搬，而是取其精华去其糟粕，并结合国内实际情况进行本土化改造。我国当前的学前教育发展也需要将借鉴西方先进思想，但借鉴的目的不是挪用而是创造，使创造的过程少些弯路，更好更快。

（三）普及学前教育，注重试验研究

五四以后，无论是陶行知、陈鹤琴等学者，还是民国教育部、全国教育会等机构，都

极为重视学前教育的普及和试验。学前教育既是正规教育的基础，也是终身教育的开端。基础越牢、开端越早，后续教育效果则越明显。据此，普及推广学前教育便显得十分必要。同时，"量"的增加还应伴随"质"的提升。通过试验，得出学前教育实施和发展过程中的优点和不足，从而扬长避短，促进整个事业向更高水平迈进。

二、给学前教育师生的建议

第一，全面掌握民国政府在学前教育制度建设、课标制定和师资培养等方面的积极贡献。

第二，以近代教育类报纸杂志为考察中心，进一步梳理西方学前教育理论在中国学者共同努力下导入中国的历史过程。

第三，以陈鹤琴创办的南京鼓楼幼稚园为典型个案，并整合其他史料，充分理解和掌握民国时期学前教育的本土化探索。

练习题

1. 简述民国时期学前教育的师资培养。
2. 试析鼓楼幼稚园本土化探索的内容及特点。

第五章　近代的学前教育思想

　　人非人能为，人皆天所生也，故人人皆直隶于天。而公立政府者，人人所共设也；公立政府当公养人而公教之，公恤之。

——康有为《大同书》

　　我们要作彻底的教育，就要着眼最早的一步。虽不能溢出范围，推到优生学；但至少也要从胎教起点。我从不信家庭有完美可能性，照我的理想，要从公立的胎教院与育婴院着手。

——蔡元培《蔡元培全集》

　　马格斯派经济学说，私有工具已经成为以往的事；个人本位的经济组织已经从根本上崩坏；私产，家庭，国事，都失去了他时代的价值。在这个时间，只有打破私产，自由恋爱，儿童公育。

——恽代英《儿童公育在教育上的价值》

　　处处是创造之地，天天是创造之时，人人是创造之人，让我们至少走两步退一步，向着创造之路迈进吧。

——陶行知《创造宣言》

　　蒙氏之弱点，在教学及教材两方面，都欠缺贯穿的全生活的训练，或者我们办幼稚园要改良的地方，就是要向全生活一个目标上去谋求？

——张雪门《幼稚园的研究》

　　与幼稚教育直接有关系的，就是幼稚生心理的研究。若不知儿童的心理而施行教育，那这种教育必定没有良好结果的，儿童心理学是幼稚教育的基础……明了儿童的心理之后，我们才能施以相当的教育，而收优良的效果。

——陈鹤琴《幼稚教育之新趋势》

　　孩子们虽然有自由的社会生活，有特优的享受条件，但是终究是社会的一分子，不久更是一个正式的分子，所以孩子对于社会现状，进化程序，个人与社会的关系，都不得不略略明了，这就是儿童教育责任之一。

——张宗麟《幼稚园的社会》

　　本章按照历史发展的大致时间顺序，展现对中国近代学前教育发展具有重大影响的几位著名教育家的教育思想。主要包括以康有为、蔡元培、恽代英为代表的近代幼儿公育思想和以陶行知、张雪门、陈鹤琴、张宗麟为代表的本土化的幼儿教育思想。

第一节　"大道之行，天下为公"：
乌托邦式的幼儿公育理想

幼儿公育思想并非近代社会之产物，我国古代儒家典籍《礼记·礼运》中，即有"人不独亲其亲，不独子其子"的思想，古希腊柏拉图的《理想国》中，也曾提出"老婆和孩子应该共有；一切教育和战争、和平的事务也应该共有"的主张。虽然古代中西方幼儿公育思想有所区别，但它们在人类社会发展过程中都发挥了十分重要的作用。

近代以降，中国逐渐沦为半封建半殖民地社会，封建大家庭也逐渐分化为独立小家庭。家庭性质的变化导致公共幼儿教育机构的出现，并激起有关幼儿公育的思想热潮。康有为、蔡元培、恽代英等人分别从空想社会主义、旧民主主义、早期马克思主义等立场出发，阐释自己的幼儿公育思想，提出了全新的幼儿教育理想方案。

一、"去家界，为天民"：康有为的幼儿公育理想

（一）生平简介

康有为亦名祖诒，字广厦，号长素，戊戌变法后改号更生，晚年别署天游化人、西樵山人，又因祖籍南海而被世人尊称为南海先生。1858 年生于广东南海，1927 年卒于山东青岛。他是晚清时期重要的政治家、思想家和教育家，资产阶级改良派的重要代表人物。

作为戊戌变法领袖，康有为志在实现中国的政治革新，然而，他却深知无论维新人才的培养，抑或变法思想的传播，都离不开教育事业的开展。因此，办学授徒成为贯穿其一生的主要活动，广州的万木草堂、桂林的广仁学堂、上海的天游书院皆是其"融政治宣传于讲学"的重要场所。

在讲学之余，康有为还勤于著述。据其自编《万木草堂丛书目录》统计，经、史、子、集各部共计 128 种。其中有代表性者，如万木草堂讲学期间撰写的《新学伪经考》和《孔子改制考》，即为百日维新奠定了思想基础；而变法失败流亡期间完成的《大同书》，则为学校教育勾画了理想蓝图。

晚年的康有为思想日趋落后、保守，反对革命，因此，后人对其在政治上的表现褒贬不一，有人颂之为改革家、政治巨人，有人斥之为保皇党、现实侏儒。但他在中国学前教育史上的地位和贡献却不容忽视，他的幼儿公育思想，对中国近代学前教育机构的产生和发展起到了十分重要的推动作用。

（二）以"大同"为目标的幼儿公育设想

在近代中国学者所提出的幼儿公育方案中，最为系统完备的当属康有为在《大同书》中设计的幼儿公养公育体系。

1.《大同书》与幼儿公育理想的提出

《大同书》成书于戊戌变法失败以后，但其基本思想的最初形成却是在19世纪80年代末至90年代初。康有为主持万木草堂期间即著成的《实理公法全书》，提出社会制度必须以"最有益于人道者"为合理的观点，以及"立一议院以行政""权归于众""男女各有自主之权""凡生子女者，官为设婴堂以养育之"等一系列主张。书中虽未明言"大同"世界的理想，但其核心观点和主张却成为《大同书》的基本思想内容。大约在1901—1902年避居印度大吉岭时，康有为完成了《大同书》初稿的撰写，此后又陆续对其进行修订、增补。1913年，《大同书》甲部和乙部在《不忍》杂志上刊出，1935年即康有为去世后八年，全部书稿才由其弟子钱定安交由中华书局出版。

《大同书》分为甲、乙、丙、丁、戊、己、庚、辛、壬、癸十部，甲部是全书的总论。康有为在甲部中对当时社会的各个方面、种种痛苦进行揭露，并且指出"总诸苦之根源，皆因九界而已"。所谓"九界"，包括国界、级界、种界、形界、家界、业界、乱界、类界和苦界。要消灭人间痛苦，实现"极乐大同"，就必须"破除九界"，而其中最根本的是"去家界"，亦即梁启超所说的"其最要关键，在毁灭家族"。究其原因有两个：首先是"家"的观念与"私"的观念紧密相连，造成子孙后代教养上的不平等，进而形成人与人之间的不平等；其次是传统封建大家庭成员众多、秉性各异、贤愚不齐，子孙后代身处其中无法得到良好的教养。于是，人性不能善，风俗不能美，家庭不能和，并最终导致"天下人人受其弊，无由至于太平"。

知识链接

论立家之益即因立家而有害

盖一家相收，则父私其子，祖私其孙而已。既私之，则养子孙而不养人之子孙，且但养一己之子孙而不养群从之子孙；既私之，但教其子孙而不教人之子孙，且但教一己之子孙而不教群从之子孙。于是富贵之子孙得所教养者，身体强健，耳目聪明，神气王长，学识通达矣；贫贱者之子孙无所教养者，身体尫弱，耳目聋盲，神气颓败，学识闇愚；甚者或疾病无医，乞丐寒饿，不识文字，不辨菽麦矣。即有捐学堂以教贫子，设医院以救病人，然人人皆当私其子孙，安得多有余财以博施济众乎！若此，则其医院、学堂必不美，即尽美善，其及于众也仅矣。故能捐义田、义庄以惠其族，尚未能及其乡，即能及其乡，不能及其邑，即能入其邑，不能及其州郡，即能及其州郡，不能及其国，即能及其乡族郡邑，不过救死亡耳，何能平等哉！夫以富贵、贫贱之万有不齐，故其强弱、智愚、仁暴、勇怯亦万有不齐；然且富贵少而贫贱多，则有教养者少而无教者多，强智、仁勇者少而愚弱、暴怯者多。然且大富贵贤哲能备足教养之格者亿万不得一，而极贫贱、愚闇、疾病、寒饿者什九也，则举国人之被教养之全格者盖极寡，而强智、仁勇之人亦极寡，而愚弱、暴怯者皆是也。且娶妻必于异性，虽有富贵贤哲之家，能得所娶之必贤乎？其人而贤矣，其传种于父母者，得毋多有异质乎？此凡欧美有家之人所不能免也。若中国富贵之家多娶媵妾，媵犹可也，妾或出于卑贱，其父母之来因则多乞丐寒贱、疾病无医、不识文字、不辨菽麦者矣。夫以富贵贤哲之家而传此极不美之种，则即有强智、仁勇之世种亦将与愚弱、暴怯之种剂分两而化生，而不美之种复大播焉。故有父智而子愚，兄才而弟劣；若其贪吝、诈谪、诡戾之性分播于人人，故父子、兄弟、妇姑、姊妹、娣姒、叔嫂之间，人人异性，贤愚不齐，而恶者较多，几为什九。播种既然，则种桃李而得桃李，种荆棘而得荆棘，乃固然也；及长大后，乃欲施教以易之，岂可得哉，况多无教者哉！

——康有为《大同书》

康有为的幼儿公育理想，便是在其"去家界"主张的基础上提出的。早在 1884 年为《礼运》作注时，他就提出了"人人教养于公产而不恃私产"的社会公育理想，在《大同书》中，他又从反面进一步指出："人各私其家，则不能多抽公费而办公益，以举行育婴、慈幼、养老、恤贫诸事。"为此，康有为主张"去家界为天民"，打造一个没有家庭，财产公有，男女平等，天下太平的大同社会。在这样的社会中，家庭已被消灭，儿童是整个社会的儿童，不再是某个家庭的子女，原来由父母承担的子女教养之责，完全划归公共教育机构，由它们对儿童实行公养公育。

康有为的幼儿公育理想体系具有两个特点：一是完备性；二是公共性。所谓完备性是指建立大同社会的公共教育体系是康有为的执着追求，在这样的体系中，无论是学前教育，还是普通教育，所有儿童都享有平等的受教育权利和机会。诚如康有为所描述的：在大同社会，"自慈幼院之教至小学、中学、大学，人人皆自幼而学，人人皆学至二十岁，人人皆无家累，人人皆无恶习，图书器物既备，语言文字同一，日力既省，养生又备，道德一而教化同，其学人之进化过今不止千万倍矣"。

2. 从胎教到幼教的幼儿公养公育体系

康有为设计的幼儿公养公育体系，是其整个公共教育体系的重要组成部分，主要由人本院、育婴院、慈幼院和蒙学院组成。所有怀孕的妇女都应进入人本院，这样既可以解除其丈夫的负担，又可以对未出生的胎儿施以胎教，为胎儿奠定良好的成长基础。妇女生育之后，应立即将刚出生的婴儿送入育婴院，不必由其母亲哺育。婴儿成长至 3 岁时，或继续留在育婴院，或转入与育婴院大体相同的慈幼院，仍然不需要家庭供养。当幼儿年满 6 岁，始入蒙学院接受教育，其后依次进入小学院、中学院和大学院。

（1）人本院

康有为继承和发展了中国古代的胎教思想，认为"生人之本，皆在胚胎""胎生既误，施教无从"。而欲"正生人之本，厚人道之源"，必须重视胎教。胎教质量的高低，直接关系着每个人的发展和整个人种的改良。因此，康有为从环境、卫生、人员、活动等多个方面对人本院的设置提出要求，希望籍此为孕妇提供良好的胎教。

其一，慎选院址，首重环境。康有为认为，"胎孕多感地气"，不同的地理环境会对人的面相、肤色、品性、心智等产生影响，故"胎教之地，其为治者第一要"。在大同世界中，人本院最好设在温带和寒带之间，使胚胎"受寒气而得凝固"；院址最好选在"平原广野、丘阜特出、水泉环绕之所，或岛屿广平、临海受风之所，或近海广平之地"，使胚胎成人后能够容貌端庄俊美、品性中正高洁；院内的孕妇居室应冷暖适中、通风干爽、宽敞整洁、清静高雅，"终日常有琴乐歌管"，室外环境应"楼观高峻，林园广大，水池环绕，花木扶疏"，务保孕妇置身其中促进母子康健。

其二，人员公举，各司其职。为了保障胎教能够正确而有效地实施，康有为主张，人本院的所有工作人员，包括女医、女保、女傅、女师等，皆由素有行医经验、颇具仁慈智慧的女性中公举产生，皆需考求安胎、保胎、养胎、生子、养子之法，并据此对孕妇的健康和胎儿的发育进行实时监控和定期检查。具体而言，女医负责为孕妇挑选最能养胎健体的食物和最宜于身体活动的衣服冠履；女保负责对孕妇讲解"全体之用，卫生之法，生产之宜忌，育子之良法"；女傅负责陪孕妇起居出入，使其闻见知行皆趋善避恶，以增长德性，转化气质；女师负责向孕妇传授"人道之公理，仁爱慈惠之故事，高妙精微之新理"。

其三，活动多样，旨在养胎。康有为认为，欲确保孕妇胎教的正确性和有效性，除了要有充足而专业的工作人员外，还需从养胎的宗旨出发，对孕妇的日常活动做出精心安排。孕妇在人本院中的主要活动包括跳舞、听乐、读书、赏画等。跳舞可以使孕妇的四肢百骸、心智气血达到顺正中和的状态，听乐可以使孕妇在和平中正的乐曲中陶养性情，启迪神智，二者都会对胚胎的发育产生良好的影响。读书、赏画同样旨在涵养德性、增进理性、兴起仁心，通过对图书和画作的精心选择，集成一套"胎教从编"，是人本院的一项重要工作计划。

其四，孕妇自律，政府鼓励。在康有为看来，孕妇对胎儿有极大的影响，胎教的一切措施均由母体过渡给胎儿，因此，孕妇进入人本院后，便应对自身提出较高的标准和严格的要求，时刻"以高洁、寡欲、学道、养身为正谊"。同时，康有为还强调，公立政府和人本院也应该给予孕妇极大的尊重和奖励，以资鼓励。这主要因为在大同世界里，"人为天生，为公养，妇女代天生之，为公孕之"，承担着繁衍人类后代的重任，已然成为"众人之母"，政府和公众对孕妇的尊重也并非针对其个人，而是"为天尊之，为公敬之"。另外，康有为还提出所有进入人本院的孕妇，都应授予"众母"称号，并赠以宝星，以鼓励其为公尽职的光荣事迹。

（2）育婴院（慈幼院同）

婴儿6个月断奶后即被送入育婴院继续抚养。基于婴幼儿可塑性极强且一旦形成某种品行便较难改变的特点，康有为十分重视这一阶段的教育，并针对育婴院提出一系列建议，以确保其婴幼儿教育的有效开展。

首先，在工作人员方面，育婴院与人本院大体相同，一方面以公举的方式选出"仁质最厚，养生学最明"的女医生担任院事管理者，另一方面以自愿报名和医生遴选相结合的方式，选出"德性慈祥、身体强健、资禀敏慧、有恒性而无倦心、有弄性而非品"的女子充任女保。医生负责每天早晚对院中的婴幼儿进行诊视，并就他们的着装、饮食、游戏和休息等问题提出合理化建议，而女保的职责则是遵照医生的建议，具体完成对婴幼儿的照看和养护工作。由于他们年幼无知，身体弱小，时时事事都有待于女保的辛勤付出。女保有代母之任，行抚养之责，对大同世界的公众贡献极大。基于此，康有为主张，不论女保身份高低贵贱，皆须以特殊的荣誉和特别的礼节来回报和对待她们。

其次，在院址和环境方面，康有为强调，育婴院应该与人本院在同一地点或距离比较接近，这样易于婴儿的转送。选址之处应该开阔平整、安静清洁，"不得在山谷狭隘倾压、粗石荦确、水土旱湿之地"，又不得与市场、车场、坟场、戏院、作坊等喧嚣污浊之处接近。育婴院自身的环境布置也要与婴儿的身心特征和成长需要相符合，院中少建高楼，多铺草坪，多种花木，多养鱼鸟，多以温暖慈祥之物陶养婴儿的仁爱之心；室内应时刻保持干爽通风，并多备各类玩具，使婴儿在玩的过程中达到锻炼身体、养成道德、增长知识的目的。

最后，在教育内容方面，康有为主张，育婴院应该在言语、儿歌、图画、手工等方面对婴儿进行培育。在婴儿能够开口说话之时，即教他正确有效地进行言语表达；在婴儿能够吟诗唱歌之时，即教他以仁慈爱物为主题的儿歌；当婴儿心智发展到一定程度，并具有一定的知识基础时，即教他将世间百物绘成图画或制成模型。育婴院尤为重视手工制作对婴儿未来发展的积极意义。自婴儿起便"教之制作，则习惯若性"，待其长大成人，无论是"贫而谋生"，还是从事管理，都会因熟悉工艺流程而得心应手。

综上所述，康有为以"去家界，为天民"为出发点，在《大同书》中设想了从胎教到婴幼儿教育的幼儿公育体系。尽管这一体系具有明显的乌托邦色彩，却能够激起人们对普及教育的憧憬。同时，这一设想也反映了新兴资产阶级的要求，吸收了欧美教育思想的部分合理因素，对我国幼儿公育思想的发展及学前教育机构的诞生起到了十分重要的推动作用。

二、"广设院，施美育"：蔡元培的幼儿公育理想

（一）生平简介

蔡元培，字鹤卿，号孑民，1868年1月生于浙江绍兴府山阴县。自幼接受传统教育，6岁入家塾，17岁中秀才，23岁中举人，26岁中进士，先授翰林院庶吉士，后升任翰林院编修。1898年戊戌变法失败后，弃官回乡就任中西学堂总理，从此走上教育救国的道路。1901年执教南洋公学，发起成立中国教育会，创办爱国学社和爱国女学，并为《苏报》撰写文章，宣传爱国、民主思想。1903年"苏报案"发生后，开始投身革命，1904年创立光复会，亲任会长，1905年担任同盟会上海分会会长。1907—1911年留学德国四年，探究西方文化教育。辛亥革命爆发后返抵上海，1912年初民国建立，出任教育总长，改革封建教育制度。1912年7月，为反对袁世凯独裁统治，决然辞职，再度赴德留学。1913年回国参加"二次革命"，失败后携眷赴法，在法国成立勤工俭学会，出任华法教育会中方会长，致力于中西文化教育的传播和交流。1917年回国正式就任北京大学校长，提出"思想自由""兼容并包"的办学方针和"教育独立""以美育代宗教"等教育思想，全面改革北京大学的教学和管理体制，使北京大学成为名副其实的全国最高学府，开创了中国教育界的新风气。1923年因"罗文干案"而辞去北京大学校长职务，同年携眷赴欧游学。1926年回国组建苏浙皖三省自治联合会，响应国民革命军北伐。1927年南京国民政府成立，先后担任大学院院长和中央研究院院长。1932年发起成立民权保障同盟，积极营救爱国青年和共产党人。1940年3月病逝于香港，毛泽东在唁电中称其为"学界泰斗，人世楷模"。

（二）以"美育"为导向的幼儿公育设想

蔡元培是民国教育的缔造者之一，也是中国美育的开创者之一。在学前教育方面，他将幼儿看成国家和民族的未来，认为"将来的世界，完全靠儿童们长大以后的活动"。后来他又在《儿童节歌》中写道："好儿童，好儿童，未来世界在掌中。若非今日勤准备，将来落伍憾无穷！"基于对幼儿重要性的认识，蔡元培十分重视幼儿教育，并在揭露家庭教育弊端的基础上，提出了幼儿公育思想。同时，他还强调幼儿公育机构的各个方面都应符合美

育的要求。蔡元培的幼儿公育思想，在近代中国学前教育思想史上占有不可忽视的重要地位。

1．对家庭教育的怀疑

康有为是近代中国幼儿公育思想的首倡者，但他自知其乌托邦畅想离社会现实太远，故而将写好的《大同书》秘藏不宣，并未在当时产生多大的影响。至新文化运动和五四运动前后，已有更多的学者从不同角度发表对自己的幼儿公育观点。如刘半农即从解放妇女，使之由养儿育女这种繁重的家务中解脱出来的目的出发，主张设立公共教养所，抚养并教育幼儿。作为教育家的蔡元培也在此时提出自己的幼儿公育思想，但其出发点却与刘半农有所不同。他更多的是从家庭教育所不具备的特点，即教育专门化、专业化的视角倡导幼儿公育。

1922 年，蔡元培在发表于《教育杂志》第 6 期的《美育实施的方法》一文中，曾明确表示"不信家庭有完美教育的可能性"。其实，早在 1919 年为北京青年会所做的主题演讲"贫儿院与贫儿教育的关系"中，蔡元培既已表达了对家庭教育的怀疑。首先，他认为教育是一项专门的事业，并非不懂教育的父母和家人可以轻松胜任的。很多父母不清楚幼儿的性情与成人大有不同，盲目地订立了许多严厉的规矩，硬要幼儿遵守，这是非常不合适的。"要把自家子女造成适当的人物"，必须要由专门机构聘请受过训练的专业人员负责才行。

其次，他强调每一个身为父母的人，并不是都有时间教育自己的子女。身为父亲的，除了工作，还要奔走公益、应酬亲友、消遣娱乐，简直忙得不可开交，"每日中有多少时间可以在家与他的子女相见"？身为母亲的，或是外出工作，或是在家操持，即使有空余的时间，还渴望像丈夫那样外出应酬消遣，"每日中有多少时间可以专心对付他的子女"？因此，"有钱的就把子女交给没有受过教育的仆婢，统统引诱坏了。没有钱的就听子女在家里胡闹，或在街上乱跑。高兴了，子女就是有不好的事，也纵容他；忙不过来了，不高兴了，子女就是有好的事，也瞎骂一阵，乱打几拳，这又是大多数父母的通病了"。

再次，旧家庭的人与事并不会为幼儿成长树立良好的榜样。一方面家中成员众多、关系复杂，"高兴了，就开玩笑，讲别人的丑事；不高兴了，相骂相打。要是男子娶了妾，雇了许多男女仆，那就整日地演妒忌猜疑的事，甚且什么笑话都可以闹出来"。另一方面，"成年的人爱看的书报与图画，爱听的笑话与鼓词，不免有不宜于儿童的，父母看了听了，可以不到儿童的耳目吗"？这些成人间的言语和行为，极有可能对幼儿产生十分不利的影响，而且这种影响一经形成便很难改变。

最后，蔡元培还列举了孔子"过庭教子"的做法和孟子"易子而教"的主张，指明中国古代的君子都是疏远自己的孩子的，并进一步反问："圣如孔子，贤如孟子，尚且不敢用家庭教育，何况平常人呢"？

2．对公育体系的倡建

为了使幼儿得到良好的培养，也为了中国能有美好的未来，蔡元培主张广泛创设公立幼儿教育机构，以替代家庭发挥相应的教育职能。他的理想是从创设贫儿院入手，逐渐使一个地方能够除"蒙养院与中小学校以外，有几个胎教院、几个乳儿院，都由专门的卫生家管理。胎教院的设备，如饮食、器具、花园、运动场、装饰的雕刻与图画、陈列的书报，都是有益于孕妇的身体与精神的……乳儿院的设备，必须于乳儿的母亲身体上、精神上都是有益的"。蔡元培在幼儿公育上的最终目标，是组建起由胎教院、育婴院（即乳儿院）和幼稚园构成的幼儿公育体系。

贫儿院是针对那些已经失去了温暖的家庭，没有机会接受家庭教育的流浪孤儿设立的，蔡元培希望通过贫儿院而将公育的理想推广到不贫的幼儿中间。他主张贫儿院采取杜威的"即工即学主义"（即"做中学"），使贫儿在教师的引领下，一边做工，一边完成相关理论知识的学习。院中的"工作"包括烹饪、裁缝、木器和地毯四项，以及共同运动、清洗衣物、整理被褥、洒扫堂室、应对宾客等与修身有关的杂务。同时，还应该讲授美学、美术和哲学，让贫儿在德、智、体、美方面得到全面发展。此外，蔡元培还强调，贫儿院应破除男女界限，切实体现"男女同校的真精神"，"不论何等工作，只要于生理上、心理上相宜的，都可以自由选择，都可以让他们共同操作"。

胎教院是给孕妇居住并对其胎儿施行胎教的地方，因此需格外讲究，符合美育的要求。第一，在选址方面，胎教院"要设在风景佳胜的地方，不为都市中混浊的空气、纷扰的习惯所沾染"。第二，在院舍方面，胎教院"建筑的形式要匀称，要玲珑，用本地旧派，略参希腊或文艺中兴时代的气味。凡埃及的高压式，峨特的偏激派，都要避去"。第三，在环境方面，胎教院应"四面都是庭园，有广场，可以散步，可以作轻便的运动，可以赏月观星"。第四，在景物方面，胎教院应"园中杂莳花木，使四时均有雅丽之花叶，可以悦目。选毛羽秀丽、鸣声谐雅的动物，散布花木间；须避去用索系猴、用笼装鸟的习惯。引水成泉，勿作激流。汇水成池，蓄美观活泼的鱼"。第五，在室内布置方面，胎教院要有"糊壁的纸、铺地的毡，都要选恬静的颜色、疏秀的花纹。应用与陈列的器具，要轻便雅致，不取笨重或过于琐巧的。一室中要自成系统，不可混乱"。第六，在文化内容方面，胎教院应以形体、图画、文字、音乐等陶冶孕妇的性情。陈列的人体雕刻和人体画像应体型优美、肢体健全，所有粗犷、猥亵、悲惨、怪诞的，应除去。供幼儿阅览的文字材料"要乐观的，和平的；凡是描写社会黑暗方面、个人神经异常的，要避去"。供孕妇欣赏的音乐也当有取舍的标准，以优美的、舒缓的为宜，刺激的、卑靡的皆不取。总之，要让孕妇始终处在平和活泼的氛围中，以便达到通过母体对胎儿形成良好影响的目的，这便是蔡元培所谓的胎儿的美育。

孕妇产出婴儿以后，母子应一同转入育婴院。育婴院的建筑要求与胎教院大体相同，院内的布置要求也应与胎教院一致。"其中陈列的雕刻图画，可多选裸体的康健儿童，备种种动静的姿势；隔几日，可更换一套。音乐，选简单静细的。院内成人的言语与动作，都要有适当的音调态度，可以作儿童的模范。就是衣饰，也要有一种优美的表示"。由此可见，蔡元培对于育婴院的要求，同样是以和乐优美、对孕妇和婴儿身心发展皆有益处为标准。在育婴院的第一年，婴儿由母亲自抚养，第二年、第三年可把婴儿交由保姆抚养，母亲可以回家操持家务，或从事其他的职业。

婴儿满3岁后，即从育婴院转入幼稚园。幼稚园教育是幼儿公育体系的最后一环，也是家庭教育向学校教育的过渡。蔡元培认为，这一年龄段的幼儿同样需要接受美感的教育。"幼稚园之课程，若编纸，若粘土，若唱歌，若舞蹈，若一切所观察之标本，有一定之形式与色泽者，全为美的对象"。而且他们不再只是单纯地、被动地接受美育，而是乐于主动地表现。因此，无论舞蹈、手工、唱歌等美育专课，抑或计算、说话等其他课程，都应致力于幼儿感受美、表现美的能力的培养，切不可用枯燥的算法和语法来教授幼儿。

综上所述，蔡元培的幼儿公育体系设想，在一定程度上继承和发展了康有为的幼儿公育思想，但也有其自身的特点，即重视美育对幼儿成长的意义，将美育的内容和方法融入到幼儿公育的每个环节。这样的特点，便使他的设想既体现出对中国教育民主和平等的努力追求，又体现出对幼儿德、智、体、美全面发展的热切渴望。

三、"破私产，重改造"：恽代英的幼儿公育理想

（一）生平简介

恽代英亦名遽轩，字子毅，笔名代英、天逸、稚宜等。1895 年出生于湖北武昌，1918 年毕业于武昌中华大学文学系。新文化运动和五四运动期间，一边在《东方杂志》《新青年》等期刊上发表文章，传播新思想、新文化和马克思主义，一边在湖北创办利群书社和共存社，团结进步青年。1921 年加入刚刚成立的中国共产党，1923 年被选为中国共产主义青年团中央执行委员、宣传部长，同时兼任上海大学教授、《中国青年》主编，以其雄辩的口才、生动的文笔和激昂的热情，感染和教育了一代有志青年。1924 年第一次国共合作实现后，与毛泽东、邓中夏、向警予等一起担负起国民党上海执行部的领导工作，同时编辑《新建设》月刊，宣传中国共产党的原则立场。1926 年，受中国共产党的委派到黄埔军校担任政治主任、总教官。1927 年在中国共产党第五次全国代表大会上，当选为中央委员，同年参加南昌起义和广州起义。1928 年后，在党中央宣传部工作。1930 年在上海被捕，1931 年在南京英勇就义，时年 36 岁。遗著编为《恽代英全集》《恽代英文集》《恽代英日记》《恽代英论青年修养》和《恽代英教育文选》等。

（二）旨在"改造社会"的幼儿公育思想

恽代英是中国无产阶级幼儿教育思想的启蒙者，也是 20 世纪 20 年代"教育救国论"的倡导者。他先后在《青年进步》《民国日报·觉悟》《时事新报·学灯》《中华教育界》等杂志上发表《理想之儿童俱乐部》（1918 年）、《大家为"儿童公育"努力》（1920 年）、《驳杨效春〈非儿童公育〉》（1920 年）、《再驳杨效春〈非儿童公育〉》（1920 年）和《儿童公育在教育上的价值》（1920 年）等文章，继康有为、蔡元培等人之后倡导幼儿公育，并将之与改造社会联系起来。

1. 推行幼儿公育关乎世界改造和国家前途

1920 年 3—6 月，恽代英与杨效春围绕幼儿公育问题展开了一场激烈的论争。在这场论争中，恽代英一方面认为，世界的根本改造，是要保证人类在经济上的平等地位，使他们各尽所能，各取所需；另一方面又历数作为私产的传统家庭的弊端，认为在这样的家庭中，妻子需由丈夫供养，无法成为经济独立之人，而丈夫也因此承受沉重的家庭负担，始终受困于经济压力之下。为解决上述问题，进而达到改造世界的目的，恽代英积极倡导妇女独立和幼儿公育，并认为只有在这两方面不断努力，才能使当时那种愁惨的社会得到文明的进步和彻底的解放。同年 12 月，恽代英又在《儿童公育在教育上的价值》一文中进一步明确指出："教育是改造世界的唯一有力工具"，推行幼儿公育"对于世界的改造，有很重大的效力""合理的社会，要对儿童公育比任何事更注意"。之所以会如此抬高教育的地位，如此重视公育的作用，自然有其原因。其中，最为重要的便是幼儿公育可以减少许多

不经济的消耗，使每个家庭不必为完备的教育场所和教育设施而花费许多不必要的时间和精力，从而将这些时间和精力用于"建设许多理想的事业"。

除了阐明幼儿公育对于改造世界的积极意义外，恽代英还在《理想之儿童俱乐部》中，从正反两个方面强调了幼儿公育与国家前途之间的重大关系。就正面而言，"为儿童尽力，乃培植国家未来之基础，苟真爱国者，何为不确认此为肝脑涂地之疆场，为此而生，为此而死，以求无愧于国家耶"。就反面而言，"儿童乃国家社会将来托命之物，苟彼等尽为恶势力所吞啖，则将来之国家社会必尽为恶势力所占据，即将来之国家社会绝对无可托命之人。如此，吾国之前途将有较今日更悲惨无望之一日。爱国家与社会者，顾可不发大心立大愿，以拯救此一般儿童乎"。

综上可见，恽代英立足世界、国家的高度论述幼儿公育的必要性，见解深刻，意义非凡，不仅对当时的教育发展和社会变革起到很大作用，而且在增强当代学者对学前教育事业的责任感和使命感方面也是助益良多。

知识链接

关于幼儿公育的论争

新文化运动前后，中国知识界对封建传统进行了近乎彻底的批判和颠覆。受此影响，学前教育领域也掀起了一场关于幼儿公育和非幼儿公育的论争。这场论争的参与者包括张菘年、李大钊、沈兼士、罗家伦、杨效春、恽代英、沈雁冰、颂华和力子等人。1919 年沈兼士在《北京大学日刊》上发表《儿童公育》一文，提出解决一切社会问题的唯一良法是实行幼儿公育的观点。此文一经发表即引起社会各界的广泛关注和激烈探讨。幼儿公育论者认为养育幼儿是国家的职责，而非幼儿公育论者则认为国家公养公育幼儿违背母亲天性、剥夺家庭职权。

1920 年 3 月，杨效春在《时事新报·学灯》上发表《非儿童公育》一文，阐发其非幼儿公育观点。同年 4 月，恽代英即发表《驳杨效春〈非儿童公育〉》，对杨氏的观点一一进行反驳，坚决主张打破家庭制度、实行幼儿公育。该文明确指出，"我们应该先有共同生活，由共同生活里实现公育"。5 月，杨效春又发表《再论儿童公育》一文，从社会学、心理学、生物学角度重申自己对幼儿公育的质疑。6 月，《时事新报·学灯》上连续刊载恽代英的《再驳杨效春君〈非儿童公育〉》，就杨氏质疑幼儿公育的几个方面进行了更为细致、全面的辩驳。文中重申公育机关应由"有研究、有经济的专家担任一切"，并且强调这些人必须认真负责、勤慎精细、深得社会信任者。由他们组织乳母对幼儿实施公育，绝不意味着把子女从父母身边夺走、贩卖或杀掉，使他们与家庭的关系彻底割断，父母和子女永世不得相见；更不意味着使父母子女、兄弟姐妹相见而不相识，相处而不相爱。生活在公育机构中的幼儿可以经常与父母相见，而且他们的爱还会超越父母子女、兄弟姐妹的限制。另外，幼儿公育作为人类正当生活的一部分，它的好处还包括：（1）便于幼儿得到适当教育；（2）便于妇女经济独立；（3）便于夫妻自由离婚；（4）便于使人类普遍感到幸福。

恽代英与杨效春就幼儿公育问题所展开的论争，虽然十分"激烈"，但仍然是基于朋友立场的理论辩驳，是旨在探明真理"模范"的辩论。在这场辩论中，恽代英的理论水平确实胜杨效春一筹，这就使得幼儿公育的观点更进一步深入人心。

2．推行幼儿公育有利于实现人的全面发展

恽代英认为，改造社会的根本在于人的改造，只有人的各种本能得到协调、适当的发展，才能保证社会理想的实现。那么，如何使人的本能获得发展呢？恽代英在《大家为"儿童公育"努力》一文中指出："人若不安于现在痛苦的生活，总要求一个改造的下手处，这样我便信公育是根本解决的方法。"而且他还认为公育在结胎堕地之初便有了必要，"人类的本能，多在幼稚时候逐渐发达，在这个时候，若无合当的指导，易因彼此仿效，发达于错误的方面"。因此，幼儿公育不应以法定入学年龄为起点，而应从胎儿时期即开始实施。

在恽代英看来，幼儿公育对人的发达、圆满贡献最多，对人的德、智、体、美全面发展作用最大。在德育方面，恽代英指出，人之初生本无善恶，导之为善，则有益于个人和社会；导之为恶，则有害于个人和社会。因此，他认为，就改良社会而言，没有什么比通过幼儿公育引导人的最初本能，使之逐渐成长为道德高尚之人更为重要。在智育方面，恽代英强调，人的求知欲在幼儿之时即已发达，如果不能及时、有效地把握这一求学良机，将会对人类的造就和社会的发展不利。因此，他主张由受过专业训练的公育教师对幼儿进行引导，使之通过游戏获得正确的知识和技能，进而为未来发展打下良好根基。在体育和美育方面，恽代英坦言，强健和优美本就是人类共同的渴望和追求，只是由于幼稚时代教育不得其宜，才难以达成夙愿。因此，他倡议借助公育机构为幼儿提供良好的成长环境和有知识、有能力的指导教师，从源头上改变他们的成长状态，从而使他们拥有更完美的未来。

为了达成人的全面发展目标，恽代英还主张及早对幼儿实施公育，因为与其让幼儿经受了许多不良影响之后，再试图以教育手段加以矫正以求他们的转变，莫不如在他们本能最初萌芽之时，从德、智、体、美各方面给予适当引导，进而取得事半功倍的效果。恽代英极为看重并十分肯定幼儿公育的作用，而且他确信，只要每个幼儿出生后即身处适宜的教育环境，经由适宜的教师指导，进行适宜的教育训练，便是接受最根本、最经济的教育，从而能够取得自身的全面发展。

3．推行幼儿公育有利于实现全民普及教育

在恽代英看来，全民普及教育首先是指不分种族阶级，人人都能享有适当的教育。欲实现此目标，单靠幼稚园和家庭教育是不可能的。一方面，幼稚园的创办者可能不具备专门的学前教育知识，缺乏一定的办园指导理念，而且还有一些幼稚园由于缺乏教育经费的支持，导致设备不完备、师资不优良等问题，致使许多幼儿在早期受到了不适当的教育。另一方面，"我们不能勉强人人做家庭教育家"，许多不懂教育、不合资格的父母仍然要延续他们的生命，拥有他们的孩子；也不能指望每个家庭都有充足的金钱和时间，为下一代营造良好的家庭环境，并对他们进行正确而适当的家庭教育。其次，全民普及教育还指不论贫穷富贵，人人都能享有同样的教育。就整个社会而言，我们不能让有钱人家或剥削阶级的子女接受优质教育，而让没钱人家或劳苦大众的子女接受劣质教育。存在于这个世界上的每个人都是其他人的"同居者"，他是好是坏，是善是恶，以及他的身心发展如何，都将与其他人息息相关。因此，恽代英关切地指出："即令这些儿童是怎样没有知识者的子女，他的父母可以不愿给他什么合宜的教育，但社会不能纵容他。他的父母可以不配给他什么合宜的教育，但社会不能不帮助他。个人对于家庭的关系，是皮相的；个人对于社会的关系，是真实的。我们为社会的幸福，不能不望用儿童公育的方法，要想教育普及于全民，非社会共谋儿童公育的实现不可。"换言之，推行幼儿公育，是实现全民普及教育的必要前提。

4. 推行幼儿公育有利于弥补家庭教育不足

恽代英认为，幼儿是处在人生发展初始阶段，尚未达至成熟状态的个体，他们对于成长环境有着与成人不同、单个家庭无法满足的特殊需求。例如，成人可以为生存而蜗居于城市，幼儿却需要多与大自然接触，才能获得本性"合度的发展"。然而，即便是中产甚至富贵之家，也难以拥有适合于子女成长需要的秀美园林，更何况那些穷苦之人。再如，成人已经完成了社会化过程，幼儿却需要在同辈群体中，逐渐习得相处之道，完成自身社会化过程。然而，在传统大家庭已经无法继续存在的社会里，指望至多由七八个成员组成的小家庭来完成幼儿社会化的任务，显然是不可能的。又如，成人可以为下一代提供无微不至的关爱，幼儿却需要具备一定知识、技能、修养的教育者，对其个性完美发展给予指导。然而，想要使每一对父母都能够成为具有教育资格和能力的人，必然是无法成功的事。

严格地说，欲使每个家庭成为履行幼儿教育职责，促进幼儿成长发展的机关，就必须使其硬件设施满足教育需要，环境布置合于教育性质，父亲、母亲具有教育资格，并且做到以幼儿为中心，不将经济关系和成人便利作为处置家庭事务的标准。这些显然都是难以做到的。即便能够做到，也需要"用许多不必要的力，劳许多不必要的神"。如果将这些不经济的消耗全部节省下来，则可以完成许多理想的事业。因此，恽代英强调，只有幼儿公育机构才有条件营造良好的环境，集合各家的幼儿，配备优质的师资，提供合适的训练。幼儿公育机构的教育，"才是最根本的教育，亦是最经济的教育"。他曾明言，想要致力于幼儿全面发展，想要贡献于全民普及教育，就不能单靠家庭教育，而必须尝试建立"理想的儿童俱乐部"，从共同生活的小团体出发，求幼儿公育的逐步实现和最终成功。

总之，恽代英作为无产阶级革命家和教育家，有力地抨击了当时家庭教育和幼稚园教育的种种弊端，指出了幼儿公育是社会发展的必然趋势，社会革命是实现幼儿公育的必要前提。他的幼儿公育理想没有具体的实施蓝图和发展计划，缺乏一定的现实可行性，但却为中国近代学前教育增添了新的思想内容。

第二节 "教育救国，殊途同归"：
各具特色的学前教育理论

20世纪上半叶，一些教育家不顾政治昏乱、经济凋敝，在学前教育中国化、科学化之路上不畏艰难，勇往直前。他们既是学养深厚的教育理论家，又是扎根一线的教育实践家，颇具开拓勇气和献身精神；他们既能吸收、借鉴国外先进的教育思想，又能反思、总结本国国情和改革经验，崇尚学以致用，躬亲实践。他们共同追求着教育救国的理想，却在几近相同的历史时空下，形成了互不相同的幼儿教育理论。

一、"解放儿童，重在创造"：陶行知培养创造力的幼儿教育思想

（一）生平简介

陶行知，原名文浚，后改名知行，又改名行知。1891 年生于安徽省歙县西乡黄潭源村。1907 年中学毕业。1909 年考入南京汇文书院预科，后来升入金陵大学，成为该校首届文科学员。1913 年出任《金陵光》中文编辑、主笔。1914 年大学毕业后，获准留学美国，先入伊利诺伊大学研究院，获政治学硕士学位，再入哥伦比亚大学师范学院，攻读教育学博士学位。1917 年学成归国，担任南京高等师范学校教授兼教务主任，在讲授多门课程的同时，全面引进"新教育"，并推动教育改革。

陶行知先后倡导生活教育、平民教育和普及教育，并将创造教育的思想贯穿于生活教育的始终，在生活教育实践中不断提出并阐释创造教育的新主张。1933 年发表《创造的教育》，第一次用生活教育的观点系统阐述创造教育。1943 年发表《创造宣言》，以"处处是创造之地，天天是创造之时，人人是创造之人"号召全民创造，解放整个社会的创造力。1944 年发表《创造的儿童教育》，强调"解放孩子"是培养幼儿创造力的条件和保障。

陶行知一生为中国的教育事业呕心沥血，鞠躬尽瘁。1946 年终因积劳成疾，病逝于上海。他的教育思想已经辑成《陶行知全集》《陶行知文集》和《陶行知教育文选》等，刊行于世。

（二）教育思想

在中国近代教育史上，最早明确主张要对儿童创造力进行培养的是陶行知先生。早在 20 世纪 20 年代，陶行知便开始从事学前教育的理论研究和实践探索。至 20 世纪三四十年代，陶行知又从教育救国的观念出发，一边大声疾呼只有创造的教育才能使中华民族重获新生，一边又在具体的教育实践中提出一系列极富创见的观点，并号召各地幼稚园以造就建设新中国的小主人为己任。在陶行知看来，所谓创造的教育并非指教育能够创造什么，而是说它可以解放、培养儿童的创造力，进而使他们从事创造的工作。想要解放、培养儿童的创造力，必须从认识幼儿的创造力做起。

1. 认识幼儿的创造力

陶行知曾在多篇文章中指出，儿童应该是快乐的，而现在中国的儿童却非常痛苦；不仅是现在，长久以来，中国的儿童一直生活、成长在苦海里。因此，成人的责任就是"把社会改造得好一点，使未成熟的儿童少吃点苦，多享点福"。想要把苦海变成乐园，既不能单靠成人的努力，也不能仅由儿童自己去实现，而是"应该成人加入小孩子的队伍里去，陪着小孩子一起创造"。只有成人真诚地、不失赤子之心地成为小孩子队伍里的一员，他才能真正认识小孩子：他们"不但有力量，而且有创造力"。

在与晓庄学校的孩子们相处的过程中，陶行知便发现了他们所拥有的宝贵的创造力。在晓庄学校停办期间，面对全体教师和师范生均无法回校任教的困境，孩子们便"自己组织起来，推举同学做校长、当教员，自己教，自己学，自己办，并自称自动学校"。陶行知

认为，这是中国教育领域破天荒的创造，并赋诗一首以作纪念："有个学校真奇怪，大孩自动教小孩。七十二行皆先生，先生不在学如在"。孩子们看到这首诗后，除了表示感谢外，更提出了修改意见。他们说："大孩教小孩，难道小孩不能教大孩吗？大孩能够自动，难道小孩不能自动吗？而且大孩教小孩有什么奇怪呀？"读罢回信，陶行知马上就把"大孩自动教小孩"改成"小孩自动教小孩"，并承认这件事再一次破天荒地证明了儿童所具有的创造力。

还有一次陶行知去南通推广"小先生"制，他刚在演讲中说了一句："读了书，不教人，什么人？不是人。"下面一个孩子马上说，陶先生，你最好把"不是人"改为"木头人"，"木头人"比"不是人"更好。这件事给陶行知留下了深刻的印象，也使他更加坚定地认为，小孩子多多少少都有些创造的能力，成人只有真正认识小孩子的创造力，才不会被自身的成见蒙蔽。

2. 解放幼儿的创造力

在《创造的儿童教育》一文中，陶行知进一步指出："我们发现了儿童有创造力，认识了儿童的创造力，就必须把儿童的创造力解放出来。"那么，要怎么做才能解放儿童的创造力呢？陶行知提出了"五大解放"的主张。

第一，解放儿童的头脑。陶行知认为，中国儿童的创造力之所以无法发挥，最主要的原因是他们的头脑"被固有的迷信、成见、曲解、幻想层层裹头布包缠了起来"。想要发挥儿童的创造力，就先要把儿童的头脑解放出来，让他们自己去思考。陶行知十分赞同三民主义的观点："大凡人类对于一件事，研究其中的道理，首先发生思想，思想贯通，以后才生信仰，有了信仰，才生力量。"并且认为，思想若能贯通，便等同于头脑解放。只有从解放了的头脑里发挥出来的创造力，才能确保新中国的建立。

第二，解放儿童的双手。陶行知基于其生活教育理论，十分强调双手自由活动的重要性，并且指出"人类自从腰骨竖起，前脚变成一双可以自由活动的手，进步便一天千里，超越一切动物"。然而，令他深感遗憾的是，中国的教育却一直不许小孩子动手操作，否则就要打手心，极度摧残孩子们的创造力。陶行知曾告诫一位因孩子拆坏金表而大打出手的母亲说："恐怕中国的爱迪生被你枪毙掉了。"之所以这样说，是因为他十分清楚，喜欢刨根问底和动手实验的爱迪生，正是由于在被顽固的恩格尔先生开除后，幸运地得到了母亲的理解和支持，才会从一个落魄的辍学少年逐渐成长为美国的发明之王。因此，陶行知希望中国所有的保育员和幼稚园教师都能学习爱迪生的母亲，"让小孩子有动手的机会"。

第三，解放儿童的嘴。中国的传统教育还有另外一条"规矩"，那就是不许小孩提问。而陶行知却认为，正是在解答问题的过程中，儿童才有机会增进自身的知识。他还专门创作一首诗来表达自己的观点："发明千千万，起点是一问。禽兽不如人，过在不会问。智者问的巧，愚者问的笨。人力胜天工，只在每事问。"在陶行知看来，只有儿童得到言论的自由，尤其是提问的自由，才能够确保他们创造力的发挥。

第四，解放儿童的空间。陶行知认为，中国早年的学校完全是一只只鸟笼，改良后的学校也不过是放大的鸟笼而已。鸟笼式的学校和干腌菜式的教科书，只会让小孩子的精神变得愈发贫瘠。因此，他主张"要解放小孩子的空间，让他们去接触大自然中的花草、树木、青山、绿水、日月、星辰以及大社会中之士、农、工、商、三教九流，自由地对宇宙发问，与万物为友，并且向中外古今三百六十行学习"。只有解放儿童的空间，打下广博的基础，"才能搜集丰富的资料，扩大认识的眼界，以发挥其内在之创造力"。

第五，解放儿童的时间。陶行知十分反对学校把儿童时间安排过紧的做法。他强调"一个茶杯要有空位方可盛水"，而那些白天由教师督课，晚上由家长督课，一心只知拼命赶考的小学儿童，哪里会有时间去接受大自然和大社会的宝贵知识呢？在他看来，"赶考和赶路一样。赶路的人把路边风景赶掉了，把一路应该做的有意义的事赶掉了。除非请医生，救人，路是不宜赶的。考试没有这样的重要，更不宜赶，赶考首先赶走了脸上的血色，赶走了健康，赶走了对父母之关怀，赶走了对民族人类的责任，甚至于连抗战之本身都赶走了。最要不得的，还是赶考把时间赶跑了"。因此，陶行知提出，创造的儿童教育，首先要为儿童争取时间的解放，使儿童有自己学习、活动的时间，以养成乐于创造的倾向。

3. 培养幼儿的创造力

作为中国最先倡导创造教育的教育家，陶行知不仅相信儿童所具有的创造力，号召解放他们身上的创造力，而且还在如何培养儿童的创造力这一问题上，提出了一系列独到的观点。正如他所说，我们在"把小孩子的头脑、双手、嘴、空间、时间都解放出来"以后，就要对他们的创造力"予以适当之培养"。具体措施如下。

第一，要提供充足的营养。陶行知强调，儿童身体和心理两方面的发展，都需要有充足的营养作为保障。只有营养这一前提条件得到满足，才能使儿童拥有并发挥较高水平的创造力，否则创造力水平将被削弱，甚至被破坏殆尽。

第二，要建立良好的习惯。陶行知认为，儿童一定要在生活日常当中养成良好的习惯，而后才能不断向上飞跃，产生更高的思想追求。

第三，要注重因材施教。陶行知主张，"培养儿童的创造力要同园丁一样，首先要认识他们，发现他们的特点，而予以适宜之肥料、水分、太阳光，并须除害虫，这样，他们才能欣欣向荣，否则不能免于枯萎"。他还以种植松树和栽培牡丹的不同，来进一步说明因材施教对于培养儿童创造力的重要意义。

第四，要营造民主的环境。陶行知曾大声疾呼，最有利于创造力培养和发挥的条件是民主。"如果要大量开发创造力，大量开发人矿中之创造力，只有民主才能办到，只有民主的目的、民主的方法才能完成这样的大事"。同时，他也指出，要实现教育上的民主，需要从以下三件最要紧的事情入手。

其一，努力实现教育机会的均等。无论贫富、男女、老幼，抑或不同民族之间，都应均等地享有教育机会。

其二，教育者要学会宽容和理解。身为教育者，一定要像爱迪生的母亲和法拉第的老板那样，宽容并理解学生，为他们营造学习、思考和创造的自由时空。

其三，要在民主生活中学习民主。在陶行知看来，专制的生活只能养成奴隶和奴才，民主的生活才能培养可以当家做主的人民。"在民主动员号召之下，每一个人之创造力都得到机会出头，而且每一个人的创造力都能充分解放出来。只有民主才能解放最大多数人的创造力，而且使最大多数人之创造力发挥到最高峰"。

陶行知是一位伟大的人民教育家，他在学前教育领域的理论研究和实践探索，是其整个教育思想与实践的重要组成部分。他创建了中国第一批乡村幼稚园和第一所乡村幼儿师范，开展了卓有成效的学前教育试验工作。他所提出并倡导的培养创造力的幼儿教育思想，为我国的学前教育理论发展做出了十分重要的贡献。

二、"儿童本位，生活经验"：张雪门的幼稚园行为课程思想

（一）生平简介

张雪门，原名显烈，字承哉、尘芥，1891 年生于浙江宁波鄞县。早年曾在私塾学堂接受传统思想熏陶，后入浙江省立第四中学接受西方新式教育。1912 年出任鄞县私立星萌小学校长，1918 年创办星萌幼稚园，1922 年创建湖西幼稚师范学校，这是他从事幼儿教育事业的开始。1924 年到北京大学任职，在高仁山教授的指导下，开始研读卢梭、福禄培尔、蒙台梭利等人的著作，并先后编译了《福禄培尔母亲游戏辑要》《福氏积木译文》和《蒙台梭利及其教育》等著作。1926 年后，先后创办或主持北平幼稚教育研究会、艺文幼稚园、孔德幼稚师范和孔德幼稚园。1930 年应熊希龄之聘到香山慈幼院编辑《幼稚师范丛书》，不久又在香山慈幼院内创办北平幼稚师范。从 1932 年起，辗转于多所大学任教，主讲"幼稚教育"课程，并根据自身的研究和实践，撰写幼稚教育方面的论著和文章。全面抗战爆发后，随北平幼稚师范一起赶往桂林，继续主持更名后的广西幼稚师范。抗战胜利后，返回北平，为北平幼稚师范的复校工作四处奔走。1946 年赴中国台湾，任台北育幼院院长，为台湾的学前教育发展做出重要贡献。

张雪门是我国著名的幼儿教育家，20 世纪三四十年代曾与陈鹤琴并称为"南陈北张"。他一生著述不辍，留下了包括《幼稚园的研究》《幼稚园的学理与实施》《幼稚园教育概论》《幼稚园组织法》《幼稚教育新论》等在内的 200 余万字的学术成果。后人将其关于幼儿教育的论述汇编成为《张雪门幼儿教育文集》。

（二）教育思想

20 世纪 30 年代初，张雪门对幼稚园课程问题展开研究。针对当时幼稚园普遍以教材为中心的状况，他通过借鉴、融合西方的心理学思想和教育学理论，提出了构建完整的幼稚园"行为课程"体系的主张。所谓"行为课程"，即指幼儿在幼稚园的全部生活实践，它是具体的、整体的，以生活为基础，以活动为中心的。张雪门的"行为课程"一经提出，很快便成为引领时代的典型幼稚园课程模式。

1．"行为课程"的理论基础

作为幼儿教育专家，张雪门的幼稚园课程研究十分注重对同时代相关理论成果的吸收和运用，特别是行为主义心理学思想和实用主义教育学理论，更成为其"行为课程"的重要思想来源。

早期的行为主义心理学家认为，人的一切复杂行为都受外界环境的影响；后期的新行为主义心理学家则通过"操作"这一行为，将人的意识也纳入心理学的研究范围。张雪门十分认同行为主义心理学的观点，并将之运用到自己的"行为课程"研究之中。他强调，活动是实施幼稚园"行为课程"的主要手段，因此，幼稚园应创设积极的环境以引起幼儿主动的活动。后来，他又将如何在幼儿的活动中培养其思维能力，作为其"行为课程"研究之重中之重。

实用主义教育学理论主张，教育要以儿童为中心，课程要为生活作准备。张雪门在"行为课程"的设计和实施过程中，始终强调课程要符合幼儿身心发展规律，并与幼儿当下生活融为一体。他所开列的课程"完全根据于生活""从生活而来，从生活而开展，也从生活而结束"。

2. "行为课程"的实施方案

（1）明确目的

早在 1930 年，张雪门就在《幼稚教育概论》中指出："我们研究幼稚教育，不但要认清教育的意义，更当辩明白教育的目的。"他从幼稚教育"应完全以儿童为本位"出发，提出"幼稚园课程的目的，在于联络孩子们的旧观念，以引起其新观念，更谋其旧经验的打破，新经验的建设"。张雪门认为，幼稚园课程虽然应该注意社会生活的意义，但绝不可完全依照成人的主观意见。因为成人的需要并非儿童的需要，成人的经验亦非儿童的经验。"儿童所反映的是他自己环境里的社会，但绝不是成人的社会"。因此，张雪门提出的幼稚园课程目的，就是要满足幼儿的成长需求，养成其增长经验的方法和习惯，培养其生活的能力和意识，从而使其在身心两个方面都能得到健康的发展。

"九·一八"事变后，面对国家民族生死存亡的危局，张雪门一改此前在幼稚园课程目的上的观点，明确提出要"把社会的需要组织在课程里面，而在另一面又正合儿童的生活，容易引起他们的动作"。因此，其课程目的兼顾了社会的需要和儿童身心发展的需要。1933年，张雪门正式将其幼稚教育改称为改造民族的幼稚教育，并将幼稚园课程的目的拟定为："铲除我民族的劣根性；唤起我民族的自信心；养成劳动与客观的习惯态度；锻炼我民族为争中华之自由平等而向帝国主义作奋斗之决心与实力。"至此，张雪门建立起了以国家发展需要为远景，以幼儿发展需要为近景的幼稚园课程目标体系，充分体现了幼稚园课程对社会价值和个体价值的双重尊重。

（2）确定内容

张雪门认为，幼稚园课程应基于幼儿的生活经验，从幼儿的生活环境中搜集、选择和组织材料。因此，他认为，"行为课程"的内容"并不限于一首歌曲、一件手工，凡儿童从家到校，又从校到家，在家庭、道路、幼稚园所受到的刺激，能够引起儿童生活的要求，扩充儿童生活的经验，潜移儿童生活的意识的都是"。具体而言，张雪门的"行为课程"内容可以分为三个方面：一是幼儿在发展过程中自发进行的活动；二是幼儿所接触的自然环境，如植物、动物，以及各种自然现象等；三是幼儿所接触的社会环境，如家庭、邻里，以及各种职业活动等。为了研究上的便利，张雪门曾将"行为课程"分为手工、美术、言语、常识、故事、音乐、游戏和算术等科目。然而，他却强调，在对幼儿进行教学时，学科之间的界限不能分得太过清楚，应以混合教学为主，因为"生活是整个的东西"；课程内容的"变换流转都随着生活，当然不是孤绝地能够分割，更不是专待外面装到儿童肚子里去的货品"。由此可见，张雪门"行为课程"的内容，正是幼儿的全部的、整个的生活，以及其中有助于幼儿身心发展的各种经验。

幼稚园的"行为课程"虽源于幼儿直接参与其中的环境或活动，但仍需根据客观标准精心筛选。张雪门认为，真正适合幼儿身心发展的课程内容应符合以下四项标准。

第一，"应在儿童自己的环境里搜集材料"，而不是一切都由成人来主观决定，"因为成人的经验，不是儿童的经验"。这一点充分体现了张雪门对幼儿主体性的尊重。

第二，应顾到幼儿的成长需求。在幼稚园里，非动作无以确保幼儿健全的成长，非动作无以满足幼儿好奇的欲望。幼儿"不是动这样，便是动那样。动作是整个的，其流转演变，无痕迹可分，知识技能……仅为动作的结果而已"。所以，课程内容应抛开分类的、抽象的知识，选择那些适合幼儿成长需要的直接的、具体的行动。

第三，应顾到幼儿的社会生活。社会的一切风俗以及幼儿在步入社会时所需的知识，如饮食和起居习惯、穿衣的技巧、文字和数的知识等，都应成为"行为课程"的重要内容。

第四，应顾到幼儿的学习能力。在"行为课程"中，摇船、荡秋千可以训练幼儿的平衡感，抛球可以发展幼儿的投准能力，堆积木、修铁道、盖楼房、种玉米等，可以培养幼儿的合作精神和劳动技能。这些课程的选择，都是基于对幼儿学习能力的考虑。

（3）组织课程

张雪门认为，"行为课程"的组织与其他类型课程的组织不同，有着自己的特点和要求。

第一，应是整个的而非分科的。"幼稚生对自然界和人事界没有分明的界限；他看宇宙间的一切的一切，都是整个的。花开、鸟啼、客人来，凡能够引起他注意的，没有一样不当作自己的生活看待"。

第二，应关注幼儿的个体发育。"幼稚生时期，满足个体的需要，实甚于社会的希求"。因此，"我们编制课程时，原不能忽略社会的希求，但须极力注意儿童现在的需要和能力"。

第三，应注重幼儿的直接经验。"幼稚园的课程，须根据儿童自己的直接经验"，尽管通过直接经验进行学习，不如借助间接经验那样经济、整齐，但对于幼儿来说，价值和意义更大。

据此，张雪门在《中国幼稚园课程研究》一书中，提出了组织幼稚园课程的一系列标准："课程须和儿童的生活联络。是有目的有计划的活动。事前应有准备，应估量环境，应有相当的组织，且须有远大的目标。各种动作和材料，全须合于儿童的经验能力和兴趣。动作中须使儿童有自由发展创作的机会。各种知识、技能、兴趣和习惯等全由儿童直接的经验中获得。"

（4）实施课程

张雪门认为，"行为课程"是以"行动"为中心的，十分重视"行动"的价值。因此，他提出"做学教"的理念，即"事怎样做必怎样学，怎样学必怎样教，做学教打成一片，才能完成行为课程"。同时，他极其反对向幼儿灌输各种抽象的"死知识"，认为幼稚园课程"首先应注意的是实际行为，凡扫地、抹桌、熬糖、炒米花以及养鸡、养蚕、种玉米和各种小花，能够实在行动的，都应让他们实际去行动。"只有从行动中获得的认识，才是真正的知识；从行动中发现的困难，才是真正的问题；从行动中获得的胜利，才是真正的能力。为了进一步确保课程实施过程中"行动"的有效性，张雪门借鉴了美国的设计教学法，并且经过多年试验、不断改进，最终确立了行为课程计划。具体步骤如下。

第一，引发动机。"行为课程"将激发幼儿的学习动机放在首位。张雪门认为，"人的行为固然千殊万变，可是他的动机不外乎两种，第一种是由于内心的需求，第二种是由于外界的刺激"。所以，实施"行为课程"的第一步，便是教师利用环境、设备和语言等，诱导幼儿的学习动机。

第二，确定目的。"行为课程"的目的并非指幼儿的学习目的，而是指教师希望幼儿在这一行动中收获些什么，包括知识、技能、兴趣、态度和习惯等。例如，教师选择饲养动物的单元，其目的在于鼓励儿童研究动物的形态、了解其生活方式和饲养方法，弄清动物与人类的关系。只有教师确定了教学目的，才能有效指导幼儿在课程中"行动"。

第三，设计活动。为了达成教学目的，张雪门强调，必须认真设计"活动的要领、参加的人数、活动的时间和地点及每一小段的程序"。这些步骤主要是对预设活动大体轮廓的估量，应该配有详细的计划，以便能切合实际的需要。例如，对"活动如何开始？如何展开？如何结束？"这些行动的要点，具体的内容，都需要做出更为具体的安排，以便于教师的指导。

第四，准备工具及材料。张雪门强调，不能以对待固定科目的方式来准备行为课程的工具和材料，因为行为不是机械的，会产生随机的变化，因此，只能根据一定的"范围"，尽量做到齐备，力求切合幼儿行动的需要。

3. "行为课程"的基本特点

张雪门的"行为课程"起于活动、终于活动，彻底打破学科界限，选择各科教材中与学习单元相关的材料加以运用，使之自然融入儿童的实际生活。这样的课程设计对 20 世纪三四十年代我国北方的学前教育发展起到了极大的推动作用。究其原因，乃是由其具体特点所决定。

（1）生活性

张雪门认为，"行为课程"应着眼于幼儿的生活经验，以自然和社会环境为线索编制教材，使幼儿与环境不断接触，以培养其适应和改造现实生活的能力，增强其选择和支配环境的力量。"行为课程"的实质是幼儿在幼稚园的全部生活实践，其设计和组织以确保幼儿过好当下和将来的生活为目的，无处不体现出生活性的特点。

（2）行动性

张雪门指出，行动是实施"行为课程"的主要手段，幼稚园创设各种环境的目的，便是引起幼儿的主动行动，并在行动中促进其思维能力的提高。此外，张雪门还强调行动的预设性与灵活性相结合，他认为："如果课程没有计划，纯由儿童自由活动，那么，教师辛苦所布置的环境，儿童也许竟不屑一顾，而儿童所发生的新活动，教师又来不及预备，这样必定手忙足乱，难于指导；而预定的课程，又不是绝对的不能变动""教师对于实际的偶发事项，随时变化，随时活用，以适应儿童的需要，满足儿童的兴趣，实在比死板地照着所定的大纲去教授好得多了。"

（3）整合性

"行为课程"在以行为主义心理学和实用主义教育理论为基础的同时，还参考了陈鹤琴的"单元教学法"，即各门功课打成一片，教材内容以幼儿的心理和生活为根据。张雪门曾说，真正的单元活动就是"行为课程"，真正的"行为课程"也没有不是单元活动的。具体而言，"行为课程"的组织有如下步骤：首先，从自然和社会环境中选出 4～5 个主题作为每月课程的中心；其次，围绕中心收集文学、游戏、音乐、工作等方面的材料，编成预定的教材；最后，以打破学科界限的方式实施课程。

（4）民族性

张雪门认为，学前教育的目的就是培育民族、国家发展所需要的人才。为此，他不断将国家观念、社会规范、民主素养、自动习惯和本土环境等融入"行为课程"，最终形成了颇具民族性的幼稚园课程体系。

（5）科学性

"行为课程"要求师生在行动中尝试、思考，没有预先给出的答案，只有对错误原因的探讨，整个过程所体现的正是科学研究的基本精神。张雪门认为，科学探究和"行为课程"实际是同一过程的两种表述。幼儿在行为课程中收获的是实际行动后的经验，如果行动围绕科学主题而展开，那么，通过实施"行为课程"所达到的，正是科学教育的目的。

综上所述，幼稚园"行为课程"是张雪门一生智慧的结晶，也是他与同事们长期从事教育实践的结果。"行为课程"的基本思想就是"生活即教育""行为即课程"，这不仅在一定程度上反映出当时学前教育所普遍存在的课程教学教材与幼儿生活实际相脱节的现象，而且对于当今的学前教育课程改革也具有十分重要的借鉴与启发价值。

三、"精研心理，方能教养"：陈鹤琴基于心理学的幼儿教育思想

（一）生平简介

陈鹤琴，中国著名的儿童教育家、儿童心理学家。1892年生于浙江上虞百官镇茅家弄。1910年杭州蕙兰中学毕业后，考入上海圣约翰大学，1911年秋转入清华学堂。1914年清华学堂毕业，获庚款赴美留学。1917年获霍普金斯大学文学士学位，同年再入哥伦比亚大学师范学院，研究教育和心理学。1918年获哥伦比亚大学教育硕士学位。1919年回国出任南京高等师范学校教育课教授，与陶行知等共同倡导新教育，改革旧教育。东南大学成立后，任教授兼教务部主任。

陈鹤琴在南京高等师范学校任教期间，最早开设了儿童心理学课程，并在从事教学的同时，十分重视幼儿心理的科学研究与实验。1920年起以长子为观察对象进行实验研究，记录了幼儿身心发展的一般特点。1923年创办南京鼓楼幼稚园，并以此为中心，进行幼儿教育的课程、教法和设备等方面的实验。期间设计了大量的幼儿玩具、幼稚园教具及设备，并编写幼稚园课本及幼儿课外读物数十种。1940年在江西泰和县创办江西省立实验幼稚师范学校，后又增设幼稚师范专科。期间创立了著名的"活教育"理论体系，包括3大目标、5种活动，以及17条教学原则和13条训育原则等。

陈鹤琴一生专注于开创性的幼儿教育研究和实践，并且主张学前教育的发展应符合中国国情和幼儿身心发展规律。著有《儿童心理之研究》《家庭教育》《儿童游戏与玩具》《怎样教小孩》等，被誉为"中国现代儿童教育之父"。

（二）教育思想

作为一名精通幼儿心理的学前教育专家，陈鹤琴的许多教育主张，都是在亲自开展幼儿心理实验研究，并借鉴欧美心理学家相关成果的基础上提出的。

1. 幼儿的心理特点及相关教育主张

根据陈鹤琴的研究，幼儿心理主要存在以下几个特点。

（1）好动心

陈鹤琴认为，幼儿生性就是十分好动的，"喜欢听这样，看那样，推这样，攫那样；忽

而玩这样，忽而弄那样；忽而立，忽而坐，忽而跳，忽而跑；忽而哭，忽而笑"。他们一时一刻都不会像成人那样身着长衫，静坐默思，因为这样会使他们精神上倍感痛苦。美国心理学家米勒将幼儿的这种心理定义为"心意的动现"。然而，正是由于具有好动心，才会使幼儿"得到健康的发展""他摸着铁，就觉得铁的坚性；他吃了冰，就知道冰的冷性；他玩这样弄那样，就渐渐地从无知无能的地步，到有知有能的地步"。因此，陈鹤琴指出，成人应该为幼儿提供充分的活动机会和适当的环境刺激，使他们能够经常与世间万物相接触，并获得充分的发展。

（2）模仿心

陈鹤琴经过多年的研究后发现，幼儿的模仿能力非常强大，他们的言语学习、技能掌握、习惯养成和文化习得等，大多有赖于模仿。据此，陈鹤琴进一步指出，对于幼儿成长而言，后天环境的影响具有决定作用，他们身处什么样的环境，就会去模仿什么样的环境。"倘若儿童处的环境是卑鄙龌龊的，那么难望其光明正大的了；倘若环境是奢侈繁华的，难望其能节俭朴实的了"。至于如何利用幼儿的模仿心，发挥其在教育上的价值，陈鹤琴则主要强调三点：一是为人父母者应特别留意自己的言行，以免对幼儿造成不良的影响；二是作为师长者亦须以身作则，"烟酒嫖赌，尤宜戒绝"；三是幼稚园"宜养成纯美的校风"，家庭"当设置极好的环境"，以便使幼儿在模仿中不断接受良好的影响。

（3）好奇心

陈鹤琴认为，好奇心对于幼儿的成长发展意义重大。"一好奇，就要与新的东西相接近。一接近，那就晓得这个东西的性质了"。然而，幼儿的好奇心并非一成不变，而是随着年龄的增长而发展。幼儿从三四岁开始，一方面，"为什么"的询问逐渐增多，而且会一直追问到底或直至引发成人不满才肯罢休；另一方面，对某些活动的兴趣也变得愈发浓厚，如对音乐和歌唱的兴趣等。正如柏拉图所说："好奇心是知识之母"，是幼儿增长学问的门径。因此，陈鹤琴要求，担任幼稚园教师和管理者应利用好幼儿的好奇心，引导他们攀上学问的更高境界。

（4）游戏心

在陈鹤琴看来，幼儿是天生喜爱游戏的。幼稚园教育的开展，也以幼儿的游戏本能作为基础。游戏具有多方面的价值，包括发展幼儿身体、提升公民素质、培养认知能力等。当然，游戏也可以使幼儿放松、休息，并保持活泼。总之，游戏是幼儿的生命，具有教育上的多重价值。无论是幼儿教师抑或家长，都应根据幼儿年龄的变化，合理利用游戏来促进他们的发展。

（5）成功心

陈鹤琴认为，幼儿是渴望成功和喜欢被赞的。如果所做的事情不是太难，可以胜任，并取得一定的成就，幼儿就会感到高兴并充满信心；如果在取得成功后又赢得称赞，则可以进一步增加幼儿做事的兴趣，促进其求知的欲望。自信、兴趣与成功是相互作用的，因此，陈鹤琴强调，幼儿教师要利用幼儿的这种心理特点，鼓励他们做各种事情，养成良好习惯，学会做人，追求学问。

2. 基于幼儿心理的幼稚园教育改革

在半殖民地半封建的社会里，中国的学前教育发展一方面"墨守成规，不知改良"，另一方面又"抄袭外人"，呈现出"全盘西化"的倾向。对此，陈鹤琴深恶痛绝，极为不满。

他通过对鼓楼幼稚园试验研究的全面总结，提出了一系列有关中国幼稚园改革发展的思想主张。其中，大多以尊重幼儿心理发展特点为前提。

（1）课程游戏化，师生朋友化

陈鹤琴认为幼儿以游戏为生活，喜爱游戏是幼儿重要的心理特征。因此，他主张，一定要努力实现幼稚园课程的游戏化，使幼儿在游戏和活动中学习，以达到事半功倍、印象深刻的效果。同时，他还要求幼稚园的教师努力成为幼儿的朋友，只有这样才能不使他们害怕，与他们接近，进而可以与他们一起游戏、玩乐，并在这一过程中顺利地完成教育的任务。

（2）多户外活动，多音乐陶冶

基于幼儿生性好动的特点，陈鹤琴指出，身体强健的幼儿，自然性情活泼、头脑敏捷、做事容易，乐于听从。因此，他主张多让幼儿到户外活动，这样不仅可以使他们多接触自然实物以增进知识，还可以使他们在新鲜空气和明朗日光下，活跃精神，强健身体。此外，陈鹤琴还十分重视音乐的教育价值，认为音乐是幼儿生来就喜欢的，通过优美的音乐情境，不仅可以增强他们的欣赏能力，更可以达到陶冶性情，鼓舞进取的目的。身体活动和音乐陶冶并重，不仅适合幼儿的身心特点，而且二者相辅相成，有利于幼儿的全面发展。

（3）设备要充分，教学要灵活

陈鹤琴认为，幼儿内心充满了好奇，随时随地会对周遭事物产生兴趣。因此，幼稚园一定要提供充分的设备，供幼儿随意玩弄，这样不但可以不断满足他们的好奇心，还可以使他们由此而获得知识。与此相联系，幼稚园的教学安排也应尽量灵活，随时变更，以便因势利导地促进幼儿思想和能力的发展。因此，相对于预先拟定好课程内容的"固定教法"，陈鹤琴更加赞成可以根据学生兴趣临时变更的"自由教法"。"自由教法"若能运用得当，便会充分关照幼儿的好奇心，所得的益处实在是不可限量。

（4）重环境影响，倡家园合作

陈鹤琴认为，幼儿具有极强的模仿心，善加利用会成为教育的有效助力，反之，则会成为教育的巨大阻力。而在这一过程中起决定作用的因素是环境。幼儿所处的环境无外乎自然和社会，自然环境就是自然界的各种动植物和现象；社会环境就是各种组织机构及关系，其核心便是家庭和学校。因此，陈鹤琴主张，从正面来说，幼稚园应使幼儿每天都能身处优美的自然环境和良好的社会环境之中，常与美好的风光景物、模范的师长同伴相接触；就反面而言，幼稚园不应撇开家庭而单独承担幼儿教育的责任，使整个教育过程变得无法掌控，难有成效。在他看来，正确的做法是倡导家庭和幼稚园之间的合作，使幼儿无论在家还是幼稚园，都能获得充分且正确的模仿经验，既有利于知识的学习，又可以养成受用终身的良好习惯。

（5）小团体教学，分类定标准

陈鹤琴认为，虽然幼稚园里的幼儿年龄不齐、智力不同，兴趣不一，但他们都渴望成功，期待表扬。然而，传统的大班教学和统一的考核标准却不利于区别对待和因材施教。因此，陈鹤琴主张采用小团体教学法，进行分组教学，使处于不同发展水平的幼儿都有机会获得成功，赢得表扬。这样的教学既增强了幼稚园的教育效果，又强化了幼儿的学习动机。不仅如此，陈鹤琴还制定了分类的考核标准。他认为："考查品行，应当有品行的标准；甄别习惯，应当有习惯的标准；检验技能，应当有技能的标准；测验知识，应当有知识的

标准。"有了分类的标准，幼儿便可以在自己有优势的方面取得成功，赢得表扬；教师也可以扬长避短，取长补短，对幼儿开展鼓励式的教育，促进其健康、快乐地成长。

综上可见，陈鹤琴的幼儿教育思想是基于幼儿的心理特点而提出的，其目的是促进幼儿身心各方面更好、更快发展。为达到这一目的，他还创立了幼稚园活动课程模式，提出了著名的"五指活动"和"单元教学法"。这些也都是有赖于他对幼儿心理的研究。

四、"基于活动，认知社会"：张宗麟的幼稚园社会化课程思想

（一）生平简介

张宗麟，乳名德保，1899 年生于江苏省徐州府宿迁县。1915 年毕业于敬敷两级小学堂，同年秋，考入浙江第五师范学校。1917 年因带头罢课而被开除，转入浙江第四师范学校。1920 年毕业后，任敬敷小学高小数理化教员。1921 年考入南京高等师范学校，师承陶行知、陈鹤琴、竺可桢等。1925 年毕业于南高师教育系并留校任教，协助陈鹤琴创办南京鼓楼幼稚园，积极探索中国化的幼儿教育发展道路。其间，作为我国幼稚园第一位男教师，翻译多种英美幼儿教育论著，并在幼稚园课程、幼稚园读法教学法、幼稚园设备和玩具等方面，做了较为深入的探索。1928 年到晓庄学校，任幼稚教育院指导员、指导员主任，带领学生创建了我国第一批乡村幼稚园。1931 年转任厦门集美幼稚师范学校教员，同年夏，筹办集美乡村师范学校并任校长。1933 年因故离开厦门，辗转各地任教。抗战前夕来到上海，协助陶行知创办国难教育社，并在陶行知出国避难期间，负责生活教育社和山海工学团等机构的工作。抗战爆发后，又与陶行知共同筹办育才学校。1943 年到达延安，先后担任延安大学教育系副主任、北方大学文教学院院长、华北大学教育研究室主任等。

张宗麟早年致力于中国的幼儿教育事业并做出了十分重要的贡献，著有《幼稚教育概论》《幼稚园的演变史》《幼稚园的社会》和《新中华幼稚教育》等。其于 20 世纪二三十年代发表的关于幼儿教育的论文，也大多收入《张宗麟幼儿教育论集》，由湖南教育出版社出版。

（二）教育思想

张宗麟在 1933 年出版的《幼稚园的社会》一书中，提出了著名的幼稚园社会化课程思想。当时的心理学界普遍认为"孩子不到相当年龄，都是自私自利，好营孤独生活的"，在他们尚未"受到社会上相当熏染以前，决不要社会的生活"。对于这种流行的观点，张宗麟却持反对意见。他一方面认为，孩子们不仅有自己的社交需要，也有自己的社交行为，这些都是他们应该有自己的社会生活的重要前提；另一方面，他又强调孩子的社会生活与成人有所不同，他们既不"营营逐逐于利禄之场"，也不"斤斤于人情世故法律道德"，而是非常的广大和自由。基于此，他进一步要求，为了使孩子们适应他们的社会生活，幼稚园的各种活动都应该体现一定的社会性，以养成适合某种社会生活的人民。这便是张宗麟社会化课程思想的基本观点，其具体主张主要包括以下几个方面。

1．幼稚园社会化课程的目标

张宗麟认为，幼稚园的教育目标并非为社会养成良好公民，而是培养"能为孩子们谋

共同享受，能注意他的四周事物的孩子"。在他看来，"孩子的世界与成人的世界是极不相同的，所以我们以为孩提时代应该学的，未必真是孩子所需要学的。"幼稚园课程应该"让孩子们到他们自己的社会里去，不要拉他们到我们的社会里来"。基于上述认识，张宗麟指出，幼稚园社会化课程的目标是在充分尊重幼儿身心特点的基础上，"引导对于'人与社会的关系'的认识""养成爱护自然物和卫生、乐群等好习惯"。具体而言，这一目标可以分成以下几个方面。

第一，形成社会认知。例如，在日常社会生活中，使幼儿明确各种观念，以养成社会生活的基础。

第二，培养社会情感。例如，通过集体的演习，培养幼儿公正、仁爱、和平的态度精神。

第三，养成行为习惯。例如，通过简单的行为实践，使幼儿养成讲卫生、爱公益等良好习惯。

这样的目标，不仅具有系统性，体现了知、情、行的统一，而且具有可操作性，便于进行评价。此外，张宗麟还强调课程目标应具有一定的弹性，"不是固定不变的，还要看学习者当时的生活情形而活用"。

2. 幼稚园社会化课程的内容

课程内容是实现课程目标的重要保障，主要解决"教什么"和"学什么"的问题。在幼稚园的课程内容上，张宗麟与陈鹤琴、张雪门等人一样，坚持大课程观，即"幼稚园课程者，由广义地说之，乃幼稚生在幼稚园一切之活动也"。基于此，他提出了关于幼稚园社会化课程内容的两个基本观点，具体如下。

第一，课程内容应源于幼儿真实生活。张宗麟认为，取材于幼儿生活经验的课程内容，自然会为幼儿所熟悉和接受，使其产生更大的学习兴趣和研究热情，并获得对已知社会的更为全面深刻的认识和理解。这一观点充分体现了张宗麟对幼儿主体地位的尊重。

第二，课程内容应以社会经验为中心。张宗麟指出，"幼稚园的一切活动，由广义上说来，都是'社会'。其中最有独立性的只有'自然'，但是幼稚园的'自然'绝不是'纯粹的自然研究'，必定是'与人生有密切关系的自然研究'。涉及人生也就是'社会'了"。由此可知，张宗麟是以社会为主线来组织幼稚园的课程内容，侧重于幼儿的社会经验。

基于上述观点，张宗麟认为，幼稚园社会化课程应该从范围上涵盖历史、地理、家庭、职业、卫生、风俗人情、伟人事迹、各国人的生活等。然而，社会是复杂的，幼儿是单纯的，想要把社会的方方面面以分科方式教给幼儿，不仅要消耗大量的时间和精力，而且还不一定能有所成效。而最好的办法是采用一些最为直接的游戏活动，使幼儿了解家庭的状况、社会上的职业、食物的来源、生活品的制成、城市和农村的生活等，以达成其社会化的目的。同时，张宗麟还引用达恩斯的话作为论据，即"要想孩子明了而欣赏一件抽象的、经验里所没有的、别的地方或别种职业的团结生活、远代的史事，都是不可能的，除非他已经先有了直接生活的概念"，进一步阐明幼稚园课程应以幼儿的社会生活经验为切入口，不能超越幼儿的理解力。

张宗麟提出的幼稚园社会化课程主要包括七类活动："（甲）关于衣、食、住、行等生活需要，卫生方法，以及家庭，邻里，商铺，邮局，救火组织，公园，交通机关等社会组织的观察研究与本地名胜古迹的游览。（乙）日常礼仪的演习。（丙）纪念日和节日（如元旦、国庆、总理忌辰、诞辰、五九、五卅、儿童节，以及其他令节）的研究举行。（丁）身体各部的认识和简易卫生规律（如不吃小贩担上的糖果，不吃杂食，食前必洗手，食后必洗脸，不随地便溺，不随地吐痰，不吃手，不用手挖耳揉眼，早睡早起，爱清洁等）的实践。（戊）健康和清洁的查察。（己）党旗、国旗、总理遗像等认识。（癸）集会的演习（以培养公正、仁爱和平的态度精神为主）。"

3．幼稚园社会化课程的实施

为了确保幼稚园社会化课程目标的实现，张宗麟主张课程内容的实施需要遵循以下几条重要的原则。

第一，"互助与合作"原则。张宗麟认为，"社会不是各个人独立无关系的，事情的做成，也不是件件都可以独立干成的"。因此，他十分强调人与人之间的互助与合作，并将这两条重要的行动原则视作人类社会延续至今的一条重要原因。在成人社会中，人们之间的合作多于互助。但若从整个人类的长远发展来看，互助的价值却远胜于合作。在孩子的世界里，也常有互助与合作。例如，两个小孩荡秋千，你荡我推，我荡你推，这便是互助。又如，两个小孩玩积木，搭间房子，建个城堡，这便是合作。尽管互助与合作小有分别，但在张宗麟看来，二者都比"竞争"好得多，因为竞争虽然也是人类重要的行动原则，但人类的进化绝不是由竞争来推动的。因此，张宗麟强调"无论怎样改变幼稚园的活动，决不可以发展到竞争一途"。

第二，"爱与怜"原则。张宗麟指出，爱与怜也是两条极为相似的原则，但仍有区别。爱是双方的，施者的爱可以使受者产生向上的力量；而怜是单向的，受者只是被动地接受施者的付出。怜的例子有很多，如乐善好施的富人布施沿街讨饭的乞丐；不懂教育的父母溺爱孱弱怯懦的孩子等。乞丐得了免费的衣物吃食，便不想自食其力，变得愈发好逸恶劳；父母不愿孩子劳累，一切代做，结果却使孩子一无是处，归于残废。爱的例子也不少，如教师积极引导幼儿做事，养成种种优良习惯；幼儿快乐互助共同活动，形成各种实践能力等。正是因为爱的存在，才使得幼儿在教师指导之下或与同伴互动之中，收获了自己的成长和发展。尽管在张宗麟看来，对于贫苦病弱的人民而言，怜不如爱来得积极，但他却始终坚信，怜与爱总比"自私自利"高尚得多。因此，他反对那些会使幼儿变得自私自利的幼稚园活动，认为那些活动所导向的必然是一条死路。

第三，"顾到别人"原则。张宗麟指出，"顾到别人"既不深奥，也不难做。只要幼儿乐于将玩具与他人共玩，不扰乱正常的活动和游戏秩序，不打断师长或其他人的谈话，都算是"顾到别人"。然而，由于幼儿的自我意识发展尚未成熟，不能正确认识自己与他人的关系，所以常常会有"旁若无人"的表现。为了促进幼儿的健康成长，张宗麟主张，幼稚园的活动既要注重培养幼儿的独立自由精神，又切忌助长他们骄横无礼、唯我独尊的习气。同时，他还要求幼儿不做随地便溺、吐痰等损害公共利益的事，以及在与人交往、待人接物时注意文明礼貌等，这些也都是与"顾到别人"原则相辅而成的具体要求。

第四，"朋友制"原则。中国两千多年封建教育中一直有着师严道尊的传统，学生必须绝对服从师命，既不能置疑、批评，更不能持反对意见。到了民国时期，这样的传统已然失去了赖以存在的政治环境和经济基础。诚如张宗麟所说："教师哪里是至尊呢？不过是学生的朋友罢了。"他十分认同并接受美国进步主义教育运动和欧洲新教育运动的改革主张，对于欧美幼儿教师的具体做法也十分赞成："美国行设计法的教师是本组活动团体里的一员，与儿童共同进行，共同操作。欧洲新学校的教师也没有一个执着教鞭，傲气凌人要学生背诵教科书，学习某种技艺的。教师是抱着感化态度，不是取干涉手段的。除出极少数的习惯训练，如进饮食、洗澡等是按照科学方法严行规定外，其他诸事，教师都是从旁指导，从来没有直接的命令。所以儿童发生了一件有趣味的活动，竟可做到一月半月，教师只从旁供给原料，做进程中的顾问。在外表看起来，以为是教师偷懒，哪知道教师是充满着热忱与爱，是顶知己的朋友，不是凶恶的工头。对于学生的进步，无时不留心的。"张宗麟能够认同欧美新教育改革主张和具体做法，并倡导师生间的"朋友制"原则，足见其在幼稚园课程实施上的革新性。

第五，"明了生活根源"原则。张宗麟认为，这条原则最难达到，却又极为重要。之所以慨叹难以做到，是因为生活包括社会人生的方方面面，欲使幼儿了解其根源所在，则需要付出大量的时间和精力。之所以又觉得极为重要，是因为这乃是实施幼稚园社会化课程的必由之径。例如，通过学习、了解生活必需品的供给来源，便可以使幼儿知道各种职业的性质，还可以引申出与生活必需品出产相关的地理、交通等知识。张宗麟还通过罗素教其四岁孩子如何从英国伦敦走到中国北京的例子，说明这一原则虽然难以贯彻，却是一条通途。

第六，持续训练与成效的反馈相结合原则。张宗麟认为，幼稚园社会化课程的核心目的是养成幼儿的行为习惯。而良好习惯的培养，则需要持续不断的训练和所得成效的反馈，只有二者相互结合，才能最终达成目的。在反复训练的过程中，每当幼儿的行为取得了成功或得到了肯定，再次做出该行为时便会做得更好。其中原因是成效或肯定给了幼儿一定程度的正强化。因此，张宗麟强调，在实施幼稚园社会化课程时，教师应不断给予幼儿正面反馈，使其行为越来越好，直至习惯"完全养成，完全熟练为止"。

综上可见，张宗麟是一位颇具融通和创新精神的教育家。他的幼稚园社会化课程思想，针对当时中国"异化"的学前教育而提出，旨在提升全体民众的基本素质，为中华民族的彻底解放和长远发展服务。这一思想既是他一生智慧的结晶，也是在陈鹤琴、陶行知指导下产生的硕果，具有十分重要的历史意义和现实价值。

第三节　"先辈之思"：近代学前教育思想之启示

一、对当代学前教育的启示

（一）关心国家社会，贡献人的发展

无论近代幼儿公育理想的提出，还是各种学前教育理论研究，皆以改造国家社会、实现人的全面发展为目的。当代学前教育的实施，也应与新时代国家社会发展步调一致，甚至是引领其发展。国家富强、社会进步的关键在于全体国民素质的提升。因此，采取符合幼儿身心发展特点的方式和方法，促进幼儿德、智、体、美诸方面的和谐发展，实现对幼儿主动性、创造性、社会性、独立性的全面培养，是目前我国学前教育的首要任务和核心目标。

（二）利用最新成果，开展创新研究

近代中国的学前教育思想，多是在吸收利用哲学、社会学、心理学等学科最新研究成果的基础上，经过创新性研究而提出的。当代学前教育研究应以此为鉴，密切关注相关学科的最新研究动态，充分利用其最新研究成果，并通过理论与实践的有机结合，开展卓有成效的创新研究，体现强烈的时代性和先进性。

（三）尊重幼儿地位，坚持幼儿本位

陶行知、张雪门、陈鹤琴、张宗麟等学者无不对幼儿充满尊重和热爱，他们多以杜威实用主义教育思想为指导，以幼儿为中心，探讨幼儿的培养、教育和社会化。当代学前教育也应坚持幼儿本位，在充分了解幼儿不同个性特征及新时代对幼儿发展全新需求的基础上，设计课程体系，创新教学模式，安排教学内容，选择教育方式和手段，变课堂单向的"教"为双向的交流，发挥幼儿的主体性，促进其潜能的最大化发展。

二、给学前教育师生的建议

第一，分组查阅相关史料，进一步形成对近代幼儿公育理想的更为全面、更为深刻的认识。

第二，尝试比较张雪门与鲁迅在"儿童本位"学前教育思想及其影响上的共性和差异。

第三，全面掌握陶行知生活教育理论在学前教育方面的具体主张，充分领会陶行知"解放儿童，重在创造"的幼儿教育思想。

练习题

1. 简述蔡元培的幼儿公育思想。
2. 试析陶行知培养创造力的幼儿教育思想。

中外学前教育史精编：外国卷

第三编

古代学前教育史
（远古—17世纪
中叶）

第六章 以家庭为主体的幼儿教育实践

子女教育是社会的基础。

——柏拉图

在教育上，实践必先于理论，而身体的训练须在智力训练之先。

——亚里士多德

古代社会是人类文明的起点，也是幼儿教育的开始阶段。幼儿教育从原始社会的公养公育，到古代东、西方国家的家庭教育；从简单的经验积累，到有意识的专门研究，幼儿教育不再是简单的看管，而是有着越来越多的教育内涵。

第一节 原始社会幼儿的公养公育

一、教育的起源

（一）教育的生物学起源论

生物学起源论将教育视为一种生物现象，将教育过程归结为按生物学规律进行的本能活动，认为动物界也存在教育，如大猫教小猫捕鼠，大鸭教小鸭游水，蚂蚁中也有"教师和学生"，如此等等。

（二）教育的心理学起源论

心理学起源论的代表人物是美国教育史学家孟禄。1906年，他在《教育史教科书》中指出，在原始社会中，不论是社会还是个体，其教育的发生都是"最非理性的"和"单纯的无意识的模仿"。

（三）教育的劳动起源论

这一观点是从恩格斯关于劳动创造人以及人类社会起源于劳动这一理论直接推导出来

的。恩格斯着重论述了劳动对"正在形成中的人"的手、脑、语言与思维发展的影响以及人们相互协作的必要，从而说明劳动不但创造了人本身，而且形成了人类社会。

（四）教育的需要起源论

教育起源于社会生活实际的多方面需要。

（五）其他

教育起源于人类自身的发展或经验。桑新民在《当代教育哲学》（1988）中指出，"教育起源于人类自身的发展"或"人类在劳作过程中形成的超生物经验，即非本能的条件反射所获得的经验，包括在社会中生存的经验和使用、制造工具，改造世界的经验的传递和交流"。

（六）评述

教育的生物学、心理学起源论认为教育起源于模仿、抚养动物界的低等动物，强调人与动物的联系，注意到了模仿在儿童学习中的意义，有其合理性。但将教育视为一种无意识、无目的的活动，把它等同于生物现象、本能活动，忽视了人与动物的区别，否定了教育的社会性，失之偏颇。

教育的劳动起源论、需要起源论及其他观点，是以教育的劳动起源论为基础，将教育看作人类特有的有意识、有目的、有计划、有步骤的活动；教育和人类社会同时产生，并伴随着人类社会发展变化的始终，是人类社会特有的社会现象；教育在其原始阶段是与生产活动和社会生活结合在一起的，其目的是传递社会生活经验，促进个体的形成并发展与社会的关系，是个体社会化的过程。

二、原始社会幼儿的教育

（一）原始社会的特征

原始社会是人类历史发展的起始阶段，它的历史漫长、无文字记载；这一时期的历史状况主要靠人类学、考古学的考察与挖掘的文物来论证和推断。

原始社会生产力水平低下，在母系社会，出现原始萌芽状态的农业、畜牧业，出现了男女分工；在父系社会，农业、畜牧业发展；军事民主制时期，出现剩余产品，出现阶级划分。

（二）幼儿的公养公育

原始社会的幼儿属社会公有，他们由年长者和体弱不能外出劳动者照看和教养。教育主要是在日常生活中进行。幼儿通过听故事、进行一些简单的活动，来接受生存教育、宗教教育、伦理道德教育，了解历史传统、重大事件、勇敢者的事迹，获得初步的生活经验、

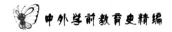

社会经验等，这些知识与经验是幼儿生活的重要内容，也为他们成年后参加生产劳动与协作生存做了准备。

三、原始社会幼儿教育的特征

原始社会的幼儿教育处于萌芽状态，教育是在日常生活中进行的；教育没有阶级性，所有儿童都是社会公有，也由社会共同养育；教育的主要方式是成人的示范、讲述、奖惩，以及儿童自己的观察、活动与模仿。

第二节　以家庭为主体的古代东方幼儿教育

历史学上，古代东方是指古代亚洲和非洲东北部各奴隶制国家，相对于欧洲（西方）而言，这些奴隶制国家主要有古埃及、古巴比伦、古印度、古波斯以及古代中国等，历史上常称这些国家为"世界文明古国"。它们是整个人类文明的摇篮和发祥地，也是世界文化教育事业最早得到发展的地区，这一时期人类开始进入文明时代。

一、古埃及的幼儿教育

（一）社会特征

古埃及位于非洲东北部（今中东地区），尼罗河横贯全境。约在公元前 3500 年古埃及进入奴隶社会、约在公元前 3200 年埃及王国统一，到公元前 332 年被马其顿王亚历山大征服而亡国，期间先后经历了早期王国、古王国、中王国、新王国等历史时期。古埃及人在公元前 4000 年就发明了文字，建造了巨大的金字塔、神庙、方尖碑，创立了当时世界上最先进的医学体系，古埃及文明对后世的古希腊、古罗马、犹太等文明产生了巨大影响。

（二）幼儿教育实践

古埃及的幼儿教育尚处于萌生阶段，常与初等教育（即使受教育者打下文化知识基础和做好初步生活准备的教育，教育对象通常为 6～12 岁儿童）融为一体，没有明确的分界线，儿童按照出身的不同接受相应等级的教育，女童教育不受重视。古埃及的幼儿教育实行家长制，盛行体罚，儿童身心备受摧残。家庭教育和宫廷学校教育是古埃及幼儿教育的主要形式。

1. 家庭教育

古埃及的幼儿教育主要在家庭中进行，主要由父母负责。即使在学校产生了以后，家庭依然是重要的教育场所。普通家庭的儿童主要在日常活动中接受教育，母亲照管饮食起居、教育女孩，男孩稍大后转由父亲传授各种生活需要的实际知识能力。官吏子弟的幼儿教育相对多一些，除了做游戏、听故事、锻炼身体外，还要学习宗教歌曲、初步的社交礼仪以及舞蹈和读写。

古埃及的年轻人通常从事与父亲相同的职业，儿子被界定为"接班人"。尤其对于祭师、医师、建筑师、木乃伊师等职业家庭的儿童，通常采用师徒传习的方式。由父亲在生产作业的过程中，把应具备的知识和技能教给儿子，儿童从小在家中接受父辈的教诲，逐渐掌握父辈的手艺，既没有专门的教材，也没有严格的年龄规定。例如，某建筑师之家从事营建工程长达 22 代之久。这种学徒式的训练完全带有模仿性和实践性，且往往限于本家族之内。

2. 学校教育

根据米定斯基《世界教育史》的记载：约在公元前 2500 年，埃及出现了有史记载的最早的学校。这是一种由法老在宫廷中开设的，专门为王公贵族子弟设立的宫廷学校，主要邀请有经验的僧侣、官吏、学者等任教，有时法老也亲自授课。儿童 5 岁即可入学，学至10 岁左右，6 岁以下的幼儿教育与 6 岁以上的初等教育融为一体。皇族子弟为继承皇权和登上最高统治者的宝座，除了年幼期专有乳母、奶娘、保姆等精心喂养外，稍一懂事就要进入宫廷学校学习。学习内容除做游戏、听故事、习字书写，学习初步知识外，皇族子弟从小就被灌输敬畏日神、忠诚国君的说教，还要模仿成人进行宫廷习俗和礼仪的学习。宫廷学校教学十分严苛，惩戒和鞭打是常用的方法。

二、古希伯来的幼儿教育

（一）社会特征

古希伯来位于现在的西亚，是现代犹太人祖先的居住地。约在公元前 1400 年因躲避洪水和寻找谷物而向外迁徙，最初进入波斯地区，后又移居埃及，沦为埃及法老的奴隶。约在公元前 1220 年逃离埃及返回西亚，后定居巴勒斯坦地区。公元前 1010 年，由奴隶主大卫建成统一的古希伯来王国。之后不久由于民族矛盾分裂，北部形成以色列，南部为犹大国。公元前 722 年，以色列亡于亚述；公元前 586 前，犹大国亡于巴比伦，大批富有者被俘往巴比伦，史称"巴比伦之囚"。直到公元前 538 年，波斯帝国灭巴比伦，古希伯来人才得以重返家园。公元 70 年，犹大国被罗马帝国吞并。

（二）宗教信仰

古希伯来人在长期动荡不定的生活经历中为求生存和发展，将宗教视为维系种族的灵魂，将教育视为实现民族统一、复兴的神圣事业。古希伯来人信奉犹太教，奉耶和华神为唯一真神，其经典为摩西五经，它不仅是每个犹太教徒必须诵记的宗教信仰经典，同时也是古希伯来人从小就开始学习的教育经典和核心内容。此外，每年有三个重要的犹太节日：逾越节、五旬节和住棚节。

（三）幼儿教育实践

古希伯来人对儿童的早期教育颇为重视，但是并不重视知识传授，而重视宗教信仰和

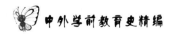

宗教感情的陶冶。古希伯来的幼儿教育可分为两个历史时期来概述：家庭教育时期，即公元前 1300 年至公元前 586 年；会堂教育时期，即公元前 586 年至公元 70 年。

1. 家庭教育

长期处于战乱的古希伯来人将家庭教育放在重要地位。摩西在《十诫》中规定妻子是丈夫的财产，子女更应听从父亲的管教，这便形成了以父权为主的家长制。父亲既是一家之主，对全家成员拥有绝对的权威，还要负责子辈的教育。当时并没有学校，家庭也就成为教育子女的主要场所。

在教育内容上，由于古希伯来人将宗教视为维系种族的灵魂，所以家庭教育以培养宗教信仰为最重要的目标，摩西五经便是每个古希伯来儿童从小学习的内容。除诵读经典外，家长还必须带儿童参加宗教活动。在家庭中，儿童最初接受的是母亲传授的基本道德教育，女孩基本由母亲管教至出嫁，男孩稍大后由父亲传授有关民族传说、宗教信仰、祖先训诫和他的一技之长等知识或技能。

在教育方式上，古希伯来家长一般都懂得一些文字和书法，年幼儿童基本都是在日常生活中通过家长的言传身教来接受教育。为了督促儿童的学习，有时甚至会采用体罚和暴力手段。古希伯来人认为打骂和体罚是为了把幼儿从邪恶中解救出来，如此才可能使幼儿养成敬畏神明、谦逊节制、诚实仁慈的美德。

2. 会堂教育

这一时期，古希伯来人开始接触一种更为先进的古巴比伦文化，古希伯来出现了犹太会堂。单纯的家庭教育已经不能满足社会的实际要求，古希伯来人于公元前 538 年在犹太会堂内设立了融幼儿教育与小学教育为一体的学校，儿童们在这里读书、写字和理解一些简单的法律知识。

在教育方法上，由专职教师拉比通过口授的方式摘读《摩西五经》的诗句教授儿童读写及简单的宗教、法律知识。拉比时常给儿童印满字句的圣饼，帮助儿童记忆。此外，拉比还组织儿童互相竞赛、互帮互学，鼓励儿童动脑筋想问题、提问题，并认为凡是善于提问题的孩子，也就是善于学习的孩子。当然，此时主要的教育方式依然是家长制加神谕，常用打骂和体罚。

三、古印度的幼儿教育

（一）社会特征

印度位于南亚次大陆，印度河及恒河流经全境。约在公元前 4000 年到公元前 2000 年就产生了"哈拉巴文明"。约公元前 1500 年，来自中亚的亚利安人侵入南亚次大陆并奴役土著居民，建立了原始形态的国家，史称"吠陀时期"。古印度于笈多王朝后进入封建社会。

（二）种姓制度及宗教信仰

古印度在公元前 1000 年至公元前 600 年间逐渐形成了一套严格的阶级压迫制度：种姓制度将人依次分为婆罗门，即僧侣；刹帝利，即武士；吠舍，即农民和从事工商业的平民；

首陀罗，即奴隶及处于奴隶地位的穷人四个等级。奴隶制度形成之后，种姓等级森严，界限不容模糊，其中婆罗门权利高于一切。

操控古印度教育大权的除了历史最久的婆罗门教之外还有佛教。婆罗门教源自公元前2000年的吠陀教，信奉梵天，以《吠陀》为经典。婆罗门教大力宣扬人们要遵循神意，坚信种姓制度。公元前6世纪至公元前5世纪，婆罗门势力衰微，难以维系人心，迦毗罗王子乔达摩·悉达多于此时创建了佛教。佛教虽不同于婆罗门教讲求因果轮回，要求人们灭除现世欲望以修来世，但它不主张废除种姓制度，它肯定芸芸众生在灵魂上是平等的，因此吸引了大批信徒。

（三）幼儿教育实践

古印度的幼儿教育包括在婆罗门教育和佛教教育中，与宗教神学有密切联系，主要通过家庭实施。

1. 婆罗门教的幼儿教育

公元前6世纪以前的教育都掌握在婆罗门教手上，故常称婆罗门教育。婆罗门教育以维持种姓压迫及培养宗教信仰为核心任务，接受教育的主要是婆罗门等高级种姓。

古代印度盛行家长制，父亲决定一切的事物。在吠陀时期，婆罗门对儿童的教育主要在家庭进行，除自己的子弟外有时也招收几个刹帝利和吠舍的子弟一同学习。儿童3～5岁时经剃度礼开始家庭教育，由父亲悉心指导。这种家庭教育除了传授生活知识、基本技能、行为规范和风俗习惯，最主要的是传诵《吠陀》。

此时的教育方法全凭口耳相传、死记硬背，不允许儿童抄写，更不准提问题。这主要是因为人们认为《吠陀》是神说过的话，抄写有渎神之嫌。

公元前8世纪后，出现了一种在家庭中开办的婆罗门学校——"古儒学校"。幼年儿童经古儒（Guru，即教师）考验被认可后迁入古儒家中，学习内容仍是《吠陀》。古儒学校的教师十分严苛，盛行体罚，且常使用年长儿童当助手，此方法影响了后来的"导生制"。

2. 佛教的幼儿教育

佛教的幼儿教育一般在家庭进行，儿童在信奉佛教的父母的言传身教中学习，在日常生活中接受教育。佛教教育致力于儿童的信仰、公德意识及良好行为习惯的培养。具体来说，信仰方面要求儿童坚持慈悲为本、积德行善等做人准则；行为方面要求儿童勤奋早起、简朴、吃苦耐劳等。此外，还要养成一种乐于助人的美德，并在稍长后皈依佛门、领受"五戒"。总体来说，佛教教育的基本特征是信奉佛祖、吃苦修行、遵循教规和消极厌世。

第三节 以家庭为主体的古代西方幼儿教育

一、古希腊的幼儿教育

（一）社会特征

古希腊位于地中海东部的爱琴海区域，扼欧、亚、非三洲要冲。这里没有肥沃的大河

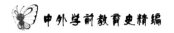

流域和开阔平原，农业不发达，但海岸曲折、绿岛相连、港湾众多，为海外贸易提供了条件。

公园前 8 世纪，古希腊进入奴隶社会，城邦文明发展起来。城邦是古希腊多样且繁盛的文明的政治基础，希腊人对城邦怀着深厚的情感，他们把自己的命运与城邦联系在一起，爱国主义是希腊人的基本特点之一。在诸多城邦中，影响最大且最有代表性的是斯巴达和雅典。

（二）重视军事体育训练的斯巴达幼儿教育

1．农业经济与奴隶主政治

斯巴达位于伯罗奔尼撒半岛南部的拉哥尼亚平原，背部有高山峻岭作屏障，南部以礁石海岸为国界，与外界交往甚为不便，无法开展海外贸易。但这里土壤肥沃，适于农业种植。因此，斯巴达是古希腊最大的农业城邦国家。

斯巴达人是多利安人的一支，本属外来民族，征服当地居民后发展起来。在斯巴达境内，居民分为三类：一是斯巴达人，属于统治者，人口不到 3 万；二是希洛人，被征服的奴隶，约 25 万多人；三是庇里阿西人，属于自由民，无政治权利。斯巴达人对希洛人残酷的压迫和剥削导致阶级斗争尖锐，奴隶频繁起义，不得不实行全民皆兵的责任军事化管理，这就决定了斯巴达的教育性质属于农民加军人的教育。

2．强调健康体格锻炼的幼儿教育

（1）出生后国家检视婴儿健康

斯巴达人将儿童视为国家所有，婴儿出生后，由国家的长老进行检查。凡是病弱、残疾的婴儿，就被抛到位于泰格托斯山峡墓地的弃婴场，检查合格的则交由父母代替国家抚养。

（2）增强体质、磨炼意志

健康的幼儿由母亲或保姆负责照管，直至 7 岁。斯巴达的妇女以善于抚养、调教孩子而著称。斯巴达式的训练始于婴儿诞生，新生儿要被放在酒中沐浴，以此祛除软弱，健体强身。婴儿不用襁褓包裹，为的是让婴儿的四肢能够自由运动。她们还能使婴儿不哭不闹、不愤怒、不怕黑暗、不怕独处，学会知足、愉快、不计较食物。正因如此，普鲁塔克曾在书中写到，外邦人常常雇佣斯巴达人做儿童的保姆。当男孩长到五六岁时，会被父亲带到斯巴达成年男子聚会或集体用膳场所，称作"法伊迪塔"，通过观察成年人的活动受到初步熏陶。

（三）重视身心和谐发展的雅典幼儿教育

1．多元经济与民主政体

公元前 5 世纪，雅典成为古希腊文明的中心。雅典三面临海，平原面积狭小，山脉众多，没有条件进行统一的、大规模的农业生产，逐渐成为商业和手工业城邦。地少人多的特殊地理环境使雅典人积极向海外进行殖民扩张，发展海外贸易。

公元前 6 世纪末，雅典确立了奴隶制度下的民主政体，规定雅典全体公民都有参加民主大会、决定国家一切重要事务的权利。所以其教育要培养的目标除了是身体强壮的军人还

是具有较高文化修养，道德高尚、能言善辩的公民和商人，即"身心和谐发展"的人。

2．重视身心和谐发展的幼儿教育

（1）出生后由父亲检视婴儿的健康

与斯巴达不同的是，婴儿出生后能否养育，不取决于五长官（Ephors），而是取决于婴儿的父亲。父亲在家庭中具有绝对的统治地位，婴儿出生后被放置在父亲脚前，父亲将其抱起，则承认养育他，如若不抱起则将其扔掉。婴儿出生后第 5 天，家庭为婴儿举行命名仪式，家中的女性成员抱着婴儿绕着点燃的祭坛转几圈，同时还举行宴会。如果是女婴就在门上挂羊毛，如果是男婴则挂橄榄树枝制作的花环。第 40 天，婴儿的名字被登记在部落的名册上。

（2）家庭的博雅教育

儿童在襁褓期间通常由母亲或奶妈抚育，富裕人家常雇用斯巴达保姆，因其身体健康，奶水充足，育儿能力强。婴儿断奶后，由家庭女教师（一般是年老且经验丰富的奴隶）照料，她要照管幼儿的饮食起居，带幼儿散步、游玩。除此之外，家庭教育的内容还有：① 音乐。包括听摇篮曲、唱歌等，儿童还时常听到母亲和女仆做针线活时，在乐器伴奏下吟唱歌曲。② 故事。包括寓言、童话或神话故事、英雄故事，《伊索寓言》等是主要的教本。③ 玩具。如彩陶娃娃、泥制动物、皮球、铁环、陀螺和玩具车、拨浪鼓等。④ 礼貌行为习惯的培养等。

二、古罗马的幼儿教育

（一）社会特征

古罗马（公元前 753 年—公元 5 世纪末）是欧洲第二个典型的奴隶制国家。古罗马文化既继承了希腊文化，又形成了自己的独特文化，其文化教育的特点是更注重实用性。

古罗马可分为三个时期：王政时期、共和政体时期和帝国时期。王政时期处于氏族社会向阶级社会的过渡时期，该时期的可靠史料少，所以我们主要研究后两个时期的幼儿教育。

（二）罗马共和政体时期的幼儿教育

公元前 6 世纪至公元前 1 世纪是共和政体时期。这一时期，初生婴儿由父亲决定留养或抛弃，幼儿教育的主要场所是家庭，抚养子女的任务主要由母亲承担，除父母外，也可由家族中选出的品行端正的长辈承担；教育目标是培养农夫及军人。

家庭教育的内容主要是有关德行、礼貌及宗教色彩的知识，常以父亲的格言及歌谣的形式进行。在共和后期，古罗马幼儿教育增加了古希腊语的初步知识、简单的字母书写等。此外，古罗马儿童也享有一些玩具，如用不同质地制作的玩具娃娃，也有游戏活动。

（三）罗马帝国时期的幼儿教育

公元前 1 世纪至公元 5 世纪末是帝国时期。这一时期，社会风气日趋淫糜，上层家庭的主妇将婴幼儿交给希腊侍女或奴隶照管，儿童从小耳闻目睹的是靡靡之音、放荡的举止、

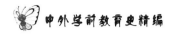

穷奢极欲的场面及荒唐的故事，幼稚的心灵被毒害。

第四节　欧洲中世纪和文艺复兴时期的幼儿教育

一、中世纪的幼儿教育

（一）社会特征

中世纪（476年—14世纪）是欧洲封建社会的初创、形成和巩固时期。西欧封建社会突出的特点是社会普遍愚昧、落后，基督教获得了政治、经济、文化思想的控制乃至垄断权。

393年，基督教被定为罗马的国教。奥古斯丁构建了一套基督教神学理论体系，包括原罪论、赎罪论、禁欲论、教权至上论和灵魂不灭论，这套理论在整个中世纪居于主导地位。

在中世纪，基督教会汲取并发展了奥古斯丁的理论，形成了中世纪基督教会的宗教观，主要有："原罪"说、禁欲主义、蒙昧主义和文化专制主义。

（二）幼儿教育概况

欧洲中世纪的幼儿教育，依据儿童所处的社会地位实施不同的教育，主要有基督教会领域的幼儿教育和世俗封建贵族的幼儿教育。

1．中世纪的儿童观

中世纪的宗教观影响当时社会对儿童的认识，逐步形成了中世纪的儿童观，主要有原罪论的儿童观和预成论的儿童观。

（1）原罪论的儿童观

基督教义声称儿童是带着"原罪"来到人世的，故生来性恶。因此，教会鼓吹人人必须历经苦难生活的磨难，不断赎罪，才能净化灵魂。教会学校中，采取严厉的措施制止儿童的愿望，使儿童盲信盲从圣书及教师的权威，不允许儿童有自主性和独立性，而且体罚盛行。

（2）预成论的儿童观

预成论认为，当妇女受孕时，一个极小的、完全成形的人就被植于精子或卵子中，人在创造的一瞬间就形成了。儿童（或新生儿）是作为一个已经制造好的小型成年人降生到世界上来的，儿童与成人的区别仅仅是身体大小及知识多少的不同而已。在预成论影响下，人们在社会教育和家庭教育中，忽视儿童的身心特点、儿童的爱好和需要等。对儿童的要求整齐划一，方法简单粗暴，把儿童视为"小大人"。

2．幼儿教育实践

（1）基督教会的幼儿教育

基督教会领域的幼儿教育的主要措施有：接受"洗礼"，幼儿出生后的第一件事，就是要参加神父主持的"洗礼"或"浸礼"；灌输宗教意识，当儿童稍能懂事时，父母就向他们灌输基督教的宗教观；参加圣事礼仪，幼儿要随父母参加教会组织的圣事活动；过宗教节

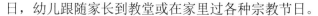

日，幼儿跟随家长到教堂或在家里过各种宗教节日。

（2）世俗封建贵族的幼儿教育

世俗封建贵族的幼儿教育有宫廷教育和骑士教育。王室儿童的宫廷教育，教学方法采用问答法，教学内容主要是有关自然和社会的知识及一些粗浅的哲理。

骑士教育是西欧中世纪一种特殊形式的家庭教育。它的实施分三个阶段：0～7 岁为家庭教育阶段；7～14 岁为侍童教育阶段；14～21 岁为侍从教育阶段。0～7 岁是骑士的幼儿教育阶段，在自己家里度过，父母担任教师，教育内容主要有宗教教育、道德教育、身体养护等。

二、文艺复兴时期的幼儿教育

文艺复兴是 14—17 世纪欧洲新兴资产阶级在意识形态领域发动的一场伟大变革，最初发生于意大利，后传至北欧，它不仅是一场对古希腊、古罗马文化艺术的复兴运动，还是一场对中世纪束缚人的精神，谋求个性解放的反抗运动。

（一）重新发现"人"的人文主义

文艺复兴的进步思想家打出"人文主义"这面大旗，主张：提倡人权，反对神权；提倡人性，反对神性；肯定现实生活，反对禁欲主义；提倡平等仁爱，反对等级压迫。最终是为了摆脱中世纪神学束缚，建立资产阶级新文化，塑造拥有最高智慧的全才。

（二）人文主义幼儿教育观

人文主义幼儿教育观主要有：① 批判"原罪说"，认为儿童是自然的生物，应得到悉心照顾。② 重新提出身心全面发展的培养目标，塑造新人。③ 重视家庭教育，儿童在 7 岁入学前应接受良好的预备教育。④ 重视环境的作用及父母、教师或保育人的榜样作用。⑤ 消除或减少体罚，注意启发诱导。这些观点相对中世纪的儿童教育无疑是进步的。

（三）人文主义者的幼儿教育实践

1. 伊拉斯谟：关注儿童身心特点的自由教育

伊拉斯谟（Desiderius Erasmus，1469—1536）是尼德兰著名人文主义学者和教育理论家。代表作有《愚人颂》（1509）、《论基督教王子的教育》（1516）、《幼儿教育论》（1529）等。

（1）教育目的、任务和作用

伊拉斯谟认为，教育目的融合在道德目的中，即培养"善良"的人。教育任务是在年轻人头脑里播下虔诚的种子，使之热爱并认真学习自由学科，习惯于基本礼仪，为生活做准备。

伊拉斯谟是王权拥护者，他将自己的政治理想寄托在"明君"身上，而"明君"的培养依赖于教育。因此，他重视人的后天教育，提出影响儿童成长的三个因素：自然、教导和联系，并指出后两者起主导作用。

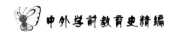

（2）强调早期教育的重要性

伊拉斯谟主张儿童的教育要从襁褓时期开始，趁他们的思想尚未形成时使他们的心灵充满有益的思想。幼儿喜好模仿，成人应起到榜样作用，并谨慎为幼儿选择朋友。另外，国家和教会也应承担相应的责任。

（3）提倡自由的教育

伊拉斯谟针对中世纪教会的原罪论及对儿童的严酷手段提出这一观点，倡导教育要遵循儿童身心发展的特点。

（4）论教学方法

伊拉斯谟强调教师应考虑儿童的身心特征，尊重个体差异。教师应遵循"中庸之道"，既"相当严厉"，又有"友好的理解"，正确运用表扬和批评。他注意培养儿童的记忆力，主张多采用直观教具。他还提出利用箴言作为教育手段，通过有趣的故事和寓言进行指导。

2. 康帕内拉："太阳城"儿童的公养公育

康帕内拉（Tomas Campanella，1568—1639）是意大利文艺复兴时期的空想社会主义者，代表作是《太阳城》。太阳城是一个共产主义性质的国家，组织教育和安排生产是国家的两件大事。在有关教育的构想中，多处涉及幼儿教育问题。

（1）优生与胎教的重要性

在太阳城中，由名曰"爱"的官员掌管生育事务。胖男配瘦女，瘦男配胖女，性格暴躁者配性格温顺者，以便互补。此外，他还对结婚最佳年龄、受孕时机及受孕前双方的准备做了详细探讨。主张妇女受孕后做些轻微工作，使胎儿吸取母体营养健康成长。

（2）论婴幼儿的养育

妇女分娩后，婴儿被送到"特设的公共大厦"，即国立公共育儿室，由母亲们进行抚养。婴儿哺乳期通常为两年，一经断奶，立即转到国立托儿所，由国家挑选的男女教养员抚育。

（3）论教育内容及方法

为了使四肢得到匀称发展，儿童要学习体操、跑步、掷铁饼和做游戏；此外，还要学习字母、看图、历史和各种语言；7岁时开始学习科学知识，并在各类作坊中做见习工作，如鞋匠、铁匠、木匠等；8岁后开始学习较为系统抽象的科学文化知识。康帕内拉提倡通过直观教学让儿童掌握各种学科的基本知识。

3. 安德里亚："基督城"的幼儿教育

安德里亚（Johann Valentin Andreae，1586—1654）是17世纪德国著名空想社会主义者，他的《基督城》是继莫尔的《乌托邦》和康帕内拉的《太阳城》之后的"空想社会主义史上的第三颗明珠"。安德里亚批判封建社会的不平等，看到了资本主义社会金钱至上、道德沦丧的不良风气，提出在"基督城"中一切生产资料归公共所有。

（1）"基督城"里的教育

反对脱离实际的经院主义，重视科学技术教育；实施国家公育，儿童6岁起接受公共教育，与太阳城不同的是"基督城"没有取消家庭；女子可以自由接受教育，施行男女分途教育。

（2）关于婴儿与产妇的照管

安德里亚将儿童0～6岁划定为幼儿教育期。他对婴儿的出生和哺育极为重视，妇女由于承担生育任务，社会地位甚至比男子还高。安德里亚主张对婴儿进行母乳哺育，增进母子感情。产妇和婴儿由专人照管，产妇可获得多种优待，可休假 42 天，以便照顾婴儿。公共日用供销店为产妇提供适合的、易于消化的食物，使母乳更有营养。

对当下教育的启示：

1. 要让儿童远离任何邪恶和恶毒性的事件，亲近宽容和友爱的事。

2. 给儿童提供游戏活动，对儿童的体力锻炼、运动技能的习得和集体生活的训练都有益处。

3. 给儿童提供音乐教育，陶冶其情操，使之产生愉悦、纯真的情感。

给教师的教学建议：

1. 帮助学生理解政治、经济、文化等对古希腊幼儿教育的影响。

2. 帮助学生比较斯巴达和雅典幼儿教育的异同，并分析原因。

3. 帮助学生理解文艺复兴时期重要的教育家及其幼儿教育观念的转变，并区分其异同。

第七章　人类早期的幼儿教育思想

初期教育（尤其是儿童教育）应是一种娱乐，这样才更容易发现一个人天生的爱好。

——柏拉图

凡是儿童都要学习的东西就应该早点开始学，不应过迟地才开始学习。

——昆体良

古代西方学前教育思想的形成，受到多方面因素的影响：一是受人类早期学前教育实践的影响；二是受以家庭为主体的农业经济、手工业经济，以及当时政治与哲学斗争的影响；三是受当时教育理论的影响；四是受教育家个人的思维方式及认识水平的影响。多方面的因素决定了教育家不同的儿童观及其儿童教育观。

第一节　优生优育首倡者柏拉图的幼儿教育思想

柏拉图（Plato，公元前427—前347）出生在一个名门望族的家庭，自幼受到良好的教育。20岁时成为苏格拉底的学生，苏格拉底死后，在外游历12年。公元前387年，重返雅典并创办阿加德米学园，之后的40年间在此讲学，直至逝世，享年八十岁。

《理想国》是柏拉图的主要代表作品，他在此书中阐述了自己的政治思想，创立了一个理想的国家，是欧洲历史上第一部空想社会主义著作。同时，这部书也是一部教育著作，体现了柏拉图独特的教育见解，他也是最早运用苏格拉底问答法来阐述自己学说的思想家。

柏拉图在《理想国》中依据人的自然本性，将人分为三个等级：执政者、军人和工农商，他们各司其职，共同维护国家。此书的内容精髓还有：正义、智慧、勇敢、节制是所有人应该具备的四种品质，为了实现这些品质，国家应废除私有财产；通过相应的教育制度维护国家安宁。

一、思想基础

柏拉图构建了西方哲学史上第一个庞大的思想体系，影响广泛而深远。这个体系的核心概念是"理念"，他的哲学被称作"理念论"。所谓"理念"就是共相、概念、普遍的真理，我们感觉到的具体事物都是变化无常的，不是真正存在的，它们不能构成真正的知识。柏拉图把世界分为两种：可知世界和可见世界。可知世界即理念世界，指自然界和一切人造的可感知的事物，是认识的对象和真理，是真实和永恒的；可见世界是可知世界的摹本，是人的感官所接触到的具体、个别的事务所构成的世界，是不真实和虚幻的。理念世界的存在说明，感性的东西是不可靠的，普遍、一般才是真理。

关于如何认识理念，柏拉图的回答是：回忆。他认为真正的知识不是从外部世界的经验中得来的，而是灵魂先前就已经具有的。因此他提出"学习就是回忆"，人生下来之前已经具有了理念世界的知识，这就是天赋的知识。据此，他进一步提出人的灵魂是不死的，并且是轮回的。人的灵魂除了理性部分外，还包括意气和欲望，欲望是最低劣的部分，正是这一部分干扰了人对理念世界的认识，因此必须不断通过教育去除情欲的阻挠，引导人们灵魂转向，使人从可见世界的种种变动事物认识真正的存在，认识"善的理念"，这就是教育的意义。

二、教育阶段的划分

在《理想国》中，柏拉图将教育分为五个阶段：0～7岁是幼儿教育期，目的是养成未来公民应具有的勇敢、坚毅、快乐等品行；7～18岁为普通教育期，包括音乐和体育的学习，二者通常相伴而行，使人身心和谐发展；18～20岁为军事训练期，目的是培养素质全面的军人，同时继续接受音乐教育，以及学习初步的科学知识（算术、几何、天文等），以实用为主；20～30岁为深入研究期，进入哲学家培养阶段，学习的主要科目是"四艺"（算术、几何、天文、音乐），但不以实用为目的，而是通过学习使心灵更加纯洁，更接近真理；30岁之后是哲学教育期，以培养哲学王为目的，在学习了真理，积累了经验后，就可以在50岁时成为最高统治者——哲学王。

三、幼儿教育

（一）优生优育

柏拉图研究了遗传对人的影响，认为人的优劣取决于三个方面：遗传、是否有优秀的父母以及良好的教育和环境，所以，柏拉图提出优生优育。

柏拉图主张在成年男女公民之间，不存在固定的婚姻关系和性关系，应按优生原则，以养育最佳下一代为目的，使婚配成为高尚的事业。任何个人无婚配自主权，而是统治者为成年人选择配偶。同时，柏拉图还对男女婚龄做了严格规定：男子为25～55岁，女子为20～40岁，凡不符合规定生的子女，国家不负责抚养。合法生育的子女，也要接受政府官员的检查，只有健康的婴儿才会被养育。

除优生外，优育也很重要。照料幼儿的女仆都经过精心的挑选，因为在这一阶段，幼儿最易受外界的影响。因此，照看幼儿的人应当经验丰富，不仅能让幼儿健康成长，也能对婴儿进行适当的道德熏陶，让幼儿从小就养成勇敢、坚毅等品质。

（二）0～7岁幼儿的教育

柏拉图重视教育的作用，认为教育是实现理想国家的重要手段之一。柏拉图主张教育从幼年开始，认为幼年时期是性格形成的重要时期，任何事情都会留下深刻的影响。为了使人从幼年时代就受到美好的教育，幼儿教育在整个教育体系中显得十分重要。

对于0～7岁的幼儿教育期，柏拉图又将其细分为以下两个阶段。

0～3岁是第一个阶段。儿童出生后立即交给国家特设的育儿院养育，由母亲喂奶，夜间由奶妈和保姆照看。在此期间，要给孩子有益的运动和空气，不要让孩子因走路过早而伤害自己，可以用摇篮曲和儿歌对幼儿进行熏陶。

3～7岁是第二个阶段。在这一阶段，幼儿进入附设在神庙的儿童游戏场，在国家委派的女公民监督下接受教育，包括讲故事、做游戏、音乐和舞蹈等。

（三）幼儿的道德教育

柏拉图认为，幼儿教育的主要任务，是对儿童进行道德熏陶，以形成良好的道德品质。他认为，人具有善的天赋，弃恶从善是人的本性，关键在于人是否具有辨别善恶的能力，知善才会行善，知恶才能避恶。对幼儿的道德教育，在于把善的知识传递给他们，让他们从小具有善的概念，从而成为道德高尚的人。

柏拉图主张利用幼儿喜欢模仿的特点，引导幼儿从小模仿那些勇敢、节制、虔诚、自由的行为。当幼儿的模仿成为了习惯，他们所模仿的品质就会成为他们的天性。同时，柏拉图指出"行"的重要性，强调通过行动和实践来培养良好的习惯。

（四）教育方法：游戏与故事

柏拉图十分重视游戏在幼儿教育中的作用，他是最早提倡"寓学习于游戏"的人，他认为不应强迫孩子学习，要采用做游戏的方法了解孩子的天性。游戏不仅是玩耍和娱乐，也是一种重要的道德教育手段。柏拉图强调严格控制儿童的游戏，使他们在相同条件下，按照相同的规则，玩相同的游戏，从相同的玩具中获得同样的快乐，这样的性格就可以固定下来。因此，游戏的内容和方法要符合法律的精神，有利于国家的安定；要适合儿童的年龄特点，简单易行；要有一定的规则和程序，培养孩子勇敢、聪慧、严肃和守法的精神。

讲故事是对幼儿进行教育的另一种方式，讲故事的目的是要形成将来的卫国者的良好品质。柏拉图认为成人应对故事的内容进行选择，把振奋精神、鼓舞斗志、积极向上的作品提供给孩子，摒除那些神怪离奇、死难恐怖和不合道德要求的内容，这样才能使他们长大成人时懂得"敬神、敬父母，并且互相友爱"。

四、评价

柏拉图的思想对后世西方教育思想的发展产生了深远的影响，很多教育上的问题都是他首次提出的。他是西方国家首先提出幼儿教育的人，也是第一个提出优生观点的人，还第一次提出了慎选教材的问题，注意教材的思想及伦理观念。柏拉图重视教育的政治意义，认为教育的影响不限于受教育者个人，还不可避免地影响到社会本身的性质，因此，他主张国家控制教育，实行儿童公养公育。他指出游戏在幼儿教育中的意义，重视幼儿道德习惯的培养，在幼儿教育史上的贡献是巨大的。

第二节　自然主义教育先驱亚里士多德的幼儿教育思想

亚里士多德（Aristotle，公元前 384—前 322）是古希腊哲学家、思想家和教育家，是柏拉图的学生。在哲学观上，他认为认识事物需要从感觉认识上升到理性思维。他承认感觉在认识中的作用，在历史上第一个提出并论证了"白板说"，认为人心如"白板"或"蜡块"，对事物的感觉及后天经验是知识的来源。

一、关于灵魂的学说和教育的顺序

亚里士多德认为，人的灵魂由三部分组成：植物的灵魂，即相当于身体的生理部分；感觉的灵魂，即本能、欲望和情感的部分；理性的灵魂，即真正人的部分。

根据灵魂的三个部分，亚里士多德提出教育必须包括体育、德育、智育，三者相互联系，即德育领导体育，智育领导德育，这样人才能和谐发展。

二、顺应自然的原则与年龄分段

在西方教育史上，亚里士多德首次提出教育要适应人的自然发展的观点。基于对儿童身心发展特点的研究，亚里士多德首次在教育史上划分了儿童生长发育的年龄分段，他按每 7 年为一个自然阶段，将人的自然生长发育分为三个时期：0～7 岁为第一个时期，即幼儿教育期；7～14 岁为第二个时期，即初等教育期；14～21 岁为第三个时期，即高等教育期。

三、婴幼儿教育

（一）优生优育

亚里士多德主张优生优育，男女应在精力最旺盛的年龄结婚、生育子女，以保证下一代的健康。此外，他还主张控制人口过度增长。

（二）0～5 岁幼儿的教育

亚里士多德把幼儿分为两个阶段：0～5 岁为前期；5～7 岁为后期。

0～5 岁应以幼儿的身体发育为主，应该让他们吃含乳分高的食物，通过有益的游戏让他们进行身体活动，而且要让他们渐进地进行寒冷的锻炼并形成习惯。0～5 岁幼儿的教育还应包括在各种活动中，须保护好儿童的肢体，以免骨骼弯曲。在 5 岁前，不应要求幼儿学习课业或工作，以免妨碍发育。对神话或故事进行选择，其中大部分应是他们以后要认真从事的事业的模仿。注意幼儿语言的纯洁，杜绝下流的语言和不健康的演出。

（三）5～7 岁幼儿的教育

5～7 岁应以培养习惯为主。自然（天性）、习惯与理智是构成幼儿道德品质的三个因素。习惯的形成是重点，其途径是行动。例如，要培养勇敢的道德品质，途径只有勇敢行动的反复练习。亚里士多德认为，为形成良好的习惯，须防止环境中的不良影响，幼儿在 7 岁前，应住在家中。此外，还应教育幼儿理解正当的快乐和痛苦。

四、评价

亚里士多德教育思想中的许多观点，如灵魂说及和谐发展的思想、白板说、教育遵循自然的原则及年龄分段的观点等，对后世产生了重要的影响。其中教育遵循自然原则的思想，在 17—18 世纪发展成为重要的自然主义教育思潮。

第三节　尽早教育倡导者昆体良的
幼儿教育思想

昆体良（Marcus Fabius Quiutilianus，约 35—114）是古罗马著名的教育家。他出生于西班牙，一生专心著述，完成了巨著《雄辩术原理》，这是西方第一部专门论述教育问题的系统著作，代表了当时欧洲教育理论发展的最高成就。昆体良十分重视幼儿教育，其早期教育思想不仅内容丰富，而且影响深远。在《雄辩术原理》一书中，他论及了幼儿教育的目的、内容、方法等问题。

一、早期教育的重要性

昆体良认为人的教育从婴儿降生的那一刻就应该开始。在他看来，凡是每个幼儿都要学习的东西就应该早点开始学习。他强调幼儿时期的记忆更牢固，要善加利用，不可浪费。幼儿要及早接受教育。

二、游戏

昆体良十分重视幼儿的游戏活动，他认为爱好游戏是天性活泼的标志，主张寓发展智力和培养德行于游戏之中。在他看来，游戏有助于发展幼儿的智力。在游戏中，幼儿的道德品质也能毫无保留地按照本来面目表现出来。昆体良要求教师充分利用游戏这一幼儿喜爱的活动方式，把它变成既是一种娱乐，也是一种学习，又是一种教育的活动形式。

三、幼儿教师

昆体良认为必须慎重选择幼儿的教师，教师的一举一动、一言一行，都会直接或间接地影响着幼儿的言行举止。为了更好教育幼儿，他对教师提出了一系列严格而具体的要求，具体如下。

（一）教师应德才兼备

昆体良认为德行对教师来说是第一位的。他强调在挑选教师时，第一要判断他是否具有良好的品德。因为教师是学生的榜样，其师德修养能给予学生良好的示范，防止幼儿误入歧途。此外，他也阐述了品行恶劣的人绝对不能成为教师的原因，一个有能力但品行不端的教师给社会和儿童带来的危害，比那些只是能力欠缺的教师带来的危害更大。

（二）教师应学识渊博

昆体良认为教师必须是公认的有学问的人，只有学识渊博才能教好学生。只有学识渊博的教师才能完美地履行教师的职责。他也阐述了孤陋寡闻的人不能成为教师的原因，没有足够的知识做根基，就无法在其学科方面取得成就，其教育活动也不可能顺利开展。

（三）教师应具教学艺术

首先，教师应因材施教。教师要弄清每个学生的能力和天赋素养，对不同能力的学生要求应不同。对智力较弱学生的教育可以适当降低要求，而对天赋素质高的学生则应适当增加教学内容的难度。

其次，教师应善于启发诱导。提问是一种有效的方法，昆体良认为课堂提问既可以防止学生注意力不集中，又可以引导班上其他学生发现问题。此外，教师应善于回答学生提出的问题。

最后，教师应正确运用表扬与批评。表扬学生既不能吝啬，也不能过度，因为吝惜表扬和滥用表扬都可能产生副作用。

（四）教师应热爱学生

昆体良主张教师把学生视为己出，认为只有热爱学生的教师才可能教育好幼儿。虽然昆体良非常注重热爱学生在教学中的作用，但是这并不意味着他赞同没有原则地溺爱孩子。他指出教师的爱是一种充满感情和理性的爱，既要关心爱护幼儿，又要严格要求幼儿。

四、体罚

昆体良坚决反对幼儿教育中的体罚行为，他认为体罚并不能培养出真正的雄辩家，反而会对幼儿的心灵造成不可愈合的创伤。为了幼儿健康成长，禁止实施体罚。

五、评价

昆体良注重早期教育、重视游戏的作用、倡导因材施教、反对体罚，以及对教师要求严格等观点，给后人深深的启迪，后人应当取其精华，更好地完成学前教育工作。

第四节　基于医学学理之上的
伊本·西那的幼儿教育思想

伊本·西那（Ibn Sina，980—1037），全名为艾布·阿里·侯赛因·伊本·阿卜杜勒·伊本·西那，拉丁名为阿维森那（Avicenna），是中亚阿拉伯著名的穆斯林医生，也是一位伟大的哲学家、天文学家、诗人和教育家。教育著作有《拯救篇》《灵魂颂》《知识论》等。

一、思想基础

（一）认识论基础

伊本·西那将认识分为感性认识和理性认识，并认为人的认识过程经历从感性知觉、想象、推测到理性思维从高到低的阶段。与此相应的人的灵魂也处于四种理智状态，分别是物质的理智、习惯的理智、现实的理智和获得的理智。

他的知识观是建立在其认识论基础上，所以他很重视感觉的作用。他认为感性认识是一种获得的知识，源于感官刺激，理性知识依靠真主赋予人的思辨能力而获得。

（二）心理学基础

伊本·西那对心理学问题的研究是以灵魂论的形式出现的。他从形而上学、神学和医学生理学三个方面研究了这个问题，提出了一些有价值的观点和思路，并以此作为其教育研究的基础。

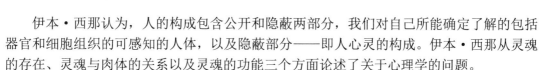

伊本·西那认为，人的构成包含公开和隐蔽两部分，我们对自己所能确定了解的包括器官和细胞组织的可感知的人体，以及隐蔽部分——即人心灵的构成。伊本·西那从灵魂的存在、灵魂与肉体的关系以及灵魂的功能三个方面论述了关于心理学的问题。

伊本·西那是位名医，他在分析人的灵魂时，结合了医学观点提出，人的灵魂要经过三个阶段（理智的原质状态、理智的潜在状态、理智的完备状态）的发展才能表现出来，理智的完备状态就是实践和运用。

伊本·西那关于灵魂功能说剖析了人学习的潜在能力和发展规律，为中世纪的教育学说奠定了一定的科学基础。

伊本·西那对灵魂的论述属于"二元论"，从医学的角度出发论述的部分，带有一定的唯物因素，从神学和宗教的立场出发得出"灵魂不灭"等的结论，带有时代和社会的局限性。

伊本·西那提出应通过教育使社会上各阶层的人都具有不同程度的智慧和道德。如执政者有理性，拥有渊博的知识，具备相应的管理才能，在他的管理下，民众也都具有伊斯兰伦理道德观并以此规范各自行为，遵守伊斯兰法律，为公众的利益履行各自分内的职责。

二、教育基本理论

（一）教育目的

教育是发展一个人的身体、智力和道德的途径，应因材施教。教育的目的是通过德、智、体三方面使人形成完整的人格，造就身心健康的正直公民，培养他们去从事脑力劳动和体力劳动。伊本·西那的教育目的学说与他个人的职业和经历有关，也能更多地体现出社会的现实一面。

（二）教育阶段

伊本·西那将教育划分为三个阶段：儿童阶段（0～6 岁）、初级教学阶段（6～14 岁）及专业化教育阶段（14 岁后）。

（三）德育

伊本·西那重视道德教育，认为道德教育的主要目的是提高个人修养，以求得道德完善。能够提高个人修养，促使道德完美的学问有三种，即个人道德学、家庭道德学和公民道德学。个人道德学是教导人类自己如何生存，探讨为了今世和来世的幸福，人必须具有什么品质，个人道德学常常把一个人怎样才能保持其灵魂纯洁作为课题来研究。家庭道德学是教导家庭成员之间共同生活的正确方法。公民道德学是教导人们如何过好公共生活的学问。在伊本·西那的道德教育思想中，家庭伦理、家庭生活占有相当重要的地位，他认为夫妻生活是人类种族得以延续和发展的保障，家庭是构成国家躯体的细胞。道德不是天生的，是后天形成的。环境和教育的影响，会促使人发生改变，达到完美。儿童的可塑性很大，所以道德教育，应从诞生之时开始。

三、幼儿教育

伊本·西那将6岁以下儿童的教育划作两个阶段：婴儿期（0～3岁）和儿童期（3～5岁）。

（一）婴儿期的教育

这个时期的主要任务是促进婴儿身体的发育。伊本·西那对婴儿的睡眠、洗澡、哺乳以及适合于婴儿年龄的体操等都给予了关注。

他重视母乳喂养，认为母亲应该亲自哺乳自己的孩子，这对孩子的健康和性格有直接的影响。若母亲不能亲自喂养，需要精心挑选奶娘，应避免喂养动物的奶汁。

他还详细论述了婴儿哺乳的时间、每天的进食量以及如何断奶。他说：婴儿喂奶后睡觉时，不可剧烈地摇晃婴儿的小床，否则会震动婴儿胃中的奶水，只宜轻轻地摇。哺乳前婴儿哭一会儿对婴儿进食有益，不必紧张。母亲哺乳期一般是两年，这期间婴儿若想吃其他食物，可以搭配着喂给，不能强迫。当幼儿开始长牙时，可以从吃母乳逐步过渡到吃硬些的食物，使之逐渐地脱离母乳。

（二）儿童期的教育

伊本·西那指出这个时期儿童身体强壮了，舌头能够运用自如，听觉也能够集中起来了，这些都为学习做好了准备。这个时期的教育应侧重三个方面：儿童的道德、身体的发育和运动、情趣和行为举止的培养。

他认为这个阶段最重要的是为孩子创造童年的幸福，使儿童在身体、精神和道德上健康地成长。他不主张在这一时期对儿童实施任何专门化的教学，重视的是儿童游戏性的运动和音乐教育。

他指出游戏对儿童来说是必不可少的内容，在游戏中儿童既可以锻炼体力，也可以学到各种运动技能，同时还能学会怎样过集体生活。游戏的形式和运动量可以视儿童年龄和能力的不同而有所区别，但游戏对每一个儿童来说是必不可少的。

音乐教育可以陶冶儿童的情操，给儿童带来愉悦、纯真和激动人心的情感。他以一个作曲家、演奏家的眼光，提出儿童有能力掌握辨别协和弦、不协和弦、高音、低音的方法，可以掌握发声的原理，所以应注意让儿童听音乐。孩子从被放入摇篮起，就应该听着音乐入睡。略大些的孩子可以学习有简单韵律的诗歌，为他们将来学习欣赏音乐或作曲、演奏奠定基础。

四、评价

伊本·西那关于儿童阶段的很多教育思想，是从一个医生的角度出发而阐述的，含有一定的科学性。他认为儿童期的教育重要的是游戏性运动和音乐教育，而不是专门知识的教学，也适应了该阶段儿童身心发育的需要，体现出伊本·西那对儿童发育特点的正确认识。

对当下教育的启示：

1. 帮助儿童理解正当的快乐和正当的痛苦。

2. 柏拉图早在两千多年前就论述了幼儿教育，如今我们应更加重视幼儿教育，不仅要发展对幼儿的智育、体育、美育等，还要关注其道德教育，让教育从幼年开始。

给教师的教学建议：

1. 引导学生思考柏拉图的幼儿教育思想对后世学前教育及教育家的影响。

2. 帮助学生理解亚里士多德的幼儿教育思想的现代意义。

3. 帮助学生理解昆体良"及早教育"的现代意义。

4. 帮助学生学会分析伊本·西那幼儿教育思想的科学性。

第八章 外国学前教育机构

第四编

近代学前教育史
（17 世纪中叶—
19 世纪末）

第八章 近代学前教育制度

任何人在幼年时代播下什么样的种子，那他老年就要收获那样的果实。

——夸美纽斯

人的第一个发展阶段对于人，对于他的现在和将来都具有无法描写的重要意义。

——福禄培尔

近代的大机器生产，带来了生产方式的变革，吸引了大批农村人口进入城市，也吸引了一批妇女走进工厂。女性走出家庭，使家庭中幼儿的养育问题凸显出来。18世纪60年代产业革命之后，各国开始出现孤儿院、育婴堂等机构，幼儿教育从封闭的家庭养育，转入在特定的社会机构中进行，近代学前教育制度发展起来。

第一节 近代社会与学前教育

1640年，英国的资产阶级革命标志着欧洲封建制度开始瓦解，到19世纪末，欧美主要国家先后通过资产阶级革命确立起资本主义政治体制，世界进入近代史。1789年的法国大革命、1848年的欧洲革命、1776年的美国独立、1861—1865年的美国南北战争、19世纪60年代俄国的农奴制改革和日本明治维新运动等都是这一时期发生的重要事件。

18世纪60年代，技术革命首先在英国产生，它以蒸汽机的广泛使用为标志，是技术发展史上的一次巨大革命。工业生产中机器生产逐渐取代手工操作，传统的手工业无法适应机器生产，为提高生产效率，资本家开始建造工房，安置机器雇用工人集中生产，一种新型的生产组织形式——工厂出现，并成为工业化生产的主要组织形式。工厂的出现，标志着机器生产代替手工劳动的新时代的到来。

1840年前后，英国的大机器生产基本上取代了传统的手工业，工业革命完成，英国成为世界上第一个工业国家。18世纪末，工业革命逐渐从英国向西欧大陆和北美传播，后来又扩展到世界其他地区。

伴随着资产阶级革命以及民族国家的独立，欧美主要国家先后完成了第一次工业革命，建立起工业生产体系，形成世界市场。这是资本主义政治与经济制度确立的重要时期，也是资本主义发展的重要时期。这一时期，西方的机器制品开始倾销到世界大部分国家和地区，许多亚非拉国家也开始产生或初步地发展起自己的近代资本主义经济。

近代资本主义政治与经济制度的确立，为学前教育制度的发展提供了基本的条件。

首先，资产阶级革命与大工业生产带来了一场深刻的社会变革，推动了各国政治、经济、文化与教育领域的改革，为学前教育的发展提供了机遇与条件。近代是农业经济向工业经济转变的重要时期，也是工业化生产体系确立的时期。产业革命之后，自然经济解体，妇女走进工厂，幼儿无人照管，死亡率、致残率陡增。家庭中母亲的缺位，对幼儿的社会教育提出了迫切的要求。1767 年，法国牧师奥柏林最早在教区里为贫困家庭的儿童建立了幼儿学校，聘请年轻妇女照顾因父母外出劳动无人看管的幼儿，成为世界上最早出现的学前教育机构；1802 年，德国柏林也出现了类似的机构；1809 年，英国空想社会主义者欧文在他的工厂里开办了幼儿学校；1837 年，德国福禄培尔创办幼儿教育机构，1840 年命名为幼儿园，成为世界上最早的幼儿园。这些机构的出现很大程度上改善了妇女外出劳动和家中幼儿无人看管的境况。

其次，第一次工业革命加强了世界各地之间的联系，工业经济打破了农业经济下静态、封闭的社会结构，幼儿教育走出家庭、实现社会化，与学校教育衔接的学前教育的观念与意识开始出现。封闭静止的族群社会，被流动、开放的社会取代。工业化带来了交通、通信业的发展，人与人之间的交往增加，公众意识与群体观念加强，要求儿童接触社会、认识社会的愿望也随之产生，囿于家庭的幼儿教育开始走出家门，成为与学校教育衔接的学前教育。19 世纪前半期，欧文的幼儿学校模式开始影响世界；19 世纪后半期，福禄培尔的幼儿园则以更快的速度在世界范围内流行起来。这些机构极大地满足了社会对幼儿教育的需要，补充了家庭教育的不足，将幼儿教育从家庭推向了社会，并使之开始具有社会教育的性质，成为近代学前教育制度的开端。

最后，学前社会教育的实施，有赖于女性的解放与相应的社会条件。学前教育使幼儿教育从家庭走向社会，它需要大量的保育人员，而保育人员一般都由女性担任。产业革命打破了农业经济下自给自足的生产方式，大工业生产向妇女开放。产业革命是女性走出家庭、走向社会，实现女性解放的推动力，也成为社会改变女性性别角色刻板印象的加速器。年轻女性走出家门，为学前教育机构提供了师资。学前社会教育机构的出现，需要固定的场所、一定的设备，大工业生产的出现，极大地提高了社会生产的效率，为学前教育的开展提供了有利的条件。

综上所述，学前社会教育是近代大工业生产的产物。

第二节　关注幼儿生存的英国学前教育

英国在 1640 年发生了早期资产阶级革命，到 1688 年确立了资本主义制度。17 世纪后半期，英国开始了持续百年之久的圈地运动，大批农民离开家园聚于城市，成为在大工厂靠出卖劳动力谋取生存的工人。同时，由于资本主义生产的发展，越来越多的妇女投身工业生产劳动，无暇顾及她们的孩子，使这些孩子的身心都受到严重的损害，死亡率很高。所以，对贫民的救济工作成为社会普遍关注的问题，对幼儿的隔离、保护和教育慢慢被纳入国家管理的范畴。

一、17世纪末至18世纪上半叶的学前教育

此时期的学前教育政策体现在设立救济性质学校，免费接纳低龄幼儿。1697年，英国政府颁布了《国内贫民救济法》，除一般性的救济措施，还提出设置"纺织学校"和"贫民儿童劳动学校"的计划。

（一）"纺织学校"计划

在"纺织学校"里，规定对年收入不足40先令的家庭中6~14岁的男女儿童，全部施行免费的义务教育。儿童每天最多进行10小时的纺纱作业。

（二）贫民儿童劳动学校计划

贫民儿童劳动学校计划规定每个教区设立一所"劳动学校"，教区中所有受救济贫民的3~14岁儿童可以免费来此接受义务教育。这样做，既可以使母亲继续参加工作，还能使儿童在良好的环境中学习生存，养成劳动的习惯。

从这一时期的政策可以看出，幼儿保教问题已成为英国政府日益关注的内容，幼儿的高死亡率使国家不得不先进行贫民幼儿的生命保护工作。这种"发端于英国、作为贫民政策的幼儿保护和养育设施成为近代欧洲幼儿教育设施的根源和胚胎"。

二、18世纪下半叶至19世纪上半叶的学前教育

（一）幼儿的生存状况

18世纪60年代，英国率先开始了以蒸汽机的诞生为标志的第一次工业革命。大机器工业逐渐代替了手工业，生产力快速发展，社会结构变革，无产阶级登上历史舞台。资产阶级依靠先进的技术大力发展生产力，从无产阶级和劳动人民身上榨取财富，肆意剥削。在这样的社会背景下，幼儿问题日趋严重。

1. 幼儿安全和健康问题严重

企业主为了谋求利益，大量雇用低工资的女工和童工，致使劳动阶级的幼小子女缺少必要的营养及合适的生活环境而大量死亡。

2. 童工使用广泛

工业技术的变革迫切要求劳动者掌握一定的文化技术知识。由于童工的广泛使用，为了对童工进行培训，将初等教育的内容提早到幼儿阶段传授。

3. 幼儿道德堕落

由于父母长时间工作，幼小子女无人管教，容易受到坏人引诱，导致道德堕落，在当时成为严重的社会问题。

4. 幼儿学校控制加强

19 世纪初，一些慈善家、热心人士及教会人士着手建立幼儿学校，来保护和教育贫困儿童。从 1840 年开始，国家对幼儿实行国库补助政策，对幼儿学校加强控制。

（二）欧文的幼儿学校运动

1. 幼儿学校的设立

罗伯特·欧文（Robert Owen，1771—1858）是 19 世纪英国杰出的空想社会主义思想家和教育家。他于 1816 年创办新兰纳克幼儿学校，是英国也是世界上最早的学前教育机构。

1800 年欧文接管了苏格兰的新兰纳克纺织厂，看到了工厂恶劣的环境对幼儿性格的形成造成的不良影响，因此提出建立幼儿学校，使幼儿摆脱不良的生活环境，为幼儿良好性格的形成打下基础。

欧文指出，应为 2～5 岁的儿童设立幼儿游戏场，接收刚会走路的幼儿，聘请热爱孩子的青年女子担任幼儿保姆，帮助幼儿发展体格和好的品德；为 5～10 岁的儿童提供免费入小学的条件；为 10 岁以上的童工、青工设立业余学习班；为成人举办实用知识讲座等。

1816 年，欧文将以上教育形式合并，形成一个统一的教育机构，正式命名为"新兰纳克性格陶冶馆"（也称"性格形成学院"），幼儿学校是其中的一个部门。幼儿学校招收 1～6 岁幼儿，包括 1～3 岁和 3～6 岁两个阶段的幼儿，但实际上以 3～6 岁幼儿的保育和教育为中心。

2. 幼儿学校的教学内容和方法

欧文幼儿学校重视智育和德育的培养。

在智育方面，欧文提倡发展幼儿的"推理能力"，学习实际有用的知识。教师应尊重幼儿的兴趣爱好，善于发现幼儿感兴趣的事物并及时施教，让他们喜欢学习。欧文提倡直观教学，在教室里放满各种实物；提倡开放的教学形式，不设固定的室内活动时间，鼓励幼儿在游戏场中进行娱乐活动。

在德育方面，欧文提出道德教育的任务在于养成幼儿遵守纪律的习惯，培养他们与同伴友好相处。教师应让幼儿明白个人的幸福和团体及他人的幸福是分不开的。他反对责骂或惩罚幼儿，要求用和蔼的言语、行为对待他们。

欧文从性格形成的观点出发，非常重视幼儿教育。他的幼儿学校在世界学前教育史上占有重要的地位，开启了近代学前教育的先河。但他将发展教育的希望寄托在统治者身上，试图仅仅通过教育来改造社会，有一定局限性。

（三）维尔德斯平的幼儿学校运动

维尔德斯平（Samuel Wilderspin，1792—1866）是 19 世纪上半叶英国幼儿学校的积极创办者。他在 1820 年开办幼儿学校，与欧文并举，对 19 世纪欧美幼儿学校运动产生了广泛影响。

1. 幼儿学校的办学目的

维尔德斯平的幼儿学校招收贫民和工人的幼儿，以保证幼儿的安全和健康为目的。他继承欧文"游戏场"的思想，将游戏场作为幼儿学校的重要组成部分。

2．幼儿学校的教育内容和方法

维尔德斯平的幼儿学校同样重视智育和德育两方面。

在智育方面，维尔德斯平幼儿学校致力于贫民子女的"知识改善"，规定智育内容包括国语、算术、自然、社会、音乐和宗教。与欧文反对对幼儿进行系统书本知识教学的主张相反，维尔德斯平实际上是将初等教育的内容下放到幼儿阶段。在方法上，维尔德斯平反对传统的知识灌输、"鹦鹉学舌"式的教学方法，主张让幼儿独立思考、求知。他将教育方法归纳为五个方面：激发好奇心、通过感觉教学、从已知到未知、让儿童独立思考、把教学和娱乐结合起来。为此，维尔德斯平还设计了"阶梯教室""教学柱""置换架"等教具，编写了"发展课文"等教材。

在德育方面，维尔德斯平幼儿学校认为德育的目的在于预防贫穷幼儿的道德堕落，消除虚伪、下流、贪欲、残酷和粗暴等不道德行为；培养爱怜之心、服从父母、守秩序、正直、勤勉和节制等德行。道德教育的方法是"爱"与"赏"。

维尔德斯平被公认为英国幼儿学校运动的领袖，对英国幼儿学校的发展做出了重要贡献，在普及幼儿学校、改进幼儿教学工作等方面都产生了广泛的影响。

（四）英国政府的幼儿学校政策

1833年，英国开始实行国库拨款的教育补助政策，1840年8月，枢密院教育委员会视学官首次发出关于幼儿学校检查项目的训令，这时幼儿学校才真正成为国库补助的对象。当时接受国库补助的幼儿学校，必须接受政府的监督和控制。1853年8月20日，枢密院教育委员会专门制定了"有资格教师"和"注册教师"的等级和考核制度，通过教师资格的考试，促进幼儿学校教师质量的提高。

三、19世纪下半叶的学前教育

（一）伦克夫妇引进福禄培尔幼儿园

19世纪下半叶，英国幼儿教育的发展由欧文幼儿学校主导变为受福禄培尔幼儿园主导。

1851年，德国的伦克夫妇（Johannes and Bertha Ronge）在英国设立德语幼儿园，1854年开始招收英国儿童，用英语教学。在1854年伦敦举办的教育博览会上，他们积极宣传福氏幼儿园，获得巨大反响。1855年，二人编著《英语幼儿园入门手册》，解答来幼儿园参观的人们提出的问题。福禄培尔幼儿园打破传统课程，发展儿童个性，在英国日渐受到关注。

（二）福禄培尔幼儿园在英国的发展

1861年，英国公布修订教育法规，在决定初等学校的国库补助金额时，宣布实行以读、写、算、文学和历史测验成绩决定国库补助的政策，这一政策使得各类学校争相加强知识教学来争取政府资助。而福禄培尔幼儿园的教育原则与小学补助金额制度所提倡的教育大相径庭，因此备受冷落，发展处于停滞状态。

1870年，英国政府颁布《初等教育法》，规定各学区有权实施5～12岁儿童的强迫义务教育，幼儿学校被纳入系统，给幼儿园带来了新的生机与活力。1874年，伦敦福禄培尔协会成立。1875年，该协会在伦敦开设教养员培训所，并附设幼儿园。1876年，实行幼儿园教师资格考试，分为预备考试和正式考试，不仅包括读、写、算、文学和历史等基础内容，还增加了教育学、生理学、福禄培尔著作和幼儿园作业等专业内容。

（三）福禄培尔幼儿园对英国学前教育的影响

19世纪70年代后，福禄培尔幼儿园及教育方法已经渗透到英国幼儿教育之中。幼儿教育的设施出现了"双轨制"的局面：一种是以收容工人阶级和贫困家庭的子女为对象的幼儿学校；另一种是以中上层阶级子女为对象的幼儿园。受福禄培尔精神的影响，幼儿学校开始减少读、写和算训练的时间，发展幼儿的个性，突出学前教育的特点。

第三节　迅速发展的法国学前教育

1789年法国爆发了资产阶级革命，推翻了封建制度。1792年法国建立共和国，标志着资本主义制度在法国确立。

法国是最早受到工业革命影响的国家之一。18世纪后期，法国经济处在发展和转型阶段。纺织业、采矿和冶金业形成相当大的规模，对外贸易额居世界第二。贸易的发展，促进沿海港口城市的工商业和运输业趋向繁荣。18世纪末到19世纪初，法国一些纺织业已经开始使用机器和蒸汽动力，其他工业部门也纷纷效仿。随着工业革命的深入，资本主义经济迅速发展，资本家大量雇用女工。同时，解放女性的女权运动发展起来，保护妇女和儿童的思想也为人们所接受，这些都推动了学前教育的发展。

一、18世纪下半叶至19世纪上半叶的学前教育

（一）奥柏林的编织学校

编织学校是法国新教派牧师奥柏林（Johann Friedrich Oberlin，1740—1826）1770年创设的，是法国教育史上记载最早的幼儿教育机构。一般的幼儿教育史把它视为法国近代幼儿教育的开端。

编织学校招收3~6岁的幼儿。学校有两名指导教师，分别担任手工技术方面的指导和文化及游戏方面的指导，此外，还挑选一些年龄较大的女孩做"助教"。因为该校对年龄较大的幼儿教以手工编织，所以有编织学校之称。

编织学校的教学内容包括标准法语、宗教赞美歌、格言、观察和采集植物、绘画、地理、做游戏、讲童话故事、传授缝纫及编织的方法等。在教学方法上，重视直观和实物教学。由于当时人们的认识所限，学校每周只开放两次，主要是教育而非保育。

奥柏林的编织学校不仅对国内，而且对英国、德国等国的幼儿教育都产生过一定的影响。

（二）托儿所及婴儿托儿所

19世纪上半叶，法国的主要幼教机构是托儿所及婴儿托儿所。对这一类机构的发展做出重要贡献的是帕斯特莱、柯夏和马尔波。

1801年，法国慈善家及教育家帕斯特莱（Mmede Pastoret，1766—1843），在巴黎创办了一所慈善性质的收容贫民婴儿的育儿院，收容儿童80名。

柯夏（J.Cochin，1789—1841）是巴黎第12区的区长。他热心学前教育，曾赴英国考察幼儿学校并深受启发。1828年，他模仿英国的幼儿学校，在巴黎创办了名为"模范托儿所"的学前教育机构。此外，他积极协助帕斯特莱开展托儿所运动，而且在理论上提供了重要的指导。

柯夏著的《托儿所纲要》，说明了托儿所的必要性，指出托儿所是最有效的公共贫民救济设施和儿童教育设施，于国于民皆有益。托儿所的教育内容包括宗教、读、写、算、几何、地理、历史、博物和图画等，并强调把宗教和德育摆在首位。在教育方法上，提倡使用直观教学，提倡人道主义态度，反对体罚。

马尔波也是一位关心学前儿童保教问题的巴黎政府官员。1844年，他创办了婴儿托儿所，招收对象是年龄较小的乳婴儿，并撰写《关于婴儿托儿所》小册子。他的主张受到法国社会的欢迎，并对欧美各国产生了影响。

（三）法国政府的托儿所政策

从拿破仑时代开始，法国就形成了一套中央集权的教育领导体制，在制定保护和教育幼儿设施的法令方面早于其他国家。

法国政府在1833年颁布了《基佐法案》后，便将注意力转向托儿所，认为它是初等教育的基础，并将其逐步纳入国民教育体系。1835年2月26日，法国政府颁布了《关于在各县设立初等教育的特别视学官的规定》，提出视学官有视察和监督托儿所的权力，这是法国政府正式管理托儿所的开端。

1836年4月6日，教育部大臣布雷发出传阅文件，明确指出托儿所是公共教育部领导下的学校。因此，托儿所同其他初等学校一样，接受市镇村教育委员会和郡教育委员会的领导。这标志着托儿所由面向贫民的慈善救济事业转向面对全体国民的国民教育事业。

1837年，法国政府发布了最早的关于托儿所管理和监督体系的规定。主要内容有：① 托儿所为慈善设施，分公立和私立两种，教学内容包括宗教、读、写、算、唱歌和绘画等。② 托儿所所长称"监督"，24岁以上的男女均可担任，但须持有三种证书：考试委员会发给的"能力证书"，地方自治体负责人发给的"道德证书"，大学总长授予的"住地证书"。③ 市镇村郡乃至中央的各级教育委员会，对于托儿所具有一般的管理、监督和惩戒的权力。④ 建立托儿所女视学官制度。自上而下设有一般女视学官、特别女视学官和首席女视学官。这项规定将法国托儿所纳入中央集权教育行政管理的轨道。

除了加强对托儿所的行政领导之外，国家还加大了对它的财政资助等。19世纪三四十年代，法国学前师范教育也有很大的发展，这些都极大地推动了法国托儿所的发展。

二、19 世纪下半叶的学前教育

19 世纪中叶，由于别劳夫人（Marenholtz Buelow，1810—1893）的努力和法国政府的支持和协助，福禄培尔幼儿园的教育方法传入法国。

（一）福禄培尔幼儿园方法的传入

别劳夫人 1855 年到达法国，向法国听众系统地介绍了福禄培尔的教育思想及其幼儿园事业。她向法国政府提出引进福禄培尔教育方法的请求，得到批准。政府设立了试行委员会，并指定以"国际托儿所保姆培训学校附属托儿所"为试点，试验的成果令人满意。同时教育部向全国发行了大量有关幼儿园教育的刊物和指导书。这样，别劳夫人通过法国政府顺利地把福禄培尔教育方法引入法国。

在福禄培尔幼儿教育思想的影响下，法国出现了幼儿园和以福禄培尔教育思想为指导的学前师资培训。但法国的学前教育机构向双轨制方向发展，托儿所的对象是劳动阶级的儿童，而幼儿园的对象则是上层阶级的子女。

（二）近代学前教育制度的确立

1881 年，法国议会通过了《费里法案》，确立了法国初等教育"免费""义务"和"世俗化"三原则。此后，《费里法案》承认学前教育机构为初等的公共教育机构，并免除公立托儿所的学费。1881 年 8 月 2 日，在政府颁布的政令中宣布，将幼教机构统一改为"母育学校"。政令指出：母育学校是初等教育设施，以实施"母性养护及早期教育"为宗旨。母育学校招收 2～6 岁儿童，根据年龄发展阶段男女混合编班。保育内容包括道德教育的初步原理、日常生活知识、语言训练、绘画、读写算的初步知识、博物和地理概念、唱歌和体操，取消了宗教教育。教学方法强调直观和实物利用。

1881 年的政令在法国近代学前教育史上有重要的意义。首先，政令统一各种幼教机构的名称为母育学校，并将其纳入公共教育系统。其次，以年龄编班取代了按性别分班。最后，以道德教育替代了宗教教育。该政令的颁布意味着法国近代学前教育制度的确立。

1887 年，法国教育部发出指令，在 2 000 名居民以上的市镇设立一所母育学校，并列举了母育学校应具备的设施和设备条件。在保留偏重知识教育特点的同时，采用了福禄培尔的玩具、教具和教育方法。

三、芬乃龙的学前教育思想

芬乃龙（Franoois，1651—1715）是 17 世纪后期 18 世纪早期法国杰出的教育家，提出了新的早期教育思想，顺应了教育发展的新趋势。路易十四授予他"法国儿童的师表"等荣誉称号。他认为幼年的教育是整个教育的基础，并对早期教育的理论基础、内容和方式做了阐述。

（一）早期教育的重要性

芬乃龙用比附自然的方法来论证早期教育的理论基础。他认为儿童的大脑是温暖、湿润而柔软的，很容易接受印象，随着年龄的增大，大脑变得干燥而脆弱，不容易改变。他还指出，儿童的特点是以感情和感性印象为主，周围人的行为无论好坏都会对孩子产生强烈的影响，早期经验一旦形成就会影响其一生。同时，芬乃龙反对原罪论，认为儿童天性非善非恶，在理智充分发展之前没有明确的倾向，因此，如果在生命的早期不对其进行教诲，学会分辨善恶并且弃恶扬善，那么灵魂在未有倾向之前就已趋向邪恶。

（二）早期教育的内容

芬乃龙认为，早期教育应包括身体训练、理智训练和道德及宗教训练等内容。

1．卫生保健和体育锻炼

中世纪以来，对儿童身体健康的轻视一直是教育的主要问题之一，因而，他的主张在当时有着重要的现实意义。此外，芬乃龙还强调女孩的身体保健。芬乃龙强调儿童要从小养成过俭朴生活的习惯，以利于儿童的身体健康。在饮食方面，他主张孩子进餐时间应尽量按时，两餐之间不要吃东西，否则会因贪食而导致胃痛和消化不良。幼儿不宜吃味道太重的刺激性食物，因为这些食物不利于儿童的健康；食物的种类一次不要太多，不必经常变换。在衣着方面，他强调女孩子的衣着要朴素大方。

芬乃龙重视儿童体育的动机主要是出于宗教的考虑，即为恢复教士式生活做准备，而非为儿童以后的教育打基础。但客观上讲，重视儿童身体健康，本身就是一种进步。

2．智育

在智育、理性的培养方面，芬乃龙强调在儿童学会说话前，就应开始对他们进行适当的教育，使其练习说话。他认为，孩子的思维结构倾向于形象与感觉，在学说话时，不仅会记住单词，还能理解它的意义，理解单词所代表的事物。老师可以利用适当的语言、表情和手势来教育他们，运用身体运动（如触摸、手指运动）或重复一个单词来强调。

芬乃龙认为，儿童的智育应以儿童的好奇心为基础。儿童在幼年期，头脑中一无所知且充满新奇，好奇心很强，求知欲旺盛。应利用儿童的好奇心来教育，"不要对他们的问题表示厌烦"，因为"这是自然给你的教育的好机会"。要耐心地回答他们的问题，告诉他们事物的原因和过程，并注意结合生活来教育他们。如看见面粉，就应告诉他食物是如何准备的；看到收割的农人，就应告诉他他们在干什么，麦子如何播种，如何生长；看到商店，就应告诉他是怎么回事。通过这种潜移默化的教育，就能让他们学会对他们有用的了解事物的方法。

3．德育

在德育方面，芬乃龙强调要防止恶劣事物对孩子的影响，保持心灵的纯洁。他认为儿童理性发展不充分，不能自己思考与行动，他反对空洞的理论说教，主张结合生活、结合具体的事物来教育儿童。他还指出，爱模仿也是孩子的天性，单纯粗暴地压制、禁止他们是不行的，要充分利用这一天性，让孩子能够通过模仿，自然地学会要学的东西，这样印象也会很深刻。同时他又指出，要注意对模仿对象进行限制，应为孩子规定一些正确的原则。他特别强调父母的素质，要求他们为儿童树立好的榜样。另一方面，他又将儿童的道德教育与宗教教育结合在一起，将道德要求与宗教教条训诫合而为一进行论述。

芬乃龙的早期教育思想与法国当时的早期教育落后状况形成鲜明的对比，顺应了近代教育的发展趋势。

（三）教育的原则与方法

1. 教育要适应自然

芬乃龙并未将此"教育要适应自然"为一个原则明确提出来，但他的教育思想始终贯穿着这一原则。他强调教育的作用是帮助儿童天性发展，教育要顺应儿童天性，反对人为的强迫性教育，尤其是宗教教条的灌输；主张在生活中，通过故事、游戏等方式进行教育。

2. 间接教育法

间接教育法是反映芬乃龙教育思想特色的方法，也是他的主要贡献之一。他认为，儿童天性好奇、好动，注意力难以集中，好模仿、不温顺，如果采取直接的理论说教或粗暴的压制，是很难达到目的的。儿童的心灵相当柔弱，理性尚未发达，需用间接教育法。此时应尽量使孩子快乐，在快乐的生活中培养他们。他反对一开始就用拉丁语教儿童，认为应在生活中学习本族语，由易到难，循序渐进地进行，为儿童提供的书籍应该装帧精美、字迹清晰并附有插图。这样既能吸引儿童，也能激发儿童的想象力，顺应儿童的天性。

3. 快乐教育

芬乃龙主张通过游戏和讲故事来学习，强调要把学习、娱乐中的严肃与快乐原则结合起来，使学习变得更快乐，寓教于乐，在游戏中进行教育。尽量减少正规的课程，以非正规的娱乐为主。芬乃龙认为，必须使娱乐具有教育性，选择娱乐活动防止不良游戏的影响。对于女孩的游戏，芬乃龙强调不要太剧烈、太野蛮，应有节制。这些论述并非完全正确，但芬乃龙的确触及游戏的性别差异问题，注意女孩的特点并设计特殊的游戏，在客观上有一定的积极意义。

芬乃龙论述如何运用讲故事的方式教育孩子。虽然主要讲的是宗教故事，目的是使儿童理解宗教观念，但这种方法的运用超出了宗教的意义。芬乃龙正是运用这种方法来教他的皇族学生的。孩子之间可以相互复述故事，相互影响，这是儿童教育，尤其是智育、德育的重要方法。他强调不要将故事当作课业，强迫儿童复述；应让儿童自由地复述、讲解他喜欢的故事。

此外，芬乃龙强调要树立权威，使儿童服从权威。权威的树立要建立在"爱"的基础上，并且又不能滥用权威。芬乃龙不反对体罚，但强调体罚不可太严厉，还要注意时机、场合，要使孩子因此感到羞耻和懊悔，以达到教育的目的。

（四）历史地位

芬乃龙的女子教育思想、早期教育思想、适应自然的教育方法等"都标志着教育思想的新开端"。

在早期教育问题上，他提出了许多宝贵意见。芬乃龙试图利用宗教和神话故事进行教育，亲自编写神话书籍的做法也对后世产生了一定的影响。

四、凯果玛的学前教育思想

凯果玛（Pauline Kergomard，1838—1925）是法国学前教育组织者和理论家，曾在法国公共教育部工作多年，从事学前教育的改革工作。她的主要著作是《母育学校的教育》。

凯果玛指出了学前教育机构的双重目的：社会目的和教育目的。前者是指解决母亲不能照顾孩子这个社会问题；后者是指学前教育机构要像一个聪明的母亲那样施行教育。

母育学校的任务是让儿童了解外部世界，更好地完成从家庭生活到学校教育的过渡。

母育学校有两条基本原则：一是遵循儿童的个性和创造精神。她强调教育活动的内容和方法都应适合儿童身心发展的特点，指出了游戏与活动有重要的教育意义，儿童的体力和脑力活动能发展儿童双手的灵巧性和陶冶儿童的智慧和心灵。二是尊重儿童的自由。

母育学校采用如下教学内容及方法：① 注意幼儿的清洁卫生和身体健康。② 采用游戏和活动的方式。③ 智力课程由日常生活知识、唱歌、讲故事、观察、绘画、模仿、提问和回答等构成，而不是读写算。④ 重视德育，禁止宗教，等等。

第四节　幼儿园发祥地德国的学前教育

德国的资本主义在 17—19 世纪期间发展缓慢。期间，德国经历了 30 年战争（1618—1648）、狂飙突进运动①、拿破仑的入侵和资产阶级革命，并在 1871 年建立统一的德意志帝国。

19 世纪早期，德意志一些地区开始了工业革命，纺织业、冶金、采煤、农业化学和铁路运输等部门虽然有一定程度的发展，但是，四分五裂的政治局面严重阻碍了德意志工业革命的发展进程。19 世纪初期，德国封建制度逐步解体，工场手工业有了广泛发展，在纺织业中开始采用机器生产。1834 年德意志关税同盟建立后，德国进入产业革命时期。以纺织为中心的轻工业转向了以铁路建设为重点的重工业，并以此带动了其他工业的发展，使德国后来者居上。

较之于英国和法国的学前教育，德国近代的学前教育发展较晚：19 世纪初出现了一些慈善机构性质的保育机构；19 世纪 20 年代后效仿英国幼儿学校的办学经验，发展学前教育。1840 年福禄培尔幼儿园的产生极大地推动了德国学前教育的发展，使德国的学前教育走在了世界的前列。

---

① 狂飙突进运动（德语：Sturm und Drang）是指 18 世纪 60 年代晚期到 18 世纪 80 年代早期在德国文学和音乐创作领域的变革，是文艺形式从古典主义向浪漫主义过渡时的阶段，提出了"返回自然"的口号。这次运动是由一批市民阶级出身的德国青年作家发起的，他们受到启蒙时代影响，推崇天才、创造性的力量，并把其作为其美学观点的核心。

一、19 世纪上半叶的学前教育

德国在 19 世纪最初的 20 年内，其学前教育旨在解决妇女劳动时幼儿无人看管的问题。各地建立不少私立、冠以各种名称的学前教育机构，多为季节性设施。20 年代中期以后，德国学前教育的发展受到英国幼儿学校的影响，但绝大部分机构仍属于慈善机构，各邦政府对既有机构给予监督，但未从财政上给予必要资助。

（一）巴乌利勒保育所——德国最早的幼儿教育设施

侯爵夫人巴乌利勒（Pauline，1769—1820）设立的保育所是 19 世纪初期德国的第一所幼儿教育机构。巴乌利勒夫人致力于贫民救济工作，在法国帕斯特莱夫人创办育儿院的启示下于 1802 年在多特蒙德设立保育所。这是一所季节性（从初夏开始，到晚秋结束）的托儿所，卫生条件良好，饮食丰富营养，主要招收 1～5 岁的农村孩子，将婴幼儿的健康摆在首位，教育只是处于附带和从属地位。保育工作人员主要是 12 名贵妇人，也有一些从孤儿院和职业介绍学校招来的 12～16 岁左右的女孩子做保姆，保育时间从上午 6 点到下午 8 点。教育内容主要为语言训练、唱歌、社会道德训练及生活规律的教养，鼓励户外游戏。保育方式主要为监督，但并不是束缚幼儿，而是让他们每天在游戏中度过。

在巴乌利勒保育所之后，各地都开始建立了幼儿教育机构。1810 年在哈达斯莱宾成立"保姆学校"；同年在石勒几亚和威斯特代林出现了"夏季学校"；1812 年在莱比锡成立了这个城市最早的托儿所；1819 年，幼儿教育家瓦德切克（Friedrich Wadzeck，1762—1823）创立了柏林最早的托儿所；1821 年，谢迪尔多夫颁布允许"初等学校的教师及退职教师的寡妇"在自己家中开办监督和教育 6 岁以下幼儿的"保育学校"的政令。

（二）弗利托娜的幼儿学校运动

1835 年 5 月，弗利托娜（Theodor Fliedner，1800—1864）在自己的教区建立奥柏林式的编织学校，一年后更名为"幼儿学校"。她是阿尔萨斯州维尔特城新教派牧师，曾两次前往英国参观幼儿学校。这所幼儿学校招收 2 岁至义务教育年龄的贫穷工人子女 40 名，校舍十分宽敞，房屋周围有极好的游戏场。

幼儿学校十分重视游戏的教育作用，教学内容较为丰富，主要有宗教、道德、读、写、算、图画、军事活动和手工劳动等，多以游戏的方式教授。除游戏活动，幼儿学校还重视幼儿的知识、宗教和道德教育，力图使幼儿养成礼貌、节制、服从命令、勤劳和卫生等习惯。规定上课时间不得超过 15 分钟，如果发现孩子疲倦了，注意力不集中了，教师应随时停止授课。

为了培养更多的幼儿师资，弗利托娜在 1836 年秋把"看护修女养成所"合并到她的幼儿学校。幼师通常是经过 3～4 个月的培训，能承担音乐、算数、博物、德语和地理等课程教学的工作人员。弗利托娜的幼师培训提高了幼儿教育的质量，扩大了幼儿学校的影响。

（三）福禄培尔幼儿园的产生

弗里德里希·威廉·奥古斯特·福禄培尔（Friedrich Froebel，1782—1852）是德国 19 世纪著名的幼儿教育家，后人称之为"幼儿教育之父"。1837 年，他在勃兰根堡开办了一家教育机构，招收 3～7 岁的儿童，于 1840 年将其命名为"幼儿园"。

福禄培尔重视游戏的教学意义，并创造出一套称为"恩物"的教学用品。他注重幼儿语言发展，为儿童安排多种作业活动，形成了一整套学前教育理论体系。在他的倡导下，德国幼儿园迅速发展起来，并影响到其他国家，在世界范围内形成了福禄培尔幼儿园运动。

（四）各邦的学前教育政策

19 世纪初，幼儿保育设施的先后设立及多种介绍英国幼儿学校著作的出现，使得德国各邦政府开始注意学前教育，制定多种政策。

其中最著名的是 1825 年黑森·卡塞尔选帝侯的指令：第一，保育的目的在于保证幼儿安全和健康并使其父母安心工作；第二，保育时间是农忙季节的 5～10 月份的上午 6 点到下午 6 点；第三，费用主要靠有善心的富有居民捐助或市镇金库支付。

1827 年，普鲁士政府教育部颁发文件，号召各地"迅速建立幼儿学校"。1838 年承认了为援助柏林托儿所由私人捐款设立的"中央基金"。1839 年，拜恩政府内务部制定了在当时德国各邦中最为详细的有关学前教育的规定，它代表了当时德国各邦的学前教育政策。

上述各邦对贫民幼儿制定的教育政策，吸收了一些英国幼儿学校的做法，目的都是维护社会治安和统治秩序，给当时德国沉闷的学前教育带来了一股新鲜的空气。

二、19 世纪下半叶的学前教育

1848 年的革命失败以后，普鲁士政府趋于保守和反动，开始镇压自由民主运动，并于 1851 年下令禁止福禄培尔幼儿园的开办。此禁令到 1860 年废除，之后各地纷纷成立福禄培尔幼儿园，极大地推进了幼儿园运动。

（一）福禄培尔幼儿园的推广

1860 年禁令废除后，德国各地相继出现了许多幼儿园协会。其中影响最大的是 1860 年成立的以玛伦霍尔兹·别劳夫人（Marenholtz Buelow，1810—1893）为名誉会长的"柏林福禄培尔主义幼儿园促进妇女协会"和 1863 年别劳夫人在柏林设立的"家庭教育和民协教育协会"。1874 年，上述两个协会合并为"柏林福禄培尔协会"。

家庭教育和民协教育协会以进行学前教育的全面改革为最终的目标。主要工作有设立幼儿园、设立幼儿园女教师养成所、改造托儿所向民众幼儿园方向发展、设置以福禄培尔方法为指导的男女儿童游戏场所和把福禄培尔方法引进女子学校等。此协会发展迅速，在 1864 年就达到了 410 人。

别劳夫人在推广福禄培尔幼儿园运动中贡献极大，正是因为别劳夫人及其他福禄培尔信徒的努力，才使得福禄培尔的幼儿教育思想、内容及方法传播到世界各地，使德国成为19世纪幼儿园教育的发源地。

（二）各邦的学前教育政策

这一时期德国政府在学前教育领域颁布的政策只有一条——1860年撤销对幼儿园的禁令。直到20世纪以后，政府才开始关注幼儿园的发展，学前教育政策也有了进一步的发展。

第五节　公私立幼儿园并存的美国学前教育

17世纪开始，欧洲移民大量进入北美，带来了工商业的迅速发展，城市数量增多，生产规模扩大，资产阶级势力日益雄厚。1776年美国独立，资产阶级地位逐渐巩固，科学技术进一步提高。

19世纪以后，美国工业革命迅速发展，涌现出许多发明成果，如砸棉机、缝纫机、拖拉机和轮船等，特别是采用和推广机器零件的标准化生产方式，大大促进了机器制造业的发展，推动了机器的普及。19世纪中期，美国完成了工业革命，资本主义经济飞速发展。其间，美国在吸收英国、德国等国的教育经验的基础上，形成了具有美国特色的教育制度，学前教育也在这一过程中发展起来。

一、19世纪上半叶美国的学前教育

随着产业革命及资本主义的发展，美国的学前教育开始起步。美国最早的学前教育机构是在英国欧文影响下创办的幼儿学校。受英国空想社会主义者欧文1816年创设的幼儿学校的影响，1818年，幼儿学校传入美国。1824年，欧文在美国印第安纳州建立"新和谐村"，1826年在此开办示范幼儿学校。此后，多所幼儿学校在美国成立。幼儿学校的招收对象是上层家庭的4～8岁的儿童，强调幼儿的健康保护和户外活动。这些方法被初等学校采用。

幼儿学校在开办中遇到很多困难，由于当时美国教育政府把主要精力放在初等教育上，对学前教育不够重视，不愿承担幼儿学校的经费。幼儿学校只靠收费和慈善团体捐助，很难长期维持，以及后来幼儿学校教育忽视对幼儿特点的研究，致使幼儿学校很快就衰落了。

虽然幼儿学校在美国存在的时间不长，但对美国的学前教育产生了一定的影响，改变了美国人的思想观念，使他们开始重视幼儿教育。

二、19 世纪中叶后幼儿园的初创与发展

19 世纪中期，福禄培尔幼儿园传入美国，美国出现了福禄培尔特色的幼儿园，并在 70 年代得到飞速发展。与此同时，美国出现了公立幼儿园运动和慈善幼儿园运动。

（一）福禄培尔幼儿园的传入

南北战争之后，美国资本主义飞速发展。到 19 世纪末，美国工业生产跃居世界首位。经济的繁荣为美国幼儿教育的发展提供了条件，同时也向美国教育提出了要求，引起了美国政府对公共教育事业的重视。

19 世纪中叶后，一些教育工作者为了促进美国教育的发展，开始通过各种途径引进欧洲的教育理论，福禄培尔的教育思想就是在这种情况下被引进美国的。

1. 德语幼儿园的出现

美国最早的幼儿园是德国移民玛格丽特·舒尔茨（Margerete Schurz，1832—1876）1855 年在威斯康星州瓦特镇（Watertown）创立的。幼儿园开设在她自己家中，是一所讲德语的幼儿园，招收德裔移民子女，用福禄培尔的教育方法指导孩子们进行游戏、唱歌和作业。她的做法对当时美国的学前教育产生很大影响。到 1870 年，美国约有 10 所德语幼儿园。

2. 英语幼儿园的出现

美国第一所英语幼儿园是伊丽莎白·皮博迪（Elizabeth Peabody，1840—1894）于 1860 年在波士顿创立的，她使美国的学前教育得到了普及和发展，被美国人尊为美国幼儿园的真正奠基人。1859 年，舒尔茨向皮博迪介绍了福禄培尔的幼儿教育思想。为了进一步宣传福禄培尔思想，皮博迪于 1863 年出版了《幼儿园指南》一书。着重分析了幼儿园与小学的区别，她强调应把幼儿园办成儿童的乐园，让儿童在其中自主地活动和游戏。皮博迪在办了六七年幼儿园后，认为自己还没有充分理解福禄培尔思想的精华，遂于 1867 年关闭了幼儿园，去欧洲各国拜访著名的幼儿教育家，到当地幼儿园和师范学校参观实习，系统地学习福禄培尔的教育理论和实践方法。在她的努力和支持下，1868 年，美国的第一所幼儿师范学校在波士顿成立。在美国学前教育发展中，皮博迪做出了不可磨灭的贡献。

（二）慈善幼儿园的发展

美国的工业革命加剧了贫富分化，众多的贫民儿童体质羸弱，无人照管，流落街头，沾染恶习，形成了严重的社会问题。面对这种局面，19 世纪后期美国出现了一种收容贫民子女的慈善幼儿园。这些幼儿园大部分由个人、教会和社会慈善团体开办，免收学费。这种慈善幼儿园发展得很快，到 19 世纪末，几乎所有的大中城市都办起了慈善幼儿园。

美国历史上的第一所慈善幼儿园是由弗利克斯·阿德勒（Felix Adler）于 1877 年在纽约创办的。此后，由昆西·肖夫人（Mrs.Quincy Shaw）资助，开展了免费幼儿园运动。1879 年，肖夫人又亲自创建一所幼儿师范学校。经过她的努力，到 1883 年，建立起了由 30 所免费幼儿园组成的幼儿园网。

美国教会出于人道主义精神，把兴办幼儿园当作教区的一项事业，希望通过幼儿园来宣传宗教信仰，因此也热衷于兴办慈善幼儿园。最早兴办幼儿园的教会是 1877 年俄亥俄州托利多的三位一体教会。1878 年，纽约市的安东纪念教会也设立了幼儿园。到 1912 年，全美国已有 108 所教会幼儿园。

慈善幼儿园的兴起推动了美国幼儿园的发展，为公立幼儿园的发展奠定了一定的基础。一些慈善幼儿园后来转变为公立幼儿园。慈善幼儿园的兴办，保护了贫民儿童的身体健康和安全，也使社会秩序有了好转。

（三）公立幼儿园运动

从 19 世纪 30 年代开始，以新英格兰为中心，在美国掀起了一场规模宏大的、以发展初等教育为目标的公立学校运动，通过这场运动，除南部以外的各州都设立向所有儿童开放的公立小学。这场公立学校运动也波及学前教育领域。19 世纪 70 年代，公立幼儿园运动在美国中西部地区开始兴起，到 19 世纪 90 年代，公立幼儿园运动在美国各地得到了蓬勃发展。

1873 年，威廉·托利·哈里斯（William Torrey Harris，1835—1909）和苏珊·E.布洛（Susan E.Blow，1843—1916）共同创办了美国第一所公立幼儿园。哈里斯曾任圣路易斯市教育局长，是公立学校运动积极的支持者，关心学前教育的发展，认真研究过福禄培尔的幼儿教育思想。在皮博迪的建议和布洛的支持下，哈里斯向圣路易斯市的教育委员会提交了一份报告，要求把学前教育作为学校教育制度的一个组成部分，他的报告最终得到批准。1873 年秋天，第一所公立幼儿园在圣路易斯市的德斯皮尔斯学校建立。布洛女士担任第一任教师，招收儿童 20 名。

由于哈里斯与布洛女士的努力，这所幼儿园取得了成功，并在美国产生很大影响，促进了公立幼儿园的迅速普及和推广，一些私立幼儿园和慈善幼儿园逐步被纳入公立学校系统。到 1878 年，圣路易斯市已有 53 所公立幼儿园。到 1914 年，全国公立幼儿园已有 7 554 所，几乎所有的大中城市都建立了公立幼儿园。

公立幼儿园运动是美国学前教育史上的一件大事，从此学前教育成为公共教育制度的一部分。公立幼儿园的建立，保证了学前教育的机会均等，一定程度上改变了幼儿园和小学脱节的状况，促进了福禄培尔理论与幼儿教育实践的结合，推动了美国学前教育理论的发展。

（四）幼儿园协会的成立

随着各类幼儿园的出现和发展，社会团体也开办幼儿园。1870 年，第一个幼儿园协会在密尔沃基成立。该协会在当地 3 所德英混合学校建立了幼儿园。到 1897 年，美国各地的幼儿园协会已有 400 多个。其中影响最大的是旧金山金门幼儿园协会。到 1896 年，该协会拥有 40 所慈善幼儿园，接收儿童达 18 000 名。

19 世纪末 20 世纪初，美国学前教育已形成了以公立幼儿园为主体，私立幼儿园和慈善幼儿园多种形式并存的格局。

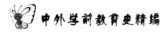

对当下教育的启示：

1. 讨论并理解资产阶级革命、工业革命在学前教育发展中的作用。

2. 讨论幼儿园运动产生和发展的原因。

给教师的教学建议：

1. 比较并分析英国、法国、德国、美国四国学前教育制度的异同。

2. 帮助学生理解政策法规对近代学前教育制度发展的影响。

第九章 近代学前教育思想

教育过度的危险性甚至比教育不足的危险性更大。

—— 艾吉渥兹父女

游戏给人以欢乐、自由、满足，内部和外部的平静，同周围世界的和平相处。

—— 福禄培尔

大自然希望儿童在成人以前就要像儿童的样子。

—— 卢梭

依照自然法则，发展儿童道德、智慧和身体各方面的能力，而这些能力的发展，又必须顾到它们的完全平衡。

—— 裴斯泰洛齐

教育人就是要形成人的性格。

—— 欧文

近代资本主义的发展，将幼儿教育从家庭推向社会，学前教育机构纷纷出现，并且从一开始的社会慈善机构逐渐演变为被社会普遍接受的私立或公立的幼儿园。伴随着社会化学前教育实践的发展，之前的家庭幼儿教育理论也转向了制度化学前教育的学说，学前教育从理论上走向规范。

第一节 学前教育思想产生的背景

近代资本主义政治、经济的发展，带来了思想解放，也促进了教育思想的进步，产生了对后世有重大影响的学前教育理论。古代的一些教育论著中，就有对幼儿教育的论述。文艺复兴之后，随着教育学从哲学中分离出来成为一门独立的学科，教育家对幼儿教育的论述也日渐丰富起来，而且越来越专门化、系统化。

首先，17—18世纪，欧洲出现系统的家庭幼儿教育理论。文艺复兴带来了思想解放运动，资产阶级要求个性解放，尊重儿童身体和心理发展规律，此后，兴起了重视儿童、尊重儿童、研究儿童的风气。捷克教育家夸美纽斯《大教学论》的问世，标志着第一本独立形态的教育学著作出现，他的《母育学校》标志着独立的家庭幼儿教育学出现。与此同时，热闹非凡的近代教育思想领域里，关于家庭幼儿教育的论述也层出不穷，洛克的《教育漫话》、卢梭的《爱弥儿》和裴斯泰洛齐的《林哈德与葛笃德》等教育名著，都对家庭中的幼儿教育进行了理论上的阐述，无不闪烁着教育的理性光芒，极大地影响了当时的幼儿教育实践。

其次，18—19世纪后期，幼儿教育从家庭走向社会，幼儿社会教育机构——幼儿园出现，与学校教育衔接的学前教育作为一种新生事物出现，学前教育理论也从普通教育学中分化出来，开始成为一门独立的学科。18世纪之前，教育家对学前教育的论述多聚焦于家庭中的幼儿教育，而且多借助普通教育学思想进行表达，专门的论述寥寥无几。18世纪之后，随着学前社会教育实践的发展，关于学前教育的理论研究越来越专门化，并最终从普通教育学中分离出来，成为一门独立的学科。德国教育家福禄培尔的《幼儿教育学》，系统地阐述了幼儿园的基本原理与教学方法，标志着独立的学前教育学问世。同一时期的许多教育家都为学前教育学的发展做出了贡献：英国空想社会主义者欧文，提出了著名的性格形成学说，赫尔巴特的《普通教育学》、福禄培尔的《人的教育》等，都在系统的学校教育框架下，阐述了学校教育的预备阶段和学前教育的目标、内容和方法等，对当时以及后世学前教育理论与实践的发展产生了深远的影响。

第二节　夸美纽斯自然主义学前教育思想

夸美纽斯（Johann Amos Comenius，1592—1670）是17世纪捷克教育实践家和理论家。

一、生平与代表作

夸美纽斯出生于"捷克兄弟会"成员家庭，从小父母双亡，在兄弟会的资助下接受了中、高等教育，大学毕业后，担任兄弟会的牧师，兼任兄弟会学校校长。1618年，捷克人民举行反对异族统治的起义，成为欧洲"三十年战争"的开端。两年后，捷克新教势力战败，夸美纽斯被迫于1628年流亡国外，此后，他仍孜孜不倦地继续从事教育理论研究及教育实践工作，还应邀到英国、匈牙利、瑞典等国从事教育改革，最后客逝于荷兰。

夸美纽斯的教育代表作有《母育学校》，1633年出版，1652年改名为《幼儿学校》。这是历史上第一部学前教育专著，详细论述了家庭中幼儿教育的问题。

《大教学论》（1632）是夸美纽斯的教育代表作，他在书中论述了教育的目的、任务和作用，教育的根本原理，教学的原则、内容和方法，德育，体育及学制等教育学的基本内容，成为近代教育理论的奠基之作。

《世界图解》（1658）是历史上第一部依据直观原则编写的对幼儿进行启蒙教育的看图识字课本。

二、教育的作用

夸美纽斯受到古罗马以及文艺复兴时期人文主义教育家的影响，高度评价了教育在社会生活和人的发展中的作用。

首先，他将教育视为改良社会的手段。他希望通过教育改变社会道德普遍堕落的现象，同时又坚信受到良好教养的民族，将善于利用各种资源，过上富足和幸福的生活。

其次，他高度评价教育在人的发展中起的作用。他认为，人生而具有学问、道德和信仰的种子，这是人可以接受教育的基础。他还提出，人不仅具有受教育的可能，而且人也必须受教育，因为人们赖以发展的"种子"只是潜在的，需要通过教育加以发展。夸美纽斯认为人人都可以接受教育，智力极低的人犹如生来便没有手脚的人一样极其少见。他告诫教师要对儿童的发展充满信心，不要轻易断定儿童"难于教育"而放弃自己的努力。

三、泛智论与普及教育思想

夸美纽斯的教育思想又称为泛智论。所谓"泛智"，即把一切事物教给一切人，并使其智慧得到普遍发展。该思想反映了文艺复兴以来新兴资产阶级要求发展科学和普及教育。"泛智"是夸美纽斯教育思想的核心，是他从事教育活动的宗旨。在夸美纽斯漫长的教育生涯中，对教育的研究和贡献很大，学前教育是其中最有贡献的领域之一。

四、教育适应自然的原则

教育适应自然的原则是贯穿夸美纽斯整个教育体系的一条根本的指导性原则。

夸美纽斯认为，当时学校的教育工作违背自然，扼杀了学生的天性，禁锢了学生的才智。他认为必须改革这种不良的学校，因此提出了教育必须在各方面遵循自然的法则，使学校工作顺利、有效进行。他认为，适应自然主要包括两个方面：① 遵循自然界的"秩序"，即普遍规律。仿效自然界的做法，例如，教育应该从人类的春天——儿童时期开始；在一天中，应该在早晨读书。② 依据人的自然本性和儿童的年龄特征进行教育。他认为，人是自然界的一部分，人的发展也有其本身的法则。教育者应努力探明、发现并遵循这些规律。由于时代的局限，夸美纽斯的教育适应自然原则存在片面、机械和牵强附会的地方，但他力图将零散的教育经验理论化，引导人们注意遵循教育规律，并使教育理论从神学的束缚中解放出来，在教育思想上给人们重大的启示，使教育理论的发展有了突破性的进展。

五、学前教育

（一）儿童观

在西欧中世纪，基督教把儿童看成与生俱有"原罪"的生灵，他们只能历尽苦难生活的磨难，不断地赎罪，才能得到上帝的原谅及拯救。所以，当时的儿童童年缺乏欢乐，其个性受到压制，身体遭到摧残。文艺复兴开始后，人文主义者努力改变这一传统观念。

夸美纽斯提出要尊重儿童。在《母育学校》中，他以满腔的热情，把儿童比作"上帝的种子"，认为儿童生而俱有和谐发展的根基。此外，他还把儿童比作比金银珠宝还要珍贵的"无价之宝"，警告那些欺侮儿童的人，要他们像尊敬基督那样去尊敬儿童。夸美纽斯还把儿童比作一面镜子，透过它人们"可以注视谦虚、有礼、亲切、和谐以及其他基督徒的品德"。夸美纽斯的儿童观，虽然有宗教思想的束缚，但从根本上不同于中世纪的性恶论，体现了他的人文主义思想以及把新社会理想的实现寄予新生一代的热切愿望。

（二）学前教育的意义

学前教育的意义是让父母承担起教育孩子的责任，并关注孩子的灵魂，在孩子身心形成的最早阶段就开始实施教育。

学前期教育的重要意义是夸美纽斯的学前教育思想的基础。他从教育适应自然的原则出发，将儿童比作种子和嫩芽等，认为若要把儿童培养成有用的人，教育就必须始于他身心形成的最早阶段。他呼吁父母要承担起教育孩子的责任，父母不能仅仅注意子女身体的养护和外表的装饰，更重要的是要注意他的灵魂。用教育滋补、抚爱和照管儿童的心智，进行包括德行、虔信、知识和体育在内的训练，把他们培养成忠实的、能智慧地处理各种事务的人。

（三）母育学校的性质、意义、任务

依据民主信念和适应自然的思想，夸美纽斯构筑了一个适用于一切男女儿童的四级单轨学制：① 0～6 岁为婴儿期，儿童在母育学校接受家庭教育；② 6～12 岁为儿童期，由设在每个村落的国语学校进行初步教育；③ 12～18 岁为少年期，由设在每个城市的拉丁语学校实施教育；④ 18～24 岁为青年期，通过设于每省或王国的大学接受高等教育。

夸美纽斯的母育学校就是家庭教育。每一个家庭都可成为一所学校，孩子的父母（特别是母亲）就是教师。他认为母育学校的意义就在于它是前后衔接统一学制系统的第一阶段。教育的每一个阶段都有专门的教育任务，同时，他强调每个阶段的联系又是密切的。

母育学校的任务是为儿童的体力、道德和智慧的发展奠定基础。在教育史上，夸美纽斯第一次从普及教育和儿童心理发展的连续性和阶段性的角度，提出学前阶段教育的任务。他说，母育学校应把"一个人在人生旅途中所应当具备的全部知识的种子播种到他的身上"。

（四）母育学校的教育内容

1. 保健

夸美纽斯在《母育学校》中引用一位作家的忠告："健康的精神寓于健康的身体"，他提醒父母首先应关注保持子女的健康，且应从胎儿时期开始关注。他强调孕妇的心理状态对胎儿的影响。他非常重视锻炼和娱乐的作用，不要让儿童习惯于用药，要让他们生活有规律并保持心情愉快。

2. 德育

夸美纽斯重视幼儿的道德教育，为培养儿童成为一个有理性的人，他强调必须在幼年期，为良好的德行奠定基础："成年时还未受过管理的，到老年就会没有德行。"

在道德教育的内容上，儿童应学习有关德行的初步知识，包括节制、整洁、礼节、尊敬长辈、诚实、不损害他人利益、不嫉妒、落落大方和爱劳动等。夸美纽斯尤其重视节俭和勤劳等品质的培养，认为这是健康和生活的基础及其他一切良好品德之本。

道德教育的方法和手段主要有训斥、榜样和练习。其中练习尤为重要，应多运用。夸美纽斯倡导温和的纪律及积极引导的方法，反对中世纪以来家庭教育实践中广泛采用的体罚，主张在万不得已时才使用。

3. 智育

在西方教育史上，夸美纽斯第一次为 6 岁以下的儿童的智育提出一个广泛而详细的教学大纲。智育的理论基础是他的泛智论、自然适应性原则及唯物主义感觉论。他依据幼儿的年龄特点，提出此时智育的任务是训练幼儿的外部感觉、观察力及获得各类知识，同时发展语言和思维，为以后在初等学校的系统学习做准备。智育是夸美纽斯幼儿教育思想中最有特色的部分。

夸美纽斯认为智育应该包括自然、光学、天文学、地理学、年代学、历史学、家务、政治学、辩证法、算术、几何学、音乐和语言等。他相信，这种启蒙性质的教育可以为儿童奠定各门科学知识的最初步的基础。

夸美纽斯高度重视自然科学知识，力图使儿童在获得有关知识的"种子"的同时，教会他们辨别和称呼那些东西，亦即发展语言；他提出用容易了解的方式，让儿童认识历史、经济和政治的初步原理；传授社会知识时，也力求教会儿童能知、能言和能行。此外，夸美纽斯重视训练儿童的"体外感觉"及分辨外界事物的能力，尤为重视视觉的培养。他认为感觉是知识的主要源泉，所以重视发展儿童的视觉和培养儿童的观察力。

4. 活动及游戏

夸美纽斯高度评价游戏的作用，认为游戏是母育学校中对儿童进行全面教育的手段。依据幼儿的发展特点，他强调要提供给幼儿活动的机会。由于儿童天性好动，所以，对儿童不应加以限制，应让他们有事可做。他规定了一条原则：凡儿童喜欢的东西，只要没有害处，就应让他们通过玩而得到满足，而不应阻止。因为儿童不活动，对身心两方面的损害更多。夸美纽斯认为给儿童以活动的自由有三个好处：一是可以锻炼身体，增进健康；二是可以运用和磨炼思想；三是可以练习四肢五官，使之趋于灵活。

在活动的方式上，夸美纽斯认为最适合于幼儿的是游戏。他指出，在游戏中，儿童的精神专注于某种事物，自然本身在激发他们去做事情，这样儿童就可以受到一种积极生活的锻炼。同时要求父母积极行动起来，帮助和指导甚至直接参加儿童游戏。

5. 玩具

夸美纽斯认为真的工具经常会给孩子带来危险，所以要找一些可取代的玩具，如木剑、铁刀、锄头、小车、滑板、脚踏车和建筑物等。儿童也可用泥土、木片、木块或石头搭盖小房子，来表现他们的初步建筑术。他还提议为儿童的眼、耳及其他感官提供一些小的作业，认为这些作业能增强儿童的身心力量。

6. 劳动习惯和手的技能的培养

夸美纽斯鄙视懒惰，主张从小培养儿童的劳动习惯，使他们逐年获得劳动技能。为了发展手的技能，他主张利用幼儿易懂的图画和习字，用游戏的方式教他们画直线、钩弯、

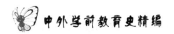

十字和圆圈。

7.语言发展

为了发展儿童的语言，夸美纽斯认为首先必须教会他们清楚准确地发字母、音节和全字的声音，然后说出他们日常所见和所用的一切东西的名称。他还建议用游戏的方式来发展语言。母育学校要培养儿童正确地使用本族语言说话的技能，此外还应当为思维的发展打下基础，他认为此时儿童已有这方面的萌芽。

（五）幼儿的集体教育

在《母育学校》中，夸美纽斯强调幼儿集体教育的必要性。他认为同龄儿童在态度和思维方面的进步是相同的，与成人的教育相比，他们能更有效地相互促进智力的发展。对于其他儿童来说，某个儿童的发展不会无法企及；在他们中间，既没有某个儿童对其他儿童施加控制、强制或恐怖，相反，有的是情感、公正以及对所发生问题的自由讨论。这些都是成人在对待儿童时容易忽略的地方。同龄儿童更宜于彼此影响，所以应让他们共同游戏。同时，夸美纽斯也指出，要教育儿童分辨善恶，防止同不良伙伴交往。

在《泛教论》中，夸美纽斯的幼儿集体教育思想体现在建立以4～6岁幼儿为对象的"母亲督导的班，第一个共同和积极的教学班"，这是"一种特殊的半社会学校"，是为邻近的孩子开设的。在那里，孩子们在母亲的照管下，相互交往、共同游戏、唱歌和数数，培养良好的习惯和信仰，在进行读写之前，锻炼情感和记忆。

六、父母教育指导书

夸美纽斯认为，应为父母或保姆编写一部手册，用来帮助他们有效地教育孩子。手册的内容应包括：① 父母及保姆的教育责任；② 儿童所学各科教学大纲；③ 教学方法，主要是指出教授每一科目的最佳时间以及所应采用的最佳言语和姿态。夸美纽斯的上述思想在《母育学校》里有详尽阐述。

七、儿童教材

夸美纽斯还提出，应为儿童编写一本可供直接观赏的图画书。他已意识到，在幼儿阶段，教育的主要媒介应是感官的知觉，而其中最主要的是视觉，所以应把各门学问中最重要的事物以图像形式输送给儿童。总之，图画书中的内容正好和《母育学校》中提出的教学大纲相对应，可以配套使用。夸美纽斯也重视儿童语言的发展，提出每张图画的上端应写出它所代表的物体的名称。他认为，这种图画书有三个用处：① 帮助事物在儿童心灵留下一个印象；② 使孩子形成一种观念，认为从书本上面可以得到快乐；③ 帮助儿童学习阅读，掌握语言文字。上述原则都体现在《世界图解》一书之中。

八、进入公共学校的准备

在《母育学校》中，夸美纽斯详细论述了儿童在何时入小学以及入学前应做的准备。

1．入学年龄

他认为儿童 6 岁前入小学是不合适的。一方面，稚龄儿童需要较多的监护和照顾；另一方面，在儿童 5、6 岁以前，其头脑还未发育成熟，使他们在游戏、生活中自然地、不自觉地感知事物就可以了。但是，他又指出，6 岁以后的儿童，若不把他们立即送入学校接受较高一级的教育，他们将会变得懒散，而且很难对其再进行教育。此外，还可能从懒散中沾染恶习，而且难以去除。

2．入学条件

鉴于儿童发展的差异性，夸美纽斯提议，父母如果有才能优越或低下的特殊子女，他应该去请教学校教师或视导员，以便安排合适的教育。他提出，儿童是否适合进入公共学校，需看其是否符合以下标准：① 该儿童是否真正获得在母育学校所应学会的东西；② 他对问题是否有注意和辨别、判断的能力；③ 他是否有进一步学习的要求或愿望。

3．入学前父母的做法

夸美纽斯指出，父母应把子女送往学校，但父母不要用儿童对教师和学校的恐惧来惊吓、刺激儿童。正确的做法应当是：第一，在儿童接近入学时，父母、家庭教师和监护人应当以快乐的心情尽力鼓舞儿童，还要告诉儿童入学获得学问是何等美好的事情。第二，应当用各种方法努力激发儿童对于未来教师的信心和爱戴。

九、评价

夸美纽斯在论述幼儿教育时，不仅广泛汲取了以往和当时教育思想发展的成果，而且还力图在当时科学发展的水平以及他个人对儿童生理及心理发展的认识水平上，把幼儿教育建立在一定的科学基础上，这是十分可贵的。夸美纽斯的幼儿教育理论，为近代西方幼儿教育理论的发展奠定了一定的基础，标志着西方幼儿教育研究从神学化向人本化的方向转变。

第三节　学前教育先驱艾吉渥兹
父女的学前教育思想

理查德·洛弗尔·艾吉渥兹（Richard Lovell Edgeworth，1744—1817）是英国和爱尔兰教育家。其女 M·艾吉渥兹（Maria Edgeworth，1769—1849）是教育家、作家。

一、生平与代表作

R.L.艾吉渥兹 1744 年生于英格兰的巴斯，后定居爱尔兰。曾就读于牛津大学。他原是卢梭的信徒，曾按卢梭在《爱弥儿》中的教育方法教育其第一个男孩，但未获成功。这促使他去探索更有效的教育方法。他的第二任妻子斯奈德对教育问题也很感兴趣，她视教育为一门实验科学，坚持每天记日记，记录下自己对孩子成长过程的观察和思考。她去世后，R.L.艾吉渥兹将她的日记继续记下去。这些日记中的很多材料成为 R.L.艾吉渥兹教育著作中的重要内容。R.L.艾吉渥兹 1806 年还成为调查爱尔兰教育的委员会成员。R.L.艾吉渥兹被女儿 M.艾吉渥兹评价为"是最先掌握了培根可能称之为教育的实验方法的人"。

M·艾吉渥兹与父亲合写了《实际教育》（又译《实用教育论》或《实践教育》，1798年出版），在英国有很大影响。英国教育家劳伦斯（E.S.Lawrence）在 1970 年这样评价："这本书简单明确地提出了现代教育思想和实践的重大原则……对今天的学校仍十分有用。"R.L.艾吉渥兹还著有《专业教育论文集》（1809），论述准备担任教士、教师和政治工作者的教育。M.艾吉渥兹著有《道德故事》等。

二、儿童的玩具和游戏

艾吉渥兹父女认为玩具和游戏可以引导儿童去思考。在《实际教育》的第一章中，专门论述了玩具，他们推荐使用规则的木制物体、立方体和球状物作为孩子们的玩具，还建议让儿童开展放风筝、推铁环等游戏活动。

艾吉渥兹父女认为，儿童在游戏时可以学到很多东西。游戏与工作或学习的界限不是绝对的，可以在游戏中对儿童进行教育。当孩子们对一切事物感兴趣时，他们会全力以赴争取成功，但是只要他们的注意力开始集中在某一事情上，不论这是什么事情，他们便不再是无所事事地游戏，而是在积极地工作了。

劳伦斯认为，艾吉渥兹父女关于游戏与工作或学习的观点反映了一条教育哲理，即游戏作为教育手段的价值。

三、儿童的兴趣

艾吉渥兹父女认为，儿童学习的起点是他们的兴趣，教师要善于发现学生的兴趣。他们认为，如果一个活泼的孩子不喜欢读书，我们不能强加给他任何书本或任务，而应该观察他在自己最喜欢的娱乐中的表现，注意他的兴趣所向并加以培养。不必让他坐在书桌前，可以引导他去思考并且获得丰富的知识，这样做，可以造就与乐趣相关的精神专注并能加以应用的习惯。因此，教师可以把各种知识与儿童直接感兴趣的工作联系起来。在培养儿童早期理解力时，教师的首要任务是使孩子注意力集中，或引起对我们期望他们所做的事发生兴趣。

艾吉渥兹父女强调艰苦努力在学习中的作用。虽然他们强调兴趣在学习中的重要性，但并不提倡"兴趣主义"。重视儿童的学习兴趣并不意味着在学习中无须个人努力。

四、儿童的能力

艾吉渥兹父女重视发展儿童的想象、思维、创造等各种能力。他们认为在教育过程中，不应简单地强调死记硬背，而是要鼓励儿童寻求答案的原因或思考为什么这个答案是对的。

他们认为，在教育中，关键是要把所学的知识当作想象和判断的材料加以选择和组合，并运用到解决实际问题中去，而不仅仅是储存知识。在一般的教学模式中，保持性记忆力的训练多，而回忆性记忆力的训练少。当他们死记硬背诸如地理或历史知识时，他们的创造性和理智的本领处于被动状态，这样，他们所学到的知识也不能与现实生活中的情况联系起来。这些知识可能是在付出痛苦和劳动之后才装在记忆之中的，但必须按照当时死记硬背的顺序才能回忆起来，而不是按照所要应用的顺序来回忆。显然，学生踏入社会后，他们之间的最大差别主要取决于他们对自己知识的应用，而不取决于其知识拥有量。

艾吉渥兹父女对于学习知识和运用知识之间关系的理解有合理之处。

五、对教师的要求

艾吉渥兹父女认为教师应具有广博的知识并掌握正确的教学方法。他们对教师的要求有以下几点。

1. 让儿童按自己的方式去活动或学习

他们认为，不能打断婴孩的活动。当他希望动手时，不应该让他走路，当他兴致勃勃学走路，专心致志地像走绳索的人一样地学习身体的平衡时，不能突然制止他，非让他去学我们强加的贫乏无味的词汇。当孩子们忙于进行他们力所能及的试验时，不应打断他们的思路，制止他们通过自己的经验获取知识。

2. 对于儿童自己可以做到的事情，教师不要过多地包办代替

艾吉渥兹父女认为，教育过度的危险性甚至比教育不足的危险性更大。我们不能把发现的步骤一股脑儿都告诉年轻人，我们要时时停下来看看他们是否能想出来。这样做，学生往往出乎我们意料而获得成功。

3. 对于书本知识的学习，不要过早

知识学习如果急于求成，就会适得其反，使儿童的理解力受到伤害，致使以后在学习中"可能永远钻不进去"

艾吉渥兹父女对希望自己的孩子比邻居的孩子读书早的观念进行了批判，指出比一般孩子认字早，这种"好景"也可能不会长久，儿童要能够应用所学的知识，而不在于早几年或迟几年拥有这些知识。

4. 在教学中，教师要善于使用教具

艾吉渥兹父女说：在教学时，半英寸的立方体有着极大的优越性，孩子的小手一下子

便可以把它抓起来。它们可以任意组合；眼睛也能很容易地一下子数清它们。思想也有意识地被引导着考虑这些组合，学生们不仅联系到简单的数目字，而且也联想到它们的数量和形状，借助这不同形状产生的术语。例如，正方形、长方体等，也更加容易理解。当孩子们学到正方形或长方体时，也更加容易记住有关的数字。这要比仅仅根据某些定律公式进行教学的效果更佳。

六、评价

艾吉渥兹父女的教育思想是 19 世纪初期英国重要的教育思想之一。他们的理论是"以对儿童的直接观察为基础的""为了解儿童的思想方式提供了依据"。他们虽曾受到卢梭的教育思想的影响，但并未亦步亦趋，而是提出了自己独特的见解，体现了英国教育家的务实精神。总之，艾吉渥兹父女在世界儿童教育的历史中占有一定的地位。

第四节　洛克基于绅士教育的学前教育思想

约翰·洛克（John Locke，1632—1704）是英国资产阶级唯物主义的哲学家、政治思想家和教育家。在哲学上，他是 17 世纪英国唯物主义经验论的重要代表人物。在教育上，他提出了绅士教育理论，主张培养资产阶级化的贵族或贵族化的资产阶级。

一、生平与代表作

1632 年，洛克出生在一个律师家庭，幼时受过严格的家庭教育。1652 年毕业于威斯敏斯特公学，随即入牛津大学研究哲学、物理、化学、医学，1658 年获文学硕士学位。1675 年，获得医学学士学位。1673 年，担任舍夫茨别利伯爵的秘书，步入英国政界。1683 年，为逃避保皇党的迫害逃往荷兰。1688 年"光荣革命"后重返英国，深受革命胜利的鼓舞，在几年里连续发表了一些重要的政治、哲学和教育方面的著作，主要著作有《政府论》（1689）、《人类理解论》（1690）和《教育漫话》（1693）等，为新政权提供理论依据。其中《教育漫话》系统表述了新兴资产阶级在教育方面的要求，成为从西欧中世纪的宗教教育发展到近代为现实生活服务的世俗教育的中间环节。1696 年担任贸易和殖民地委员会的委员，任职期间拟定了《贫穷儿童劳动学校计划》。1704 年 10 月 28 日病故，享年 73 岁。

二、思想基础

洛克继承了培根的唯物主义经验论，提出了著名的唯物主义经验论的"白板说"，肯定了教育的重要性。他的教育思想不仅与他的哲学观点不可分割，而且与他的政治思想相关联。除了"白板说"以外，洛克还主张经验论，认为一切思想和观念都源于感觉经验，感觉是认识世界的主要手段，经验是知识的主要来源。他还将经验分为"外部经验"和"内部经验"，作为儿童获得知识的两种途径。"外部经验"是指人们通过自己的感官来获得关于外部世界的认识，而"内部经验"是指人们通过心灵本身的活动，即通过反省获得认识。洛克的这种"先天否定论"和"后天教育决定论"的观点，为儿童接受教育奠定了基础。

三、教育的作用与目的

（一）教育的作用

洛克反对天赋论，主张"白板说"，极为重视教育的作用。他看到教育对于巩固当时英国君主立宪政体的作用，认为通过教育，可以培养"绅士"，推动经济发展，巩固国家政权。

洛克还指出了教育在人的个性形成中的作用。他认为教育会改变人的发展方向，儿童观念的形成和完善的过程就是受教育的过程。教育在人的发展过程中起着非常重要的作用。

（二）教育的目的

洛克在《教育漫话》中明确地提出："英国教育的目的是培养绅士"，绅士应当是一个有德行、有智慧、懂礼节和有学问的人，一个有益于国家的人，一个竭心尽力地为祖国服务的人。他还强调说，绅士教育要从儿童幼年时就开始进行。

四、儿童教育的内容和方法

在教育内容上，洛克把教育分为体育、德育、智育三个部分，这三部分的划分在西方教育史上还是第一次。洛克对教育内容的论述，带有明显的资产阶级功利主义的色彩。

（一）体育

《教育漫话》的第一句话就是"健康之精神寓于健康之身体"。一个绅士要使自己的事业获得成功，达到个人幸福的目的，就要有强健的体魄。在西方教育史上，洛克是第一个提出并详细论述儿童体育问题的教育家，他特别强调通过体育锻炼来培养绅士的意志，尤其是"忍耐劳苦"的精神。作为一名有过多年医学研究、自然科学工作经验的医生与教师，洛克对儿童身体的养护和教育提出了很多颇有价值的见解。

关于身体健康的标准，洛克认为是能忍耐劳苦。他提出了一套适应当时科学水平的健康教育计划。

首先，他反对父母对儿童娇生惯养，强调儿童应及早锻炼，应多在户外生活，惯于忍受冷热晴雨。他认为，儿童的身体有很大的适应性，只要从小注意锻炼，就能适应任何环境。他要求儿童的衣着无论春夏秋冬都不可过暖，每天要用冷水洗脚或洗澡，睡硬板床。

其次，儿童应多运动，多睡眠。在洛克看来，通过组织儿童参加各种体育活动来提高体质是非常重要的。除儿童每日参加户外活动，他还主张学习游泳，这既是一种能应付急需的技能，对于健康亦有很多好处。他称睡眠是自然给予人们的"甘露"，它最能增进儿童的生长与健康，是儿童可以充分享受的。

最后，儿童的食物要清淡、简单。洛克要求儿童少食油腻、肉类食物，且3岁前最好禁吃各种调味品。洛克还强调儿童要少用或不用药物，不要给儿童任何药物去为他预防疾病。

（二）德育

洛克认为，德育是儿童教育的核心。绅士教育强调在绅士所应具备的各种品性中，德行是最重要、最不可或缺的。其次则应培养儿童良好的礼仪，促进儿童的智力发展。洛克提出，德育的任务是要在儿童身上打好德行的最初基础：敬仰上帝、说话真实及和善待人。道德教育的主要内容就是培养儿童坚强的意志和性格，养成遵守道德纪律的习惯。在了解儿童的基础上，洛克提出来了一些在当时来说具有进步意义的道德教育方法，具体如下。

1. 及早教育

"及早"是洛克的一个重要教育原则，他极力主张通过练习及早培养习惯。在他看来，儿童不是用规则可以教得好的，规则总是会被他们忘掉。克制不合理欲望的能力的获得和增进靠习惯，而使这种能力容易地、熟练地发挥则靠及早练习。洛克认为，习惯的力量比理智更加有恒，更加简便。但在习惯的培养上应注意两件事：要和颜悦色地进行劝导以及同时培养的习惯不可太多。

2. 说理教育

洛克主张采用说理的方法使儿童辨别美与丑、善良与邪恶。他提出儿童是有自尊心的，父母应尊重儿童，用说理的方法代替"强制"与"权威"。同时，在对儿童进行说理教育时，要考虑到儿童的能力与理解力，道理要讲明白。如此，才能达到让儿童明辨是非的目的。

3. 榜样教育

儿童的行为大半是模仿来的。为了培养儿童良好的品德，洛克强调"与其依从规则，不如根据榜样。"他强调父母与导师要言行一致，以身作则，为儿童做出榜样。

4. 实际练习

洛克还重视实际行为的锻炼和练习的方法，他主张对儿童进行实际的道德行为的训练，认为要养成儿童的某种行为习惯，不能光靠死记规则和说教，而应当利用一切机会进行道德行为的实践。

5. 奖励与惩罚

在奖励的方式上，洛克认为父母不应用儿童喜爱之物奖励他，会导致儿童奢侈、贪婪等不良德行的形成。他提倡实行精神奖励，尊重儿童。此外，要尽量避免对孩子的惩罚，特别是鞭挞用得越少越好。

（三）智育

洛克认为德育最重要，智育是为培养好德行服务的。一个有德行或有智慧的人比一个大学者更可贵。洛克将知识分为直觉的知识、论证的知识和感觉的知识三类，他认为人的知识对其德行有两种作用：对心地良好的人来说，学问对德行与智慧都有帮助；对那些心地并非善良的人来说，学问会使他们变得更愚蠢、更坏。在儿童的知识教育方面，洛克认为其目的不但在于传授科学知识，而且在于发展人的理解、思维能力，从而为今后的学习奠定基础。

在如何培养儿童智力的问题上，洛克提出了三点措施：首先，要培养儿童爱好知识、肯于钻研的精神。让儿童独立地钻研课业，自己获得知识。其次，要培养儿童好问的精神。要善于抓住儿童求知的时机，鼓励儿童提问题，父母或导师对儿童提出来的问题应该给予满意的答复。最后，要培养儿童独立思考的能力，导师要善于诱导，开启儿童的心智。

论教学方法时，在洛克眼里，儿童天性好动且热爱游戏，因此可以采用游戏教学、实物教学、练习以及学习原著的方法。此外，儿童对未知的事情充满好奇心。洛克认为激发他们的兴趣是极为重要的，教师应对儿童的好奇心加以鼓励，并认真回答他们提出的问题。

五、评价

洛克有关儿童教育的内容十分丰富，包括体育、德育和智育，其中有很多精辟的见解，提出了很多有价值的教育方法。但是洛克推崇的是家庭教育，主张儿童的教育应通过家庭教育的形式来进行，父母和教师在家庭教育中起主导作用。

第五节　卢梭的自然主义学前教育思想

让·雅克·卢梭（Jean Jacques Rousseau，1712—1778）是18世纪法国启蒙思想家、哲学家和教育家。

一、生平与代表作

卢梭生于瑞士一个钟表匠家庭，母亲早逝。10岁时，父亲因与一军官发生冲突，被迫离家出走。卢梭被舅父送至波塞学习了两三年拉丁文、数学和绘画，这是他一生中唯一一次在正规学校的学习经历。后来，他从事过各种下层职业，广泛地接触了城市和乡村的各种社会阶层，看到了教会的腐败堕落、政治的黑暗，以及劳动者生活的痛苦。1742年来到巴黎，应邀为百科全书撰写词条，并投入了启蒙运动先进分子的行列。

卢梭成名于1749年第戎学院的一次有奖征文——《论科学和艺术的复兴是否有助于敦风化俗》，不久又发表《论人类不平等的起源和基础》（1754）、《社会契约论》（1762）等著作，批判封建专制，表达自由、平等的政治观。在教育上，卢梭于1762年完成著作《爱弥儿》，通过塑造爱弥儿这一人物形象，阐述自己的自然教育观。此书在社会上引起轩然大波，巴黎大主教亲自出面，宣布焚烧《爱弥儿》。卢梭被迫逃亡，最后隐姓埋名于法国乡村。

二、自然主义教育理论

（一）自然教育的含义

卢梭提出的自然教育理论是针对当时的封建经院主义教育摧残人性、违反自然提出的。自然主义教育的核心是"归于自然"，"自然的状态"在教育上是指人性中的原始倾向和天生的能力，使人保持本来的面目，不受外界干预。只有"归于自然"的教育，才利于保持人的善良天性，因此，卢梭认为15岁之前的教育必须在远离城市的农村中进行。

卢梭认为每个人都是由自然的教育、事物的教育和人为的教育三者培养起来的。自然的教育是人力不能控制的，无法使自然的教育向事物的和人为的教育靠拢，只能是后两者向自然的教育趋于一致，才能实现三种教育的良好结合。因此教育"归于自然"即以自然的教育为基准，这才是良好有效的教育。教育应遵循自然天性，就是要求儿童在自身的教育和成长中取得主动地位，无须成人的灌输、压制和强迫，教师只须创造学习的环境、防范不良的影响。

（二）自然教育的培养目标

卢梭在《爱弥儿》中表示，自然教育的最终培养目标是"自然人"。按照他的论述，"自然人"这个概念是相对于"公民""国民"概念来说的：第一，自然人是能独立自主的人，他能独自体现出自己的价值。而公民的一切仰赖于专制社会，失去了自身的独特价值。第二，在自然的秩序中，所有的人都是平等的；而社会之中，公民是有等级的。第三，自然人是自由的人，他是无所不宜、无所不能的，而国家公民在社会中常常是某种专业化的职业人，他被囿于他的职业而失去自由。第四，自然人还是自食其力的人，他靠自己的劳动所得为生。

（三）自然教育的原则与方法

1. 正确对待儿童

卢梭对于当时的父母和教师向儿童强迫灌输旧的道德和知识、摧残儿童天性的做法进行了猛烈抨击。他反对当时贵族家庭将儿童打扮成小绅士、小贵妇，要求其言行举止像成人的做法，称之为"荒谬的时尚"。认为这是没有正确认识儿童。儿童有他特有的看法、想法和感情，用成人的思想要求儿童是最愚蠢的事情。他呼吁人们既不要把儿童当成待管教的奴仆，也不能把儿童当成成人的玩物。

2. 给儿童充分的自由

卢梭认为自然教育的重要原则是自由。他提倡"自然后果法"（也被称为"消极教育"），即成人对儿童不干预、不灌输和不压制，让事物的自然结果来教育儿童。但这种做法并非消极无所作为，而是主张：一是观察活动中的儿童，了解他的自然倾向和特点；二是防止来自外界的不良影响。卢梭解释说：最初几年的教育应当纯粹是消极的，它不在于教学生以道德和真理，而在于防止他的心沾染罪恶，防止他的思想产生谬见。

三、儿童年龄阶段的划分与教育

卢梭根据自己对儿童发展的自然进程的理解，将儿童的教育分为四个阶段，并根据各个年龄阶段身心发展的特征规定了应实施的教育任务，分别是：婴幼儿期（0～2 岁），以身体的养护和锻炼为主；童年期（2～12 岁），以体育锻炼和感官训练为主；少年期（12～15 岁），以智育为主；青年期（15～20 岁），以道德教育为主。以下主要讨论前两个时期的教育。

（一）婴幼儿期（0～2 岁）的教育

卢梭把出生后的两年划为成长和教育的第一阶段，应以身体的养育和锻炼为主。他认为良好的体质是智力发展的基础。关于发展身体的具体意见，卢梭与洛克的近似之处是注意锻炼，使身体能适应比较艰苦的环境，反对娇生惯养。例如，衣着不必太多，床褥不宜过于舒服，以提高适应各种气温、环境的能力；不要过分依赖药品等。

卢梭认为身体保育的一切措施都要合乎自然，要给孩子活动的自由。例如，孩子的原始食欲觉得最可口的食物便是最有益于健康的食物，食肉并非人的天性；衣着要求宽松，为的是让孩子能有活动的自由。他还谴责当时流行的把婴儿用襁褓紧紧裹住的做法，认为这样会阻碍血液和体液的流通，妨害孩子增强体力和成长。卢梭强调，只要注意到不让孩子有跌倒的危险，不要接触一切可以伤害他们的东西，我们就应该让他们的身体和四肢绝对自由。

针对当时上层社会妇女将孩子交给保姆抚养的状况，卢梭主张把婴儿送往乡村，而且妇女到乡村去分娩，自己哺乳孩子。这样，妇女可以住在一个更自然的环境里，也能获得极大的快乐。家庭教师也必须跟随儿童到乡村去，并且由受过良好教育、不重金钱名利的尽可能年轻的人从事这一职业，以便更好地成为孩子的伙伴和知心人。

（二）童年期（2～12 岁）的教育

卢梭认为童年期是从会说话开始。因为在人的身上理智的发展最迟，首先趋向成熟的是感官，所以童年期教育的任务是在继续锻炼身体的基础上，应该首先发展感官。感官是智慧的工具。

卢梭将触觉置于感官中的第一位，主张让儿童多接触具体事物，通过对物品的把玩认识其形状并了解用途。视觉是所有感官中与心灵的判断联系最紧密的一种感觉，它与触觉相辅相成，二者可以结合训练。除此之外，还有听觉，让儿童发音准确，吐字清楚，有节拍和韵调；味觉，尽量让儿童保持原始的口味，不贪食，不贪图享受；嗅觉属于"想象的感觉"，在童年期不宜过分锻炼。

卢梭激烈地批评了在童年期向学生灌输理性教育的做法，认为这是本末倒置。不仅阻碍体力的发展，而且促使他们为了对抗外界强加的义务而学会逃避、虚伪、骗人等恶习。他甚至说，再没有谁比那些受过许多理性教育的孩子更傻的了。因此，他反对在这一时期让儿童读书，儿童周围的事物就是"一本书"，成人主要是对儿童周围的事物进行慎重选择。

另一方面，卢梭也承认让儿童没有一点是非观念是不可能的，而且他们并不是一点理解力也没有，所以卢梭又同意这一时期的儿童应掌握一些道德观念，不过这些观念的教育应当在尽可能晚一些的时候，联系具体事例进行。在方法上要行动多于口训，口训会养成儿童听命于大人指挥的习性，反而有害于他的思考力。最好是利用儿童自身不良行为所产生的自然后果使其接受教训，这样，无须大人的教导和禁止也能使儿童自行改正，且不容易忘记。

四、评价

卢梭的自然教育理论，以及适应儿童天性发展按年龄分期的方法，给当时的传统旧教育带来了极大的冲击，对封建专制进行了猛烈的批判，具有划时代的意义，在西方教育史上被世人誉为新旧教育的分水岭。他提出了一种新的儿童观，批判"原罪说"等封建思想给儿童带来的残害，认为教育不应该是从外部强加给儿童的某些东西，而是人类天赋能力的生长。

尽管卢梭的教育思想有其偏激性和片面性，且《爱弥儿》自诞生起一直在教育界倍受争议，但不可否认，卢梭的教育思想在历史上依然具有积极的进步意义，为后世儿童观和教育观的变革奠定了基础，极大地推动了近代幼儿教育理论的发展。

第六节　奥柏林的学前教育思想

约翰·费雷迪·奥柏林（Johann Friedrich Oberlin，1740—1826），法国的慈善家、教育家，创建了欧洲第一所幼儿学校，也称编织学校，因而被誉为"幼儿学校的创始人"或"幼儿教育的杰出先驱者"。奥柏林基于游戏和幼儿兴趣的幼儿教育实践与理论，推动了法国乃至欧洲幼儿教育的发展。

一、生平及其教育活动

1740 年 8 月 31 日奥柏林在法国东部阿尔萨斯斯特拉斯堡出生，其父亲是当地一所文科中学的教师。从高等文科中学毕业后奥柏林进入大学攻读哲学和神学。大学毕业后，担任家庭教师。从 1767 年 3 月起，奥柏林开始在阿尔萨斯和洛林交界的施泰因塔尔地区的瓦尔德赫教区担任牧师。1769 年，奥柏林创立了"欧洲第一所幼儿学院"，又称"编织学校"。法国大革命时期积极投身于摧毁封建社会秩序和建立一种崭新的社会秩序的斗争之中。1826 年 6 月 1 日，奥柏林因病去世。

二、幼儿学校的目的

奥柏林认为在童年时期，幼儿的心灵是脆弱的和具有可塑性的，尤其是教区里那些无人照管和指导的幼儿，他们的成长引起了奥柏林的极大忧虑。因此，他认为幼儿教育十分重要，在幼儿早期就应该对其实施正确的教育。

奥柏林创建幼儿学校，是为了使它成为一种对那些无人照顾的入学前幼儿进行必要的照管和通过教育使其形成良好习惯的机构。通过把年幼幼儿置于有规律的照管和指导之下，创造出一种有秩序的生活；通过教授正确的法语，使幼儿理解法语的赞美诗和说教；同时通过手工编织的传授，使幼儿学会劳动技能，培养勤劳的精神。

奥柏林认为，设立幼儿学校的好处至少有以下六点，可以使幼儿：一是结束到处游荡的生活；二是可以逐渐养成劳动的习惯；三是可以得到很好的照管和监护；四是可以学习法语；五是可以学到一些文化知识；六是可以学习手工编织挣一些钱。从某种意义上来说，奥柏林创办的幼儿学校实际上是一种幼儿日常托儿所和幼儿园的雏形。

三、幼儿学校的教育内容

奥柏林创建的幼儿学校的教育内容包括标准法语、宗教赞美诗、唱歌、讲童话和格言、观察和采集植物、地图知识、游戏以及手工编织方法的传授等。因为本地方言与法语完全不同，幼儿对许多说教与诗歌的哲理根本不懂，所以首要的任务就是语言教育。此外，他认为语言教育中最重要的就是教儿童讲纯正的法语，不让他们讲粗鄙的话。

四、幼儿学校的教育方法

对幼儿的语言教育可以利用一切手段，例如，女指导员在向幼儿出示一些有关历史、动物和植物领域的图画时，可以分别用法语和方言在图画上标上名称，让每个幼儿先用方言高声朗读，然后再用法语朗读，最后全体幼儿一起朗读。

在奥柏林的幼儿学校里，没有固定的课时表，对幼儿的教育是与游戏结合起来进行的。在教育幼儿的同时，又给他们一些自由，让幼儿进行体育活动、游戏和娱乐活动，活动他们的四肢和增进他们的身体健康，并在这些活动中养成良好的行为。在上课时，幼儿都集中在一起，围成几个大圈。每个大圈配备两名女指导员，一名负责训导和娱乐，另一名教授幼儿手工技能。女指导员经常利用日常生活中生动有趣的事情给幼儿传授一些对以后生活有用处的知识。例如，女指导员有时会拿出一些取材于《圣经》和自然历史的彩色图画给幼儿看，教他们解释图画的内容，有时利用刻在木板上的地图，教他们其中的地名，还要求幼儿复述一些小故事以训练幼儿的记忆力。奥柏林还开设了一个小博物馆，展览农业设施和各种工具，使幼儿有机会了解实际生活的知识。

在《致法国国民议会的信》中，奥柏林这样写道：幼儿学校的女指导员首先以本地方言给幼儿讲一些故事，然后告诉他们法语的名称，使他们逐渐习惯用法语来述说故事。为了培养幼儿的动手能力，还教他们手工编织的方法。通过游戏活动，既满足了幼儿的乐趣，又提高了他们的身体素质，更重要的是使他们互相帮助和友好相处。天气晴朗时，女指导员同幼儿一起散步，使他们了解和熟悉当地的农作物和地理环境以及对家庭有用的东西，让他们采摘一些植物并告诉其名称，还使他们知道和提防那些有毒的植物。

五、幼儿的德育

在道德教育上，奥柏林认为应该培养幼儿对父母、教师和长者的尊重，以及对同伴的富有基督精神的爱心与友情，还应培养幼儿遵守纪律、热爱劳动、爱清洁、懂礼貌和诚实等品质。奥柏林是从宗教观出发培养幼儿的道德精神，他认为博爱的上帝讨厌那些如说谎、虚伪、骂人、不听话以及懒惰等不良行为。在对幼儿进行道德教育时，应利用鼓励和奖赏的方法。

六、幼儿的教师

（一）选择的标准

在奥柏林的幼儿学校里，主要是当地一些心地善良的和有编织技能的妇女担任幼儿学校的指导员，也挑选一些年纪稍大的女孩作为教师的"助手"。其中，奥柏林最得力的助手就是路易斯·舍普勒。在奥柏林去世后，这些女指导员继续在幼儿教育领域产生了很大的影响。1829 年，路易斯·舍普勒获得了由法兰西学院颁发的"伟大的道德奖"。

（二）适当的培训

奥柏林往往将所要教授给幼儿的内容先给女指导员讲解，使她们能够更有效地对儿童进行教育。他指出，幼儿学校的教师要克服偏爱和软弱的心理，如果教师出于偏爱或软弱而对有缺点的儿童给予奖励，实际上就是欺骗儿童。教师不要对儿童做出不公正的评价或不公正的事情。建议至少每 3 个月举行一次女指导员之间的经验交流，以便不断改进教育工作。

七、评价

奥柏林的幼儿学校的实践和理论是颇有新意的，对当时法国以及欧洲一些国家的幼儿教育产生了一定的影响。奥柏林唤起了社会公众对幼儿教育的极大兴趣。尽管 19 世纪英国空想社会主义者欧文并不了解奥柏林幼儿学校的情况，但他后来在苏格兰纽兰纳克办的幼儿学校，在很多方面与奥柏林的模式有相似之处，但比奥柏林有更大的影响。

第七节 裴斯泰洛齐的家庭学前教育思想

约翰·亨利赫·裴斯泰洛齐（Johann Heinrich Pestalozzi，1746—1827）是 19 世纪前后瑞士著名的民主主义教育家，终生致力于贫苦儿童的教育事业。

一、生平与代表作

裴斯泰洛齐生活的时代，资本主义在西欧开始确立。封建地主按照资产阶级的经营方式改造经济，对农民进行残酷的剥削。裴斯泰洛齐目睹了农民的遭遇，立志于改造社会，解除人民的痛苦。

裴斯泰洛齐的教育活动主要有以下四个阶段。

第一，新庄时期。1768 年，裴斯泰洛齐在家乡开办了名为新庄的示范性农庄，进行新的耕作方法的实验，试图帮助农民摆脱贫困但未成功。

第二，斯坦兹孤儿院时期。1798—1799 年，裴斯泰洛齐在斯坦兹办孤儿院，收容了 80 多个 5～8 岁的孤儿，建立了亲子般的关系，带领孩子一边劳动，一边学习。

第三，布格多夫学院时期。1799 年，裴斯泰洛齐在布格多夫城的郊区学校得到了一个助理教师的职位，不久后到一个市立幼儿园任教，继续进行初等教育新方法的研究。1800 年，政府批准成立一所寄宿学校，同时又是一所师范专科学校，裴斯泰洛齐担任领导工作。

第四，伊弗东时期。1805 年，裴斯泰洛齐把学校迁往伊弗东，参观者络绎不绝，各种教学法得到广泛实验和应用，并在各国传播。

裴斯泰洛齐的教育代表作有《林哈德与葛笃德》《葛笃德如何教育她的孩子》。前者通过农民林哈德夫妇及其子女的生活故事，阐明以教育改良社会的观点。强调进行与大自然相结合的教育训练，阐明新教育要求生产劳动过程与教学过程相结合。后者探讨了符合儿童身心发展的规律并简易到每个母亲都能掌握的初等教育方法，核心内容是要素教学法。

二、教育基本理论

（一）人性论与教育目的

裴斯泰洛齐提出人的二重本性，认为人兼有动物性与崇高性。动物性是指个人保存自己的本能，是一种低级天性；崇高性追求自我完善，能懂得和实现真善美的更高价值。教育的任务就是尽可能把低级天性往高级天性阶段培养和造就。

裴斯泰洛齐认为教育目的是促进人的一切天赋能力和力量的全面、和谐的发展。他认为，人的本性包括智力、精神和身体三个方面，这三个方面互相联系。教育的目的就是使人成为有道德、有智慧、有劳动能力与身体健康的人，以造就所谓的"完人"和"真正的

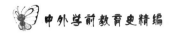

人性"。

根据上述原则，裴斯泰洛齐提出了"教育适应自然"的原则，即按照儿童的天性及发展规律进行教育，根据他的天赋能力，循序渐进，使其各方面的能力得到均衡、和谐的发展。

（二）教育心理化

教育心理化是裴斯泰洛齐新式教学的总原则。他认为，只有使教学过程与儿童心理的自然发展相一致，才能使儿童的天性及能力得到和谐的发展。教育心理学化包含两层含义：一是就教育的目的或结果而言，要求教育应使人固有的、内在的能力得到培养和发展；二是就教育活动或过程而言，教育应与儿童的心理特点及人性规律协调一致，注意个别差异，区别对待素质不同的儿童，使儿童获得身体、智力和道德发展的自主性。教学如能遵循儿童心理发展的顺序，就能使儿童认识自己的能力，激发他们学习的兴趣。

裴斯泰洛齐反对机械灌输的旧式教学，认为合理的教育方法的基础是对心理发展过程的认识，并强调教学应和儿童对事物的亲身经验联系起来。据此，他提出直观性教学原则。他指出，儿童的观念形成主要依赖于感官，教学就是把混乱、模糊、孤立的感觉印象一个个呈现在人的眼前，最后与已有知识系统组合起来，使之成为清晰的观念。

（三）要素教育论

要素教育论是裴斯泰洛齐基于教育心理化理论对初等教育内容和方法的重要论述。裴斯泰洛齐认为，在一切知识中都存在着一些最简单的"要素"，它们指儿童自然能力的最简单的萌芽。教育过程应从一些最简单的、能为儿童所理解和接受的要素开始，逐步过渡到更加复杂的要素，以促使儿童各种天赋能力的和谐发展。人的全部能力可分为意愿、智慧和实践能力三种，因而必须将教育分为德育、智育和体育。

德育的最简单要素是儿童对母亲的爱，道德的要素教育便应从在家庭中培养亲子之爱的感情开始，逐步扩展为爱兄弟、爱邻人、爱全人类及至爱上帝。

智育的最简单要素教育是整个要素教育的核心。儿童智力的最初萌芽是对事物的感觉与观察能力，这就是事物的数目、形状和名称。认识这三个要素的相应能力是计算、测量和表达，而培养这三种能力的学科是算术、几何与语文。

体育的最简单要素是儿童身体各关节的活动，因而体育便应从锻炼关节活动开始，逐渐发展站、行、跑、跳、掷、摇和角力等各种活动能力，使儿童不仅获得整个身体的健康，亦获得初步劳动能力的训练。

三、家庭教育

（一）起居室是"人类教育的圣地"

裴斯泰洛齐把家庭关系看作最起码、最重要的自然关系。他认为，如果说儿童健康成长的内在源泉在其自身，那么外在源泉则是父母的教育。家庭生活以爱为依托，正义是以爱为根基的。父母的心可燃起孩子的信仰与爱。家庭生活是真正良好教育的天然基础。家庭是教育的起点，应成为任何自然教育方案的基础，它是培养人品和公民品德的大学校。

（二）教育父母是教师的重要任务

裴斯泰洛齐强调国民教育的首要目标是要恢复家庭教育的力量，并把这种教育提高到更高的水平。为改善全民的教育，首先要激发父母的自觉性，通过提高父母的道德水准来普遍地改善每个家庭的生活。其次，当有足够多的人认识到正确的教学和教育方法时，就可以在起居室进行初等教育，并由母亲们进行这种教育。他试图用通俗的教育读物影响广大民众，尤其是母亲们，他始终如一地把教育母亲看成教师的最重要的任务，强调母亲在早期教育中的重要性，认为母亲是"教育的第一位力量"。他也赋予了母亲崇高的责任，要求她们细心观察儿童，用爱关怀儿童，在家庭中弥补学校无法做到的事情。

（三）从家庭教育中寻找教育科学的出发点

裴斯泰洛齐设想是否能慢慢地在社会上做到取消学校，把孩子的教育权完全交到父母尤其是母亲手中。但后来的实际教育经验使他认识到学校的必要性。但他同时意识到，学校不可能包括对人的教育的全部内容，不能替代父母、起居室和家庭生活的地位。学校永远无法代替家庭教育。学校只能作为家庭教育的辅助手段。学校教育必须与家庭生活相一致。

裴斯泰洛齐力主根据家庭教育的原理改造初等学校。力求在学校教育和家庭教育之间建立起密切的联系。为此，他设想要建立试验性的学校。在这种学校中，孩子们可以掌握智力和实践教育的要素，使他们每个人在离开学校后又能够去训练他的兄弟姐妹。

四、儿童早期教育

（一）德育

裴斯泰洛齐肯定了教育的最终目的是提高人的道德品质。

首先，唤起儿童的道德情感。裴斯泰洛齐提出了"共鸣原则"，即道德不能强迫，而是在"共鸣"中产生，在母亲满足孩子需要的相互接触中产生诸如爱、信任等基本道义。

其次，培养儿童的自我克制力。它的重点在于养成习惯，只能通过长期不断的训练。母亲既不能忽视孩子的合理要求，又不能听任孩子的非分要求，应用理智的爱引导孩子。

最后，鼓励儿童在道德上逐步独立。母亲应鼓励孩子尝试与练习，通过观察他人的行为，对事物和人进行评价和判断。

（二）智育

裴斯泰洛齐把感觉、说话和思维这三种能力看作发展一切智力的手段的总和。根据实物教学的方法，他进一步提出"近环境教育法"，认为距离的远近会影响人的感官活动的效

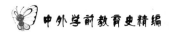

果。为进一步发展儿童的感觉能力，他提出要编制训练感官的特定练习，建议用游戏的方式进行，不进行强制；说话的能力对于思维的发展非常重要，他主张把感官的训练和说话器官的训练紧密联系起来。

此外，他还认为激发学习兴趣是智育的重要方式，儿童不勤奋的根源大多在于缺乏兴趣，要避免用恐惧的方式来激发兴趣，要鼓励儿童多动脑，用范例激励学生。

（三）体育

体操是裴斯泰洛齐最重视的体育内容，它能够给儿童带来健康和愉快，激发儿童团结友爱的精神，也是道德教育极其重要的条件。他还主张将体操和儿童的游戏及自由玩耍结合起来。但他反对让儿童过早地从事专门的体育训练，否则会导致畸形发育。

（四）美育

美育包括音乐、美术、绘画和模型等。音乐是德育最有效的辅助手段之一，能够使人心情舒畅，摒除一切恶念，起到陶冶心灵的作用。儿童正处于喜好模仿的时期，学习绘画有助于儿童观察力的发展，并且更利于模型的制作。

五、评价

裴斯泰洛齐受自然主义教育思想的影响，认为教育应适应自然，符合儿童的年龄和心理特点，并在教育史上第一次明确提出了教育心理学化的口号，开启了 19 世纪欧洲教育心理化运动。他所提出的要素教育思想，奠定了初等学校各科教学法的基础。裴斯泰洛齐重视母亲和家庭在教育中的地位，使家庭在儿童的教育中承担起更加重要的责任。他提倡的爱的教育对以后的幼儿教育家，特别是德国幼儿教育家福禄培尔产生了深刻的影响。

第八节　马克思主义教育学说
先驱欧文的学前教育思想

罗伯特·欧文（Robert Owen，1771—1858）是 19 世纪英国杰出的空想社会主义实践家，创办了世界上第一所幼儿教育机构。

一、生平及其教育活动

欧文出生于北威尔士一个小手工业者家庭。幼时曾进初级小学进行学习，10 岁开始独自谋生，在工作中仍挤出时间学习。

1800 年，他成为苏格兰新拉纳克一家大纺织厂的经理，在经营工厂的实践中，看到了资本主义制度对工人的剥削，对无产阶级产生同情，开始致力于社会改革和教育改革的实践。欧文为 1～6 岁幼儿创办了学前教育机构——幼儿学校，1816 年 1 月 1 日与其他教育机构合并成为"性格陶冶馆"。通过改革，新拉纳克成为模范新村。

1824 年，欧文在美国印第安纳州创设了共产主义性质的"新和谐村"，实施财产共有、共同劳动、按劳分配和平等享受教育的社会改革实验。欧文的公社学校包括为 2～5 岁儿童开设的幼儿学校，为 6～12 岁儿童开设的日间学校，为少年和成年工人开设的业余学校。

二、性格形成说

欧文的性格形成说直接继承了 18 世纪法国唯物主义者爱尔维修等人关于"人是环境和教育的产物"这一观念。关于"人的性格是如何形成的"这一问题，欧文指出，人们自古以来一直认为一个人的性格是由其自身形成的，所以每个人要对自己的行为和情感负责。然而事实上，一个人的性格从来不是并且永远不可能由他自己形成，而是由"外力"决定的。

欧文认为人的性格有三个方面的决定因素：天性、环境和教育。天性即遗传因素，人在出生前就已经产生了气质、才能上的差异。

欧文认为，"人是环境的产物""环境决定人的性格"，只有自然和社会应对每一个人的性格和行为负责。所以，想要培养良好的性格，就要从改造环境开始。

欧文还强调："人可以经过教育而培养成任何一种情感和习惯或任何一种性格。"因此，性格的形成也依赖于良好的教育，通过教育可以改变人的思想，形成好的性格。

三、重视儿童早期教育

欧文强调应重视儿童早期教育，认为儿童在这一时期养成良好的习惯和品性十分重要。他指出，应该选择符合儿童年龄的知识教给他们，在教授时要理论联系实际，反对死记硬背。

四、幼儿学校

（一）幼儿学校设立的必要性

从性格形成学说出发，欧文十分重视幼儿教育，他认为早期教育在人生中具有重要意义。要想具有良好的性格，就应从儿童出生时对他们进行系统的训练和教育。

欧文在新拉纳克设立幼儿学校的初衷在于改善工人幼小子女的悲惨处境，并用新的原则来实施教育。家庭主妇将孩子送往幼儿学校后可以打工赚钱，并且防止孩子沾染恶习；孩子与父母的暂时分离也可以使双方感情有所增进。

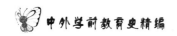

欧文在总结以往经验的基础上，提出儿童公育制度，他认为设立幼儿学校是建立新社会的第一个重要步骤，是为了开创一种组织和管理的合理制度。幼儿学校包括托儿所、幼儿园和游戏场，招收2～5岁的儿童，不收取费用，工厂每年为每个儿童的教育花费2英镑。

（二）幼儿学校的设施和管理

游戏场是欧文为幼儿学校设计的多功能的重要基本设施之一，他认为游戏场的功能在于：供儿童在户外新鲜空气中玩耍游戏，以增进儿童健康。同时，游戏场还须作为军事操场和课前课后的集合地点。除游戏场外，幼儿学校还有其他设施，如在天气恶劣时供儿童娱乐的房间、舞蹈和歌咏专用教室以及提供一般教育功能的教室，并用动物画、地图或自然中的实物对教室进行装饰。

在学校管理方面，欧文主张实行分班制度，把幼儿学校分为两部分：第一部分招收1～3岁的儿童，在这一阶段，由一名教师负责管理，注意儿童各种习惯的培养，为形成优良的性格奠定基础。第二部分招收3～6岁的儿童。欧文要求用同样的态度对待他们并安排活动。欧文在新拉纳克的幼儿学校以第二部分的教育为主，第一部分仅停留在理论讨论。这两部分又被称作"预备班第一级和第二级"，幼儿从第二级结业就可升入初等学校，接受学校教育。

（三）幼儿学校的教育内容和方法

1. 智育

欧文主张以科学代替宗教和迷信。幼年教育应该教导儿童正确认识生死这一普遍规律。欧文指出，人类接近理性生活的标志是：在教育制度中不再宣传迷信，用自然规律代替迷信。因此，欧文重视科学，反对进行传统的书本教学，力图将教学建立在使儿童认识各种事实的基础上，并培养儿童的思维能力和判断能力。

欧文主张在研究自然时用直观教学法，用明显的示意动作、实物、模型或图画施教，用亲昵的对话进行诱导，激发幼儿的好奇心，让他们了解物品的用途和性质。他把这种方法称作"新颖教育方式"。实物教学或直观教学就是这种新方法的精髓，它能够帮助儿童吸收知识，使教学更有乐趣。

2. 体育

欧文重视婴幼儿的保健，对于0～5岁的儿童，他主张食品应有营养，衣服要宽松舒适，并且多在室外接触阳光和新鲜空气。他认为男孩子应学习作战技术和武器的使用。游戏场的管理者负责教导和训练他们，为他们提供适合儿童体力和年龄的仿真武器，并教导他们理解和练习复杂的军事动作。

3. 美育

欧文认为无论男孩还是女孩，都应该学习舞蹈，以培养他们良好的仪表、优雅的风度以及健康的体魄。儿童还应学习唱歌和奏乐，在参加文娱活动时，通过服饰来培养审美。在进行音乐、舞蹈等训练时，要贯彻宽宏仁爱的精神，使儿童健康、具有自然美，愉快地养成服从指挥和遵守秩序的习惯，在内心产生安宁和幸福感。

4. 德育

幼儿学校德育的首要原则是使儿童自幼养成社会合群精神或集体主义精神。教师应该使幼儿认识到：个人的利益和幸福同他人的利益和幸福之间存在着不可分割的关系。德育的要义就是使儿童养成增进其他人幸福的情感和习惯。进入游戏场时，教师要告诫他们不要伤害小朋友，要尽力使他们快乐。欧文强调，这种以不可估量的利益造福于全人类的原理和实践结合的教学方法，必然给处于人生早期的一切幼儿以深刻的印象。

关于德育的方法，欧文反对对儿童施加惩罚，认为这对受罚者和施罚者都会造成伤害。对于如何避免惩罚，欧文回答说，除了教师的素质和爱心外，儿童对教师的依恋情感能使他们彼此相爱并尊敬热爱自己的教师。

（四）对教师的要求

欧文认为人所接受的知识是从周围事物中得来的，对人们影响最大的就是离他最近的前辈们的榜样作用。儿童所接触的人首先应该具备良好的教育，这样儿童才能受到良好的教养。因此，在儿童的成长中，教师和父母在其性格培养方面责任重大。

在新拉纳克的幼儿学校中，教师的首要条件是富有爱心，绝不可以责打任何儿童，也不允许在言语上进行任何辱骂或在行动上进行威胁。相反，教师与儿童谈话时应该和颜悦色。其次，时刻叮嘱儿童尽力使那些同他们一起游戏的伙伴感到高兴。同时，教师还应了解幼儿的特殊能力，处理好幼儿的天生素质。

五、评价

欧文从性格形成学说出发，认为儿童具有天赋的能力，并且有发展天赋能力的可能性，提倡对儿童的早期教育，希望培养出智、德、体、美全面发展的新人。这些思想体现在幼儿学校的创办管理中。欧文幼儿学校的设置和办学宗旨、教学内容等无不体现了其全面教育的思想。欧文的幼儿学校对后世也有深远影响，1818 年，英国上流社会人士在威斯敏斯特开办英国第二所幼儿学校；1820 年，维尔德斯平开办英国第三所幼儿学校，并设计各种教具、设备。1824 年，伦敦幼儿学校协会成立。欧文的幼儿学校及其学前教育思想与当时科学、教育实践相联系，推动了 19 世纪上半期英国幼儿学校运动的兴起。

第九节　赫尔巴特的复演说及其学前教育思想

约翰·弗里德里希·赫尔巴特（Johann Friedrich Herbart，1776—1841）是 19 世纪德国哲学家、心理学家，科学教育学的奠基人。他的教育思想对当时乃至之后百年的学校教育实践和教育理论的发展产生了非常巨大、广泛而又深远的影响。在西方教育史上，他被誉为"科学教育学的奠基人"，在世界教育史上被称为"教育科学之父"，而反映其教育思想的代表作《普通教育学》则被公认为第一部具有科学体系的教育学著作。

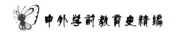

一、生平与代表作

1776 年，赫尔巴特出生在奥尔登堡的一个司法官家庭。1794 年入耶拿大学师从费希特学习哲学。1797 年，前往瑞士任家庭教师，负责教育贵族的三个孩子。在两年左右的教育实践中，赫尔巴特获得了大量的教育经验，这成为他日后进行教育理论探索的重要资源，其间他曾到瑞士裴斯泰洛齐的学校学习。1802 年通过答辩获得哥廷根大学博士学位，并被该校聘为讲师，主讲哲学和教育学，两年后升为教授。从 1806 年进入黄金创作期，陆续出版了《普通教育学》（1806）、《形而上学要论》（1808）、《实践哲学概论》（1808）等著作。1809 年到哥尼斯堡接任该校康德哲学教席，在那里他创办了实验学校，出版了《哲学概论纲要》（1813）、《心理学教科书》（1816）、《科学的心理学》（1824）等著作。1833 年他重新回到哥廷根担任哲学教授直到去世，晚年的重要著作有《教育学讲授纲要》（1835）。

二、思想基础

赫尔巴特教育思想有双重理论基础，即伦理学和心理学。伦理学起着价值规范的作用，即为教育目的和基本方向的确立提供依据，而心理学则为实现教育目的确定方法、手段。其伦理学的基本内容之一是提供了"五道念"，即内心自由、完善、仁慈、正义和公平。其心理学系统地研究了统觉、兴趣和注意力等问题：赫尔巴特把学生在原有观念的基础上将一些分散的感觉刺激纳入意识，且吸收、融合和同化新观念，并构成观念体系的过程称为"统觉"，而注意力和兴趣是统觉产生的条件。

三、教育目的

赫尔巴特将教育的目的分为必要的目的与选择的目的。他所要培养的，就是在"五道念"的基础上，具备所谓完美意志、完善道德品格的人。这种以培养道德为主旨的教育目的，他将其称为"道德的目的"，又称"必要的目的"。

"道德的目的"或"必要的目的"是赫尔巴特教育目的论的重点乃至主要之点。此外，他还提出了"可能的目的"或称"选择的目的"，即儿童在兴趣、能力得到和谐发展的基础上，日后就能自如地选择一门适合社会需要的职业。

四、儿童的发展阶段与教育

赫尔巴特持"复演说"观点，认为儿童个性和认识的发展重复了种族发展过程。他认为在儿童一定发展阶段上的学习内容的选择、安排的基础是种族发展在相应阶段上的文化成果。他在《教育学讲授纲要》中曾专门论述了0～8岁的婴幼儿教育问题，并将其分为两个阶段来论述：0～3岁为婴儿期；4～8岁为幼儿期。

（一）0～3岁儿童的教育

赫尔巴特认为婴儿期相当于人类历史的早期，对身体的养护优于其他一切，与此同时应大力加强感官训练，发展儿童的感受性。具体可分为体育、智育以及管理与训育三个部分。

1. 体育

赫尔巴特十分重视3岁前儿童的养护，必要的照料是儿童发展的先决条件，反对娇惯。但每个儿童的锻炼活动应视其体质而定，健康的身体是德育、智育的必要基础。

2. 智育

智育同样是3岁前儿童教育不可忽视的一部分。赫尔巴特继承发展了裴斯泰洛齐的"直观教学思想"，设想用综合方式丰富婴儿的感觉经验。他认为3岁前儿童的智育要注意以下几点：不应该强迫儿童去了解事物；避免给予儿童强烈的印象；不应迅速更换儿童了解的东西。除此之外，赫尔巴特还提出对3岁前儿童要认真仔细地进行语言教育，以免耽误发展，养成根深蒂固的陋习。

3. 管理与训育

赫尔巴特主张对儿童的管理要从婴幼儿时期开始。他认为，在儿童幼小时加强管理比较容易，避免日后采取强硬手段进行管理。管理是为顺利进行教育、教学创造必要的条件，是为了克服或约束儿童的"烈性"和"冲动"而采取的必要措施。

他重视日常生活方式对儿童性格的影响，但是也指出需要特别注意的是，不要把儿童当作大人的娱乐品，同时任何人也不应听任儿童的摆布，否则易造成儿童的任性。若儿童情绪激动，必须给其时间令其平静。

在如何对儿童实施管理这个问题上，赫尔巴特提出了六种措施，即威胁、监督、命令和禁止、惩罚、权威与爱和不给儿童空闲。同时，他也强调了上述任何一种方法都不可滥用，否则可能产生不良后果。

（二）4～8岁儿童的教育

赫尔巴特认为幼儿期相当于人类的想象期，教学内容应以《荷马史诗》等为主，以发展儿童的想象力，学习读、写、算。具体可分为德育和智育两大部分。

1. 德育

赫尔巴特认为这个阶段儿童的德育应以给其更多自由为前提，以宽严得当的方法培养仁慈观念。同时他还提出了培养仁慈观念的两条间接途径：一条是培养儿童的合群精神或合群习惯；另一条是给予儿童适当的关心。在培养仁慈观念的具体措施上，赫尔巴特提出：首先，要设法使儿童养成合群观念，一旦儿童表现出恶意，就以剥夺其与同伴玩耍为惩罚手段；其次，应通过父母对儿童恰当的关心来使儿童树立正确的仁慈观念。

2. 智育

赫尔巴特从"教育性教学"[①]原则出发,肯定了智育在全部教育的中心地位。在教学过程中,他十分重视儿童的提问,因为其中存在原始的兴趣。同时,他主张回答儿童的问题必须及时而彻底,不应拖延。此外,游戏也是儿童智育的重要方法,他主张让儿童进行一些游戏活动,成人与儿童一起游戏更容易将幼儿引导到一些有益的事情上去。同时,教育者必须驾驭儿童情绪的波动,不可错过施教良机。

赫尔巴特将4~8岁儿童的教学分为了两个阶段进行:前一阶段是非正规教学,与交际、活动、锻炼、习惯培养、道德判断和阅读练习等结合;后一阶段可以开始一些较正规的教学活动来促进儿童智力发展,如学习组合、观察、计算、阅读、绘画和书写等。后一阶段可采用一些直观教学方法:利用棋子、大头针等进行观察练习;利用钱币来数数、计算等。

五、评价

赫尔巴特从儿童的发展阶段出发,主张对儿童从小加以严格管教,并且十分重视儿童的智育工作。根据儿童身心发展的不同阶段提出与之对应的教学内容、教学方法,抓住儿童每一个阶段的关键期。但是,赫尔巴特过于强调儿童的德育和智育,忽略了对儿童的自然教育、劳动教育等问题。

第十节　学前教育之父福禄培尔
的学前教育思想

德国近代幼儿教育家弗里德里希·威廉·奥古斯特·福禄培尔(Friedrich Wilhelm Froebel,1782—1852)创办了世界上第一所幼儿园,建立了完整的幼儿园教育体系。他的幼儿教育理论和实践对19世纪后半叶至20世纪初世界各国幼儿教育都有广泛而深远的影响。

一、生平与代表作

福禄培尔1782年4月21日生于德国图林根地区奥伯魏斯巴赫村一个牧师家庭。出生10个月后,母亲因病去世。父亲再婚后,继母对他关心甚少。10岁时,福禄培尔被舅舅送

---

① 教育性教学是指以培养德行为最终目的,并对德行产生有效作用的教学,它主要通过关注学生多方面的兴趣、组织学生多样的智力活动来实现,使学生明智并具有意志力,最终在明智和意志相结合的基础上获得德行的发展。强调教学对德行发展的作用,强调知识和智慧是德行发展的基础。

到国民学校读书。1799—1801 年，福禄培尔进入耶拿大学学习自然科学和数学，听过德国哲学家费希特和谢林的课。

受到法兰克福模范学校校长格鲁纳的影响，福禄培尔 1805 年开始从事教育工作，并去伊弗东学校参观学习裴斯泰洛齐的教育方法。1806—1811 年，他在冯·霍尔茨豪森男爵家任家庭教师。1808—1810 年他再次去伊弗东跟随裴斯泰洛齐学习。为扩展自己的知识，实现自己的教育理想，福禄培尔先后进入哥丁根大学（1811—1812 年）和柏林大学（1812—1813 年）学习。1816 年，他创办了一所学校，名为"德国普通教养院"。1826 年，他出版了《人的教育》一书，表达了他的教育观点。1834—1835 年，他在布格多夫担任一所孤儿院的院长，在此期间，他进一步策划和研究各种玩具、游戏、歌曲和活动的设计及制作。

1837 年，福禄培尔完全转向学前教育，在德国的勃兰根堡开办了一个"发展幼儿活动本能和自我活动的机构"，同时创制了一套游戏"恩物"；1840 年，他将这个机构命名为幼儿园；1843 年，出版了幼儿教育专著《母亲与儿歌》；1849 年，开办幼儿教育讲习班训练幼儿园的教师；1852 年 6 月 2 日，在马林塔尔去世。1861 年，福禄培尔有关幼儿教育的文章经生前友人编辑出版，名为《幼儿园教育学》。

二、教育的基本原则

（一）统一的原则

福禄培尔论述教育问题的出发点是"上帝是万物的统一体"。他强调上帝的精神存在于一切事物之中，万事万物都是上帝精神的体现者。他认为，教育的本质是使人能自由和自觉地表达他的本质，即上帝的精神。人类必须首先认识自然，进而认识人类，最终才能认识上帝的统一，这就是教育的任务。

（二）顺应自然的原则

福禄培尔认为，人是宇宙万物的一部分，具有与宇宙万物一样的发展进程和规律，服从于同一条法则。人的力量、天赋及其发展方向、四肢和感官的活动，是按照其在儿童身上出现的次序发展的。应按儿童的本性去理解和对待他们，让他们自由、全面地运用他们的能力。

福禄培尔还认为，尽管在每个人身上包含并体现着人性，但它在每个人身上是以完全固有的、特殊的、个人的和独一无二的方式得到表现和塑造的。因此，从婴儿一出生，就需要重视他们的个性及个性发展。

（三）发展的原则

福禄培尔认为，宇宙万物都是不断发展的，作为宇宙万物中的人在其生命过程中也是不断发展的，总是从一个发展阶段趋向于另一个发展阶段。这种发展阶段是循序渐进的，

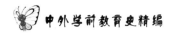

每一阶段都是前一阶段的延续，同时也包含了后一阶段赖以发展的萌芽。因此，在教育工作中，帮助和指导儿童的发展只能依据儿童生命发展的阶段而进行。

人的成长必须服从两条相互补充的法则：对立的法则和调和的法则。教育过程中基本的对立物是儿童的天性与环境的矛盾。儿童一方面接受外界的刺激，即所谓"变外部为内部"；另一方面又通过活动把自己对事物的认识表现出来，即所谓"变内部为外部"。教育总是从内因和外因的矛盾入手，在两者之间发现调和的东西，最终达到两者的统一。

（四）创造的原则

福禄培尔认为，上帝是富有创造精神的。上帝按照自己的形象创造了人，因此人也应像上帝那样从事创造性的活动。因此，应该及早为年青一代提供从事外部工作和生产活动的训练机会，使他们通过劳动、生活和行动来学习。与其他学习方式相比，这种方式更能为儿童所深入、容易地理解，从而对人的发展产生强有力的影响。福禄培尔认为这种方式的教育不仅能够锻炼身体，且能在极大的程度上丰富其精神，使儿童能以新的生命力去投入新的智力活动。

（五）社会参与的原则

福禄培尔试图从整体与部分的关系，即儿童本身是一个整体，同时他们又是社会这个大整体的有机组成部分，来说明儿童之间的社交关系在其发展中的重要性。他认为，儿童只有通过与他人的交往，才能认识自己与他人的关系，进而认识人性。福禄培尔主张，让儿童在团体的活动中来接受教育。在福禄培尔以后的幼儿园教育实践中，他教育幼儿充分适应小组生活。"相互帮助"成为福禄培尔幼儿园的座右铭。

三、教育分期及各时期的任务

在《人的教育》中，福禄培尔把人类初期的发展分成四个时期：婴儿期、幼儿期、少年期和青年期，并详细讨论了前三个时期的教育。

（一）婴儿期

这一时期主要是养护的时期，也可称为"吸收"的时期。婴儿发展外部器官，从外界吸收多种多样的东西。因此，应当重视感官的发展（如听觉、视觉等）和身体发展（如运用四肢）。当儿童的感官、身体和四肢开始自动地向外界表现其内部时，婴儿期终止，幼儿期开始。

（二）幼儿期

真正的教育是从这一时期开始的。婴儿期以身体养护及感官发展为主，这一时期以心智发展为主，包括游戏、语言和绘画。借助语言和游戏，儿童开始自动地向外表现内在本质。

（三）少年期

这一时期主要是学习时期。幼儿期幼儿更关注活动本身，少年期则更关心活动的成果，因此应给机会让孩子分担父母的工作。这一阶段教育儿童的方式是寓言、童话、故事和唱歌。

四、幼儿园教育理论

（一）幼儿园的意义和任务

福禄培尔受夸美纽斯和裴斯泰洛齐的影响，认为家庭教育在早期教育中占据重要地位。但许多父母缺乏幼儿教育的知识，加上他们没有足够的时间和精力去教育孩子，因此，福禄培尔提出建立公开的幼儿教育机构，这样的机构不是要代替家庭教育，而是弥补家庭教育的不足。他的幼儿园实行半日制，要求母亲配合幼儿教育，使幼儿园教育与家庭教育保持一致。

福禄培尔指出，幼儿园的具体任务是，通过游戏和活动的方法培养学前儿童，使他们参加各种必要的活动，发展他们的体格，锻炼他们的感官，使他们正确地认识人和自然，并在游戏、娱乐和活动中，做好升入小学的准备。

（二）幼儿园教育的基本原则——自我活动

福禄培尔以费希特的"行动哲学"为理论依据，在继承裴斯泰洛齐重视自我活动的基础上，结合自己对儿童活动的观察及教育实验中的经验，提出了"自我活动"的原则。他认为自我活动是幼儿园教育的基本原则，是一切生命的最基本的特性，也是人类生长的基本法则，是人类自动地表现其对外在世界的认识。通过自我活动，个体得以认识自然、认识人性，最终认识上帝的统一。福禄培尔认为自我活动能表现出儿童的发展程度，激发他们对新知识的兴趣和注意，鼓励自信心与自尊，并引导儿童了解知识之间的关系。

（三）幼儿园的教学

1．实物教学

教育工作者需要提前把有关联的事物呈现在儿童面前，使儿童能容易而正确地知觉这些事物，进而形成有关事物的正确观念。福禄培尔的教育方法致力于从开始就向学生提供从事物中积累经验的机会，让儿童用自己的眼睛去观察，从亲身经验中去学习。

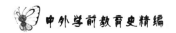

2．游戏教学

福禄培尔把游戏看作儿童自我活动的集中体现。他高度评价游戏的作用，认为游戏给儿童以欢乐、自由和满足，又有培养儿童的意志力和自我牺牲的精神。游戏是一种创造性的自我活动和本能的自我教育的方式，可以引导儿童自我活动、自我发展和社会参与。因此，福禄培尔主张幼儿园的教育方式是游戏，提出在市镇设立公共游戏场，培养和发展儿童的公民品质与社会参与的精神。

（四）幼儿园的课程与教材

福禄培尔认为并非所有的活动和游戏都具有教育的价值，因此必须选择儿童的活动与游戏的内容和材料，并善加指导，这样才能使儿童的游戏与活动具有教育意义。他依据发展、创造、实物教学和自我活动等原则，建立了一个以儿童活动和游戏为特征的幼儿园课程体系。

1．游戏与歌谣

福禄培尔在《母亲与儿歌》（1843）中，介绍了通过歌谣及相关的游戏活动教育婴幼儿的方法。他指出，编写这本书的目的是帮助母亲及代替母亲的人教育孩子，使孩子认识自然现象，使他们的感官得到练习、肢体得到活动。他从《母亲与儿歌》中选了 7 首"母亲的歌"和 50 首"游戏的歌"，用来激励和指导幼儿园的孩子。《母亲与儿歌》也是他后来进行幼儿园教师训练的重要内容。

2．恩物

恩物是福禄培尔创制的一套供儿童使用的玩具或教学用品的称谓，意为上帝的恩赐。他认为，恩物可帮助儿童由简到繁、由易到难和循序渐进地认识自然。恩物共有以下八种。

第一种恩物是用不同颜色的绒毛做成的 6 个小球，有红、黄、蓝、绿、紫和白 6 种颜色。每个球上系有两根线，儿童可以提着做各种动作。六色球可以帮助儿童辨别颜色，玩球时可以锻炼肌肉、获得空间感、培养注意力和独立活动的能力、发展他们的语言等。福禄培尔认为球是一切玩具中最有价值的，球是万物统一和儿童天性统一的象征。

第二种恩物是硬木制的圆球、立方体和圆柱体，其直径和高度是一样的。圆球是运动的象征；立方体是静止的象征；圆柱体是球体和立方体的结合，它竖立时是静止的，它卧倒时是运动的。它能使幼儿辨别 3 种物体的异同，认识物体的各种形状和各种几何图形。

第三种恩物是一个沿各向对开的木制大立方体，可以分成 8 个相同的小立方体。它们能使幼儿认识部分与部分以及部分与整体之间的关系，还能激发幼儿的建造能力。

第四种恩物是一个沿纵向切成许多平板的立方体。它们能帮助儿童明了算术的基本道理，掌握加、减、乘、除的基本规则，并能很容易地写出算术符号和数字。

第五种恩物也是一个立方体，可分成 27 块体积相等的小立方体，其中 3 块小立方体再沿对角线二分，另 3 块沿对角线四分。它们能使幼儿认识正方形、长方形和三角形的异同，以及不同角度的变化，因此利用该恩物能进行大量的几何教学。

第六种恩物是 27 个砖形木块。三个纵向二分，六个横向平分，也可以组成一个大立方体。

第七种恩物是一个大立方体，可分成 64 个小立方体。

第八种恩物是一个大长方体，可分成 64 个小长方体。

3．作业

作业主要体现福禄培尔关于创造的思想，它要求幼儿将恩物的知识运用于实践。因此，作业与恩物的关系十分密切。

福禄培尔认为，作业就是让幼儿设计各种活动。在作业活动中，他们使用某些材料，如纸、沙、泥土、竹、木、铅笔、颜色盒、剪刀和糨糊等，制作物体。与恩物中的立体相对应的作业活动有捏泥型、纸板、折纸和木刻等，与恩物中的平面相对应的作业活动有剪纸、刺孔、串珠、图片上色和绘画等。幼儿掌握了恩物的使用之后，才能开始进行作业活动。

尽管作业和恩物是紧密联系的，但两者又有明显的区别：恩物在先，作业继后；恩物的主要作用在于吸收或接受，作业的主要作用在于表现或建造。

4．运动游戏

福禄培尔认为，幼儿园必须拥有一个供游戏用的宽敞明亮的大房间，并与花园相连。天气许可，孩子可随时到花园进行运动游戏。运动游戏是一种圆圈游戏，是团体游戏和配合诗歌的游戏。游戏的各种动作是建立在儿童模仿自然界和生活中观察到的各种动作的基础上的，如"小河""蜗牛""磨坊""旅行"等。运动游戏的原理是"部分—整体"，有助于儿童了解个体与团体的关系。运动游戏的积极特征是寓德育于体育之中，重视在体育活动中发展儿童相互合作、团结友爱的品质和精神。

5．自然研究

受裴斯泰洛齐的影响，福禄培尔在幼儿园课程中设有"自然研究"。他认为，自然研究虽然是学校的任务，但在幼儿园可以从事一些奠基的工作，例如观察徒步旅行、园艺和饲养动物等活动。这些活动能满足他们的好奇心，培养自制力和牺牲精神，促进知识的学习与智力的发展，激发研究自然科学的兴趣与热情。

6．从幼儿园向普通学校的过渡

福禄培尔很早就意识到从幼儿期过渡到少年期的问题。他认为，儿童在离开幼儿园进入普通学校之前，必须有所准备，否则，教育方法由幼儿园的直观方法突然转为学校的抽象方法，会使儿童难以适应，对心灵造成损害，也给普通学校的教学带来困难。福禄培尔逝世前四周，还写了一封长信给他的学生埃玛·伯瑟曼，探讨"中间学校"的问题，这种学校介于幼儿园和普遍学校之间，可帮助儿童实现从感觉直观到抽象思维的转折。

五、评价

福禄培尔作为世界上第一所幼儿园创立者，是近代幼儿教育理论的奠基人。尽管他的幼儿教育理论基础是唯心主义，并有着神秘主义色彩，但是，他推动了世界范围内的幼儿园运动的兴起和发展，被世人誉为"幼儿教育之父"。在 19 世纪后半期乃至 20 世纪初期，他的幼儿园教育体系是幼儿教育领域中最流行的。

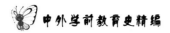

对当下教育的启示：

1. 帮助学生理解对幼儿过度教育的危险性。

2. 如何充分发挥游戏的教育作用。

3. 尊重儿童的心理发展规律，使他们在道德、智慧和身体各方面得到平衡的发展。

给教师的教学建议：

1. 引导学生思考夸美纽斯的幼儿教育思想对后世学前教育理论与实践的影响。

2. 帮助学生理解从幼儿教育向学前教育转变的现代意义。

3. 帮助学生学会分析福禄培尔学前教育思想的科学性。

第五编

现代学前教育史
（19 世纪末—
20 世纪末）

第十章　现代学前教育制度

儿童的一切教育都必须遵循一个原则，即帮助孩子身心自然的发展。

——蒙台梭利

活动是认识的基础，智慧从动作开始。

——皮亚杰

19 世纪后期，以第二次工业革命为标志的现代大工业生产的发展、垄断资本主义的形成，使人类进入现代社会。为进一步解放妇女劳动力，适应现代大工业生产的需要，幼儿园、托儿所等学前教育机构迅速发展起来，开始成为学校教育的预备阶段。

第一节　现代社会与学前教育

19 世纪中叶，欧美及日本的资产阶级革命陆续完成，19 世纪 70 年代，第二次工业革命开始，人类进入了电气时代。第二次工业革命极大地推动了生产力的发展，对人类社会的经济、政治、文化、军事、科技和生产力产生了深远的影响。

首先，第二次工业革命是科学理论与工业实践的一次有效结合。第一次工业革命时期的技术发明大都源于实践经验，科学和技术尚未真正结合。第二次工业革命期间，自然科学的新成就开始同工业生产结合起来，科学的应用极大地推动了生产力的发展，并取得了巨大的成果。1870 年以后，各种新技术、新发明层出不穷，并被应用于各种工业生产领域，极大地促进了经济的发展。

其次，第二次工业革命以电器的广泛应用为标志，其影响的范围更广、发展速度更快。第一次工业革命主要围绕英国展开，在其他国家的发展相对缓慢；第二次工业革命以德国为龙头，几乎同时在几个先进的资本主义国家发展确立起来，其影响范围更加广泛，发展也更加迅速。第二次工业革命开始时，有些资本主义国家如日本等国尚未完成第一次工业革命，它们的两次工业革命是交叉进行的，既可以吸收第一次工业革命的成果，又可以直接利用第二次工业革命的新技术，加快了经济发展的速度，并使之成为资本主义国家的后起之秀。

最后，垄断资本主义形成。19 世纪末，主要资本主义国家相继进入帝国主义阶段。19 世纪 70 年代，在第二次工业革命推动下，资本主义经济开始发生重大变化，生产社会化趋势加强、企业间竞争加剧、生产和资本集中。在第二次工业革命中出现的新兴工业，如电力、化学、石油和汽车工业等，都要求实行大规模的集中生产。到 19 世纪末，主要资本主义国家先后出现了垄断组织，美国、德国、英国、法国、日本、俄国等相继进入帝国主义阶段。

控制垄断组织的大资本家为了攫取更多的利润，越来越多地干预国家的经济、政治生活，资本主义国家逐渐成为垄断组织的代言人。垄断组织还跨出国界，形成国际垄断集团，要求从经济上瓜分世界，促使各资本主义国家加紧了对外侵略扩张的步伐。第二次工业革命促进了世界殖民体系的形成，使得资本主义世界体系最终确立，世界逐渐成为一个整体。

综上，19世纪末到20世纪初，欧美主要资本主义国家相继完成工业革命，普遍建立起工业化体系，工业和经济迅速发展，新的科学技术广泛应用，给学校教育的发展提供了便利的条件，同时也向教育提出了新的要求。为适应社会发展的新需要，在世界范围内出现了以改革传统教育理论和方法为目的的教育革新运动。同时，实验科学尤其是实验心理学的诞生和发展，为教育改革提供了科学依据和方法论的基础。批评传统教育不切实际、脱离儿童生活，主张尊重儿童、研究儿童的呼声再次高涨，学前教育在近代发展的基础上，迎来了新纪元。

第二节 缓慢推进的英国学前教育

英国是西欧最早进行资产阶级革命和第一次工业革命的国家，但在19世纪末期，英国经济增长有明显放缓的趋势，在第二次工业革命中失去了引导地位。同时，第一次世界大战使英国的经济受到挫伤，1923—1933年的世界经济危机以及第二次世界大战更是给英国带来沉重的打击，致使经济发展缓慢。战后的英国由工党和保守党轮流执政。工党执政期间推行公用事业和主要工业国有化，并推动免费医疗及教育，英国逐渐走上福利国家的道路。

一、20世纪上半叶的学前教育

在20世纪上半叶，英国的幼儿教育以保育学校的创立和发展，以及幼儿教育方法的改革为主要内容。在这一时期，政府颁布的《费舍法案》（1918）和《哈多报告》（1933）是与学前教育有关的两个文件，涉及保育学校等相关内容。

（一）保育学校的创立和发展

英国历来重视家庭教育，幼儿教育形成之初仅是为父母参加工作的贫困家庭设立的，以劳动民众的子女为对象，并没有受到上层社会人士的重视。1870年颁布的初等教育法规定：5岁为义务教育开始的时期。这就导致5岁以下的幼儿因无人看管，只能随着家庭里年长的孩子入学。1905年教育委员会规定：地方教育行政当局开办的学校有权拒绝5岁以下的儿童入学。为了解决5岁以下幼儿的保育问题，保育学校应运而生。

这项开创性的工作是由麦克米伦姐妹共同完成的。1908 年，她们在博乌开设实验诊疗所，两年后改名为普特福德学校治疗中心，1913 年发展成为"野外保育学校"，招收 5 岁以下贫民和工人的孩子。1919 年，学校开始接受国库补助，当时英国已有 13 所保育学校。1917 年姐姐拉歇尔去世后，妹妹玛格丽特致力于保育学校的推广工作。1923 年，"保育学校联盟"成立。1931 年玛格丽特去世后，她所经营的保育学校被伦敦参事会移接。

麦克米伦姐妹开设的保育学校的办学宗旨是：确保学龄前儿童的身心健康发展，为幼儿提供适宜的环境。其教学方法以福禄培尔法为基础，同时借鉴蒙台梭利的环境论及教具的作用，注重幼儿的手工、语言和感觉等方面的教育。她们十分重视孩子的自由游戏，强调尊重儿童个性发展，反对拘谨的形式主义教学，主张为幼儿提供自然的成长环境。

（二）《费舍法案》对幼儿学校的规定

1918 年，英国国会通过《1918 年教育法》，又称《费舍法案》，法案规定：地方教育当局应为 2～5 岁儿童开办幼儿学校，并对接受监督的私立幼儿学校提供资助。除伙食费和医疗费外，对保育学校实行免费入学；承认 13 所保育学校并提供国库补助。该法案还将义务教育的阶段定为 5～14 岁，提高了义务教育年限，强调教学中贯彻"儿童中心"的思想。

《费舍法案》的颁布，第一次在英国历史上确立了一个包括幼儿学校、初等学校、中等学校和各种职业学校在内的公立学校系统，正式将保育学校纳入国民教育制度中，并把保育学校的设立和援助问题委托给地方教育当局。但由于第一次世界大战后英国经济萧条，教育经费被压缩到最低限度，保育学校的经费很难保证。这一时期保育学校的发展非常缓慢。

（三）《哈多报告》对幼儿教育的规定

以哈多爵士（Sir W. H. Hadow）为主席的教育咨询委员会分别在 1926 年、1931 年、1933 年提出了三份报告，一般统称《哈多报告》，其中第三份《关于幼儿学校以及保育学校的报告》中主要涉及了幼儿保育方面的内容。《哈多报告》认为：5 岁以下幼儿的最佳发展环境是家庭；保育学校对儿童智力的发展具有重要作用，应将其作为"国民教育制度中理想的附属机构"；7 岁是儿童发展阶段的划分界限，应成立以 7 岁以下幼儿为对象的独立幼儿学校；幼儿教师应遵循保育原则，对 6 岁以下幼儿进行体育、游戏、唱歌和手工等教育活动，对 6 岁以上幼儿加入读、写和算的教育，遵循幼儿发展规律。

《哈多报告》对英国教育制度的发展产生了重要影响，在英国学前教育史上具有重要意义。但同样受经济危机的影响，很多建议在当时并没有实现，暂时被搁置起来，直到 1936 年才出现新的转机。

二、20 世纪下半叶的学前教育

第二次世界大战爆发后，由于战时工作的需要，妇女无暇顾及孩子，更多幼儿教育机构诞生，以便照顾参加工作的妇女的孩子。受第二次世界大战影响，非义务教育（5 岁以下的幼儿教育）一度处于停滞甚至倒退的状态。直到 20 世纪 60 年代后期经济开始好转，初、中等教育压力减轻，政府才开始考虑学前教育的发展。

（一）《巴特勒法案》对幼儿教育的规定

1944 年，英国政府颁布了一项重要的教育法令，即《巴特勒法案》，法案对幼儿教育做出以下规定：2～5 岁的儿童应进保育学校，地方教育当局应为 5 岁以下儿童做好保育学校的准备，方便儿童入学，保障儿童智力和体力的健康发展。同时，地方教育当局应为保育学校和保育班提供经费支持。

《巴特勒法案》的规定使保育学校和保育班的发展得到保障，规定了国家教育部门和地方教育当局不可推卸的责任，肯定了幼儿学校仍作为义务教育的最初阶段被包括在初等教育中，但未能将保育学校和幼儿学校连贯起来。

（二）幼儿游戏班运动

第二次世界大战后，由于经费短缺、师资匮乏和教育设施不够，儿童失去了集体游戏的机会。对此，家长自发组织了"游戏班运动"，其特点是：① 以大城市和工业地区为中心，招收 2～5 岁的幼儿，为其提供游戏场所；② 没有自己独立的设施，多使用成人俱乐部、教堂、福利中心等设施中的一部分作为活动场所；③ 其管理人员主要是中产阶级家庭妇女，由母亲负责照看；④ 多在早晨和晚上活动，活动时间为 2～3 小时，保育人数每班15～20 人。

幼儿游戏班是在幼儿教育设施不足的情况下产生的，担负起了弥补正规教育不足的过渡性任务，在当时发挥了较大作用。

（三）《普洛登报告书》对幼儿教育的规定

20 世纪 60 年代以来，英国政府开始关注幼儿教育的发展，随着科技的发展和生产力的提高，人们也越来越重视早期教育和智力开发。1963 年的《普洛登报告》是普洛登女士在对初等教育进行了四年考察的基础上写成的。报告建议：① 大力发展幼儿教育，增加幼儿教育机构数量，尤其要在教育不发达地区尽快设立"教育优先地区"；② 在幼儿教育活动中增加教育的因素，提高幼儿教师素质；③ 地方教育当局应资助新办的幼儿教育机构；④ 强调补偿教育，帮助贫困家庭的儿童，对学习有障碍的儿童进行补偿教育。

（四）《教育白皮书》对幼儿教育的推动

1972 年，教育科学大臣萨切尔发表《教育白皮书》，肯定了《普洛登报告》中的实践意义，并制订实施计划。它提出将"扩大幼儿教育"定为内阁将要实行的四项教育政策之一，提出在 10 年内实现幼儿教育全部免费的计划。其具体要求如下：① 调动各方面的积极性；② 确保师资数量与质量；③ 政府提供必要的经费资助。

《教育白皮书》规划的指标在客观上并没有达到，但它一定程度上促进了幼儿教育的发

展。总体来说，学前教育发展依旧缓慢。

（五）学前教育机构

进入 20 世纪下半叶，英国学前教育机构开始多样化，有如下多种形式可供父母选择。

1. 幼儿学校（班）

它由教育部门负责，附设在小学里，招收 3～5 岁的儿童；以半日制为主，全日制为辅；从儿童的需要出发设计课程，提供安全的环境，为儿童入学做准备。

2. 日托中心

由社会福利部门负责，主要招收由社会救济部门送来的无人照管的 5 岁以下幼儿；以对幼儿的照顾为主要目的，教育相对薄弱；定期接受地方社会福利部门的检查。

3. 联合托儿中心

招收 0～5 岁儿童，全年开放，父母根据工作的需要接送孩子；该机构鼓励父母积极参与中心的活动，设有父母屋，让父母参与到教育中来。

（六）幼儿凭证计划与目标提案

为解决幼儿入园问题，分担学校经费，1995 年英国教育和就业大臣谢泼德（Gillian Shephard）公布了 7.3 亿英镑的"幼儿凭证计划"，对 4 岁儿童发放教育券，准许其接受三个月的高质量学前教育，家长可自由选择公立或私立的幼儿教育机构。

1995 年 9 月，学校课程和评定当局主席罗恩·迪林爵士（Sir Ron Dearing）宣布了义务教育开始时 5 岁儿童应该达到的目标提案。提案规定：学前教育的提供者，如果想参加幼儿凭证计划，必须向督学证明他们所提供的教育能使 5 岁以下儿童达到国家标准。此标准包括五个方面：品德和情操教育；语言、识字与数学；对世界的了解与理解；创造性；具体的技能与技巧发展。由于此提案过于注重幼儿知识能力的培养，引起了许多争议。

（七）幼儿玩具图书馆

20 世纪 70 年代左右，一些智力残障儿童的家长自发组织起"玩具图书馆"，把不同家庭的玩具、图书聚集起来，使儿童能够进行交换，其经费主要来源于社会募捐。玩具图书馆重视游戏的作用，选择各式各样高质量的玩具，儿童在玩玩具的过程中不仅增长了知识，也培养了交往能力，使其更加适应学校生活。

第三节　趋于精细化的法国学前教育

19 世纪后半叶，法国确立了中央集权制的领导体制，同时也成为继英国之后的又一个欧洲资本主义强国。第一次世界大战对参与国产生了巨大的冲击，战后，冲击波所引起的社会动荡仍在继续，这促使欧洲各国纷纷进行社会改革。法国的社会改革主要体现在经济、军事、科技等领域，要求改革教育的呼声也不绝于耳。

第一次世界大战后，新教育思潮和教育民主化思潮对法国政府学前教育政策和学前教育的改革产生了积极的影响。第二次世界大战后，法国政府更加重视学前教育，不断进行改革，尤其是 20 世纪 70 年代中期以来，法国公立的学前教育取得了很大进步，使法国的学前教育在世界上保持领先地位。

一、20 世纪上半叶的学前教育

20 世纪初期以来，法国政府综合了传统教育和现代教育的观点，一方面强调教师在教学过程中的主体地位；另一方面在教学方法上采用了有利于培养儿童能力的新做法，不断增加科技教育的比重，促进儿童个性的发展。

（一）学前教育的进展

1905 年，教育部长批评母育学校的"小学化"倾向，要求澄清它的性质。

1908 年，教育部长发出指令，指出母育学校的目的是对学前儿童加以照料，满足其体、德、智三方面发展的要求；母育学校是保护儿童的避难所，鼓励无人照料的儿童来母育学校。

这一时期共有三种学前教育机构：母育学校、幼儿班、幼儿园，其管理已形成制度。公立母育学校由国家和地方自治团体开办并支付经费，实行免费制度。私立幼儿园的监督由教育部的母育学校女视学官负责。母育学校的教师由初级师范学校培养。到 1949 年，法国的公立母育学校有 3 653 所，私立母育学校有 217 所；公立幼儿班有 4 385 个，私立幼儿班有 397 个。

（二）比纳与西蒙的智力量表对学前教育的影响

1904 年，法国政府要求运用各种方法来鉴别低能儿童，开设特殊学校或特别班，避免儿童不断留级带来的麻烦。

根据政府要求，1905 年，法国心理学家比纳（A.Binet）与西蒙（T.Simon）编写出版了第一份智力量表《比纳—西蒙智力测验量表》，以 3～13 岁的儿童为对象。量表重视儿童个性差异的研究，要求把教育建立在个性心理学基础上，根据儿童思维方式的差异因人施教。

1908 年，他们又出版了第二份量表，即"年龄量表"，来弥补智力量表不能明确简便地从年龄角度说明被试的智力超前或落后的缺陷。该量表引入"智龄"（即智力年龄）概念，按年龄分组进行测试。

1911 年，比纳与西蒙又一次修改量表，使其成为比较科学、系统的儿童智力发展的测验工具。该量表为学前教育的实践提供了新的依据。

二、20 世纪下半叶的学前教育

第二次世界大战后，法国非常重视教育的发展，出台了一系列教育改革法令，其中对学前教育影响较大的是 1947 年《郎之万—瓦隆教育改革方案》。法案首次提出了"教育民主化"的思想，强调根据儿童的个体差异、年龄、能力和心理水平来设计学校，被称作真正的"以儿童为中心"的教育改革计划。虽方案被搁置，但其原则却影响着第二次世界大战后几十年法国教育改革的方向和进程。

（一）学前教育改革的历程

基于幼小衔接和早出人才的考虑，法国从 1957 年 10 月 1 日起，把小学入学年龄由 6 岁提前到 5 岁 9 个月。决定得到当时初等教育视学官和学校当局的赞成。

为实现幼儿的体、智、德的稳定发展，1969 年，母育学校根据教育部的指令，在学习计划和教育方法方面进行了与小学类似的改革，将母育学校的课程分为三大类：① 基础知识课，每周 15 课时，上午进行。② 启蒙教育课，每周 6 课时，下午进行，包括游戏、手工、唱歌等自由的教学活动。③ 体育课，每周 6 学时，午后进行。该计划主要是为了克服绝对化的分科教学，把各科目有机联系起来，使儿童能统一协调和整体地去认识世界、掌握和运用知识。这个新计划是当时重视智育的世界风潮的反映。

进入 20 世纪 70 年代，法国政府更加重视公立学前教育的发展，将它列为第七个五年计划（1976—1980 年）的重点任务之一。1975 年颁布的《哈比教育法》规定了学前教育的目标是：启发儿童个性；消除儿童由于出身和家庭条件差异造成的成功机会不均等；早期发现和诊治儿童智力上的缺陷及身体器官上的残疾；帮助儿童顺利完成学前教育向小学教育的过渡。

1989 年 7 月，法国总统颁布的《教育方针法》的附加报告规定，学前教育的目标是："通过对美感的启蒙，对身体的意识，对灵巧动作的掌握和对集体生活的学习，发展幼儿的语言实践能力和个性，同时还应注意发现儿童在感觉、运动或智力方面的障碍，并做及早诊治。"该目标强调了法国学前教育的四重作用：启蒙教育、社会化、诊断和治疗和与小学的衔接作用。该报告对 20 世纪末的法国学前教育起到了重要的指导作用。

20 世纪 90 年代法国学前教育的改革与初等教育的改革紧密联系。1990 年政府颁布政令，决定把学前教育与小学教育合为一体，2～11 岁儿童的教育被分为三个连续的学习阶段，每个学习阶段一般由三个学年组成：① 初步学习阶段（2～5 岁），包括母育学校的小班和中班；② 基础学习阶段（5～8 岁），包括母育学校大班和小学前 2 年；③ 深入学习阶段（8～11 岁），包括小学的后 3 年。每个阶段的教学都按学生能力和水平实行同学科同水平分组教学。学习阶段的实验和改革的意义在于，重视学生的个体差异和幼小衔接，并以学生为中心组织教学。

进入 21 世纪，法国政府与社会充分认识到学前教育对个体发展和国民素质提高具有重要价值，在《宪法》《教育基本法》以及相关的学前教育法律法规中对学前教育性质做出了明确规定，为形成关于学前教育性质与地位的统一认识，为学前教育事业的准确定位与健康发展提供了重要的法律依据。2000 年的法国《教育法典》第 211 条明确指出教育是国家公共事业，其组织和执行由国家予以保证，第 8 款更加明确地针对幼儿教师再次重申：国家承担（公立）初等学校和幼儿学校教师人员的工资。《教育指导法》也对包括学前教育在内的教育性质与基本使命做出明确规定，指出教育是国家最优先发展的公共事业；公共教育事业应有助于机会平等的实现。

（二）学前教育的管理与目标

法国学前教育的最高领导机构是教育部的"学校司"，隶属于市镇管辖。每个学校有校务委员会，由校长、教师代表、家长代表以及省市镇有关代表组成，它负责制订本校内部章程，研究有关问题，向决策部门提出意见和建议。

母育学校和小学幼儿班招收 2～6 岁儿童，按年龄分为三班，教学活动分班进行。小班（2～4 岁）的教学以帮助幼儿适应集体生活为中心，注重发展儿童的感觉和运动能力，训练其口头表达能力。小班每天的教学活动由教师自行安排，以游戏为主。中班（4～5 岁）的教学形式仍是游戏和玩耍，但渗入了较多的文化知识性内容，包括做些学习书写的练习、比较数量多少、学会数 5 以内的物体、培养博爱的道德观念等。从中班起，教师要特别注意发现在智力上、身体上有缺陷的儿童，以便尽早治疗和补救。大班（5～6 岁）的教学目的是培养儿童具有学习基础科学知识的正确态度，进行最基本的读、写和算训练，为进入小学做准备，并结合实际生活对儿童进行基本的道德教育。

（三）学前教育的师资培养

早在 1886 年，法国政府就规定母育学校教师和小学教师均由省立师范学校培养。以往招收初中毕业生，从 1969 年起招收高中毕业生。1979 年，学制由 2 年延长到 3 年，教学由大学和师范学校合作，分别负责，结业时分头考核，分别授予大学第一阶段颁发的大学普通学习文凭和教学能力证书。2009 年，法国幼儿园的师生比例是 1∶25.8。

第四节　混合班制的德国学前教育

1870 年，以电力发动机为龙头的第二次工业革命在德国率先开展起来，1914 年德国基本上完成了工业革命，在世界工业总产量中的比重升到 13.2%，进入先进资本主义国家行列。

第一次世界大战后，德国废除了君主制，建立了资产阶级魏玛共和国（1919—1933）。与第一次世界大战前的帝国时期相比，魏玛共和国时期的教育在一定程度上得到了复兴。

一、20 世纪初至第二次世界大战前的学前教育

20 世纪初期，福禄培尔幼儿园发展迅速，引起了普鲁士政府对学前教育的重视，带来了学前教育政策的进步。德国政府 1922 年制定的《青少年法》（后期有修改），基本确立了现代德国学前教育的基调，即把学前教育视为青少年福利事业，并划归青少年福利部门管辖，该法对战后联邦德国学前教育的发展产生了重要影响。

（一）儿童保护局的设立

第一次世界大战后，德国废除了君主政体，建立了资产阶级的魏玛共和国，开始对幼

儿教育进行整顿，强调所有儿童都享有受教育的权利。此外，还成立了公共儿童保护机构——儿童保护局，负责监督和指导民间儿童福利事业，如设立公立的幼儿园、鼓励民间慈善机构团体和宗教机构开办幼儿教育机构等。第二次世界大战前，德国的学前教育机构一直沿袭 19 世纪末的传统，出现了幼儿园、幼儿慈善机构及幼儿学校等多类机构，呈现出多元化发展的趋势。

（二）《青少年法》的颁布

1922 年，德国政府制定了《青少年法》，规定了儿童受教育的权力及家庭教育在学前教育中的优先地位。法案中强调要建立"白天的幼儿之家"，包括幼儿园、托儿所及幼儿保护机构等。此外，还提出训练修女担任婴幼儿的看护工作，加强幼儿教师的培训。

同时，政府颁布了幼儿园条例，提出建立各种各样的学前教育机构，并规定凡招收 2～5 岁儿童者均可称为幼儿园。这一时期幼儿园发展迅速，并成为学前教育的主流形式。政府规定：一切幼儿园的政府监督均隶属于教育、卫生两部，前者负责教育事务，后者负责卫生健康事务；幼儿园里的在园儿童具体由地方儿童局负责，学校教养儿童均须得到儿童局许可；凡儿童在家不能得到正常教养者，应由儿童保护局送他们入学或入园。

二、法西斯化的"种族教育"

1929—1933 年的世界经济危机引发德国社会动荡。期间，德国工业设备利用率下降到 36%，工业生产下降了 40.6%，农业生产下降了 30%，对外贸易锐减，工人失业率增加。为了摆脱危机，德国统治者内部逐渐转向消灭魏玛共和国的议会民主制，建立专制统治。

1933 年，希特勒建立了法西斯专政，德国进入纳粹统治。法西斯政府将教育作为侵略的工具，建立了中央集权的学校管理体制，甚至在学前教育阶段也进行"种族教育"，强调德意志是最优秀的民族，宣扬对法西斯的崇拜和对纳粹的盲从，强调锻炼健壮的体魄和对领袖的"感情"，体育比赛成为幼儿园工作的中心，具有民主色彩的幼儿教育理论遭到抵制，幼儿教育遭到严重破坏。

三、第二次世界大战后学前教育的恢复与发展

1945 年德国战败，被迫宣布无条件投降，分为东德和西德（这里重点介绍西德的学前教育）。1949 年 9 月建立了德意志联邦共和国（西德），教育进入恢复阶段。1970 年，德国教育委员会提出《教育结构计划》，大力发展学前教育，将其列入学校教育系统：3～6 岁的幼儿教育被纳入基础教育，属于初等教育范围；其中 5～6 岁的幼儿教育被纳入义务教育。

（一）学前教育的指导思想及内容

二战后，德国的学前教育深受福禄培尔和蒙台梭利的影响，倡导"自由发展"和"自

我教育"。强调幼儿园是协助家庭对幼儿进行教育的机构，重视良好的学习环境；重视游戏及活动的作用；重视幼儿体力、智力和道德感的全面发展。

在教学内容上，分为以说、听、绘画、看图说话、唱歌和游戏活动等为主的语言能力的培养，以及对自然现象的观察和科学小实验、音乐等为主的观察能力和思维能力的培养。各类幼儿园均禁止教授读、写、算和外语；注重实际操作、从做中学；主张个别教学、小组活动。

（二）学前教育机构的主要类型

多元化的学前教育机构主要有普通幼儿园、学校附设幼儿园、托儿所、店铺幼儿园、"白天的母亲"和特殊幼儿园等。

1．普通幼儿园

普通幼儿园是德国传统形式的幼儿园，多由地方政府、教会、企业、社会团体和私人开办，不纳入国家教育规划（1970年之后德国才把3～6岁的学前教育纳入教育体系，属于初等教育范畴）。幼儿园招收3～5岁的幼儿，实行混龄编班制——将不同年龄组的儿童编在一个班级，分全日制和半日制两种。此时的学前教育不是义务的，除学校附设幼儿园外都实行收费政策（一般根据家长的收入状况及家中子女同时入园的人数来决定征收额、减收额乃至免收学费）。这样既可以为母亲减轻料理家务和照料年幼孩子的负担、为就业妇女解决照管孩子的困难问题，又能够向儿童提供教育帮助，使他们接受早期学习，为入小学打下基础。

2．学校附设幼儿园

此类幼儿园源自1939年创立于汉堡的幼儿园，附设在小学校内，适合那些到了入学年龄但身心发展还不成熟，尚不适合入小学的幼儿以及下半年才满6岁的幼儿。他们在此接受一年的特别训练，为进入基础学校做准备，其任务是使儿童身心发展达到小学第一学年的要求。这类幼儿园也不进行读、写和算教育，只强调幼儿言语、观察和思维能力的培养。

3．托儿所

托儿所招收双职工的0～3岁的幼儿。20世纪80年代初，德国有公立托儿所近900个，有床位近2.5万个。

4．"店铺幼儿园"

1968年，在西柏林出现了一种新的反对权威主义的"店铺幼儿园"，实行自由、解放式的教育，反对过去对幼儿进行的顺从、纪律性的压抑及家长式的教育。教育内容和方法由家长讨论决定，并轮流担当保育工作，有时也聘请专家指导。

5．"白天的母亲"

1974年，由联邦青年、家庭、妇女和健康部核准设立了另外一种新型的幼儿保教机构——"白天的母亲"。由政府提供少量的经费，让一些年轻的妇女在照管自己的小孩之余，再帮助邻近的妇女在白天照管1～2个小孩，以解决其实际困难。这些"白天的母亲"须参加短期培训，以获得科学的育儿知识。

6．特殊幼儿园

这是专门为身体有残疾、智力发育不正常或聋哑的儿童开设的幼儿教育机构，主要承

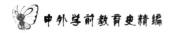

受治疗和教育的双重职能。这类幼儿园按残疾人情况进行分类，如学习困难、失明、聋哑、精神障碍及脑子迟钝等，并提供专门照顾，力求在公共教育中将残疾孩子的特殊教育与正常孩子的普通教育结合为一体。

（三）学前师资的培养

二战后，联邦德国的学前教师主要是由社会教育专科学校（巴伐利亚州称社会教育专科学院）培养，招收实科学校10年级毕业生或具有至少两年职业训练的同等学力者。修业年限为三年，前两年为理论学习，最后一年为专业实习。学前教师培训结束时，须参加由州有关部门和学校共同组织的毕业考试，包括笔试、口试及教学法应用等内容。德国一些大学也承担小部分幼儿师资的培训任务，但培训注重学术性。

虽然设有专门培训幼儿园教师的学校，招收初中毕业生和同等学力者，但由于联邦德国的学前教育不属于义务教育，幼儿园教师的社会地位、工资待遇都不如其他阶段的教师。

四、学前教育的特点

自19世纪以来，德国的幼儿园绝大部分是由团体和私人开设，天主教和基督教等宗教团体开设幼儿园尤为盛行，幼儿园不属于学校系统，不受国家约束，儿童自愿入园，国家不作强制性规定。

联邦德国没有专门管理幼儿园的机构，所有公立、私立幼儿园都由各州青少年局监督管理，国家和地区政府都不规定幼儿园的教育大纲和教育方法，而由幼儿园开办者自行决定，这与地方分权的联邦制是一致的。虽然它能调动地方和团体办幼儿园的积极性，有效利用地方的财力与人力，发挥其特点和优势，但也造成了学前教育发展不平衡的现象，不利于教育质量的提高。

与许多国家不同的是，联邦德国的普通幼儿园一般不按年龄分班，而是建立3～5岁的混合班，它有利于克服分班对幼儿身心发展的不利影响。大部分幼儿园实行半日制，即使是全日制幼儿园，孩子也都回家吃午饭，下午再被送回。此外，幼儿园不提倡对孩子进行读、写和算等知识教学，其主要任务是创设出一种不间断的、能自然地过渡到初级小学的条件。

第五节　努力适应社会发展的美国学前教育

1861—1865年美国的南北战争，废除了南部的奴隶制度，为资本主义发展扫清了道路，从此，美国的工业和农业迅速发展，在进入20世纪前，成为世界经济强国。美国物质财富迅速增加，但同时带来了一系列的社会问题，如政治腐败、贫富分化加剧和劳资对立尖锐等。物质和技术的进步以及新的社会问题，都给教育提出新的要求，教育改革运动不断向前推进。

20世纪是美国学前教育长足发展的时期。20世纪上半期，出现了进步主义幼儿园运动、蒙台梭利热；20 世纪中期展开了智力开发及学前教育机会均等运动；20 世纪 80 年代后开始了幼儿园整体改革，重视儿童社会教育，社会和政府进一步介入，学前教育步入健康发展的轨道。

一、20 世纪上半叶的学前教育

20 世纪上半叶，美国工业继续发展，西部开发、移民涌入及现代科学实验的发展，是推动美国这一时期教育发展的重要因素。

（一）进步主义幼儿园运动

19 世纪末至 20 世纪三四十年代，美国开展了进步主义幼儿园运动，从新的哲学、心理学和教育学的观点批判福禄培尔正统派，注重幼儿教育与实际生活的联系。

1. 进步主义幼儿园运动产生的历史背景

19 世纪下半叶，在美国的幼儿园中，福禄培尔的幼儿教育理论占据绝对统治地位，恩物和作业是所有幼儿园的主要教学手段。但人们未能正确理解和把握福禄培尔所揭示的幼儿教育的真谛，曲解了游戏和恩物的意义，对他的理论的合理因素逐渐忽视，而把其中的神秘主义、象征主义奉为至宝。恩物、作业等内容一成不变，趋向形式主义。

19 世纪末，随着美国经济和政治的发展，要求根除幼儿园教育中形式主义的呼声日趋高涨。在此背景下，进步主义幼儿园运动应运而生。

2. 进步主义幼儿园运动的理论依据

美国心理学家霍尔和教育家杜威为进步主义幼儿园运动提供了理论依据。

霍尔的"复演说"心理进化理论，赞同福禄培尔关于儿童发展阶段及游戏的一些观点，认为恩物理论及象征主义、幼儿园教师封闭自守的本位主义是不合理的。他在调查和实验的基础上，指出了美国幼儿教育中存在的问题，如脱离儿童生活实际、忽视儿童健康等，为进步主义幼儿园运动提供了心理学依据。

杜威从"教育即生长""教育即经验改造""教育即生活"和"做中学"等观点出发，认为教育的目的是培养儿童适应社会生活的能力。他肯定福禄培尔关于儿童的自我活动、游戏及社会参与等原则，反对其中的神秘色彩，指责恩物和作业脱离儿童的生活经验，主张把游戏和家庭日常生活联系起来。

3. 进步主义幼儿园运动的兴起与发展

进步主义幼儿园运动的主要领导人是安娜·布莱恩（Anna E.Bryan，1858—1901）和帕蒂·史密斯·希尔（Patty Smith Hill，1868—1946）。

布莱恩是美国进步主义幼儿园运动的先驱。1890 年，她批评福禄培尔式幼儿园的缺陷，并在自己的幼儿园试用新的方法。她认为，幼儿是主动、活泼的人，教师应帮助他们思考而不是强迫他们领会恩物，应将日常生活引入幼儿园。她强调父母的责任，强调幼儿与父母的联系。

希尔是美国进步主义幼儿园运动最杰出的代表之一，曾先后师从帕克、霍尔和杜威。

1893 年，她接管了路易斯维尔免费幼儿园协会和路易斯维尔师范学校的领导工作，经过十几年的努力，这里成为进步主义幼儿园运动的中心。1905 年，希尔前往哥伦比亚师范学校执教。此后 30 年里，她教书、实验、写作和讲演，培养了大批学生，把进步主义幼儿园运动引向深入。她主张儿童玩具应是实在的东西，如积木、桌子和椅子等，而不是符号化的东西，她设计了一组大型积木玩具，称为"希尔积木"，很快被各地幼儿园采用。

进步主义幼儿园运动强调研究儿童，注重幼儿教育与实际生活相联系，开展多方面实践活动，突破幼儿园闭关自守的局面，使之逐渐成为与小学教育紧密结合的新型机构。此外，还强调家庭和社会的责任，对家长和教师进行培训。但到进步主义幼儿园运动后期，暴露出一些缺陷，主要是过分强调活动，某些解决问题式的教学方法超出了儿童的理解和学习能力，不利于儿童的学习；而且很多学前教育工作者没有能力将学术研究成果完全理解并运用到教育实践中，进步主义幼儿园运动在 20 世纪 30 年代后受到批评。

（二）昙花一现的"蒙台梭利热"

在进步主义幼儿园运动兴起之时，意大利教育家蒙台梭利在罗马创办"幼儿之家"并取得成功。1910 年，蒙台梭利教育方法连同她设计的教具传入美国。1912—1915 年，蒙台梭利两次访美，宣传自己的学说，引起强烈反响。1913 年，美国蒙台梭利协会成立，"蒙台梭利学校"纷纷成立，出现"蒙台梭利热"。然而 1916 年后，"蒙台梭利热"急剧降温、冷却。

"蒙台梭利热"降温的重要原因之一是遭到个别声望高的进步主义教育家的批评。在 1913 年召开的国际幼儿园联盟第 20 次大会上，克伯屈指责蒙台梭利法"实属 19 世纪中期的货色"，其感官训练是"非强制不可的""孤立的""脱离幼儿生活实际和生活体验的"和"缺乏创造性训练的"。此外，在美国占主导地位的行为主义、精神分析等学派的心理学家也对蒙台梭利法进行了批判。

"蒙台梭利热"尽管昙花一现，但她在美国学前教育界的影响仍然很大。《蒙台梭利方法》语言通俗易懂，引起人们对学前教育的普遍重视。她强调"儿童的自由"及"自我活动"，促使人们重新探索福禄培尔的"儿童自动性原则"及"自由作业"的真正含义。而且，由于蒙台梭利是从研究低能儿开始的，这在一定程度上促进了美国残疾儿童教育的发展。

（三）保育学校的传入及发展

受英国麦克米伦姐妹创办保育学校的启发，芝加哥大学教授夫人团体自发地以集体经营的形式，于 1915 年开设了美国第一所保育学校。伊利奥特（Abagail Eliot，1892—1992）及怀特（Edna Noble White，1879—1954）为推动保育学校在美国的传播和普及做出了突出贡献。她们曾赴英国麦克米伦姐妹的保育学校学习。伊利奥特于 1922 年 1 月，在波士顿创办"拉格街保育学校"。怀特在底特律麦瑞尔—柏尔玛母亲学校创办了一所附属保育学校。她们成为 20 世纪 20 年代美国保育学校运动的主要领导人。1919 年，美国第一所公立常设保育学校成立，10 年后"全国保育协会"（NANE）成立。初期的保育学校多作为教育实习或具有研究性质的实验学校。

1933 年，处在经济萧条期间的联邦紧急救助署宣布公立保育学校配合罗斯福的新政，为发展经济和儿童发展服务。全国设立的保育学校已达 600 多所。第二次世界大战期间，联邦政府对保育学校实行经济援助，成立战时紧急保育学校，保育学校数量猛增。到 1945 年 2 月，全国共有 1 481 所保育学校，招收幼儿 69 000 名。尽管此时的保育学校教师素质不高，但从社会效益看，这种措施还是成功的。

第二次世界大战后，联邦政府停止了经济援助，公立保育学校在经营上困难重重。同时，私立收费的保育学校却急速发展起来，且占绝对优势。私立保育学校收费比较昂贵，其对象只限于认识到早期学前教育意义的少数知识分子阶层的子女。

（四）日托所的发展

在美国，日托所、幼儿园和保育学校是并列的三大幼儿教育机构。此类机构的历史可以追溯到 1838 年一些地方所属的贫民救济机构。19 世纪末，一些城市还成立了"日托所协会"。日托所的功能主要是托管，由保姆负责，重保育而非教育。

二、20 世纪下半叶的学前教育

1957 年，苏联发射了第一颗人造卫星，美国举国震惊。美国政府深刻反省，开始大抓教育。1957—1965 年，美国开展了 10 年教育改革，力图改变教育和科技的落后状态。1964 年，布卢姆（Benjamin S.Bloom，1913—1999）在《人性的稳定与变化》中，论述了环境变化对智力的影响。他认为，在良好环境中成长的 0～8 岁儿童与在恶劣环境中成长的同龄儿童的智商，相差 16 IQ（智力商数，简称智商），说明为儿童早期提供良好环境的必要性。据此，在教育改革运动后期，开始了教育机会均等运动。

（一）20 世纪五六十年代的学前教育

1. 学前教育机会均等运动

学前教育机会均等运动有深刻的社会原因。第二次世界大战后，美国工业飞速发展，而贫富差距也越来越大，种族歧视继续恶化。这使广大黑人及少数民族子女被排斥在学前教育之外，在进入义务教育年龄段时，处于明显不利的地位。面对越来越多的城市暴力犯罪和骚乱，以及一些有识之士的呼吁和广大贫民和黑人的抗争，政府及社会开始重视这些问题，开始了包括学前教育在内的教育机会均等运动。

美国政府于 1963 年、1964 年向贫困宣战，提出了一系列福利措施，使贫困儿童获得与富裕儿童同等的环境与教育机会。1966 年，全国教育协会和学校行政协会的联合组织"教育政策委员会"提出了"对所有 5 岁儿童和贫困而且没有文化教育条件的所有 4 岁儿童扩大公共教育"的提案，要求为所有儿童提供学前教育机会，引起了社会各界的强烈反响。

2. 开端计划

1965 年秋，全国范围内实行的"开端计划"，是美国政府为实现学前教育机会均等目标而实行的一项重要计划：由联邦政府拨款将贫困而缺乏文化条件家庭（包括贫穷的黑人、印第安人、爱斯基摩人及外国贫困移民家庭）4～5 岁的幼儿免费收容到公立特设的学前班，进行为期数月至 1 年的保育。

保育内容包括体检、治病、自由游戏、集体活动、户外锻炼、校外活动和文化活动（如手工、绘画、搭积木、听故事、音乐欣赏和传授科学常识）等，以消除他们与其他儿童入学前的差异，实现"教育机会均等"。对 5 岁儿童进行 8 周的短期课程教育，对 4 岁儿童进行 1 年的长期课程教育。计划中的学校一般是小学、教堂和集会场所的房子或运动场的一角，保育时间一般是每天 3~4 小时。

开端计划实施以来，产生了不同的社会效果。反对派认为，这一计划的短期效果是好的，但长期效果不理想。尽管儿童在认知方面有进步，但情绪情感方面并未得到相应的发展；许多方案只注重服务范围和数量的扩大，忽视了教育质量；投资过大但效果并不显著，得不偿失。但肯定这一计划的人占主流。据 1973 年统计，开端计划中心的总数是 9 400 个，参加训练计划的幼儿总数达 37.9 万人，到 1977 年，达 100 万人以上，一般幼儿的智商因此提高 10~15 IQ。有研究数据表明，参与开端计划的儿童较之未参加的兄弟姐妹更多地取得了高学历、更少犯罪记录，20 多岁时有更多的收入。尽管社会上对开端计划褒贬不一，但它在一定程度上促进了美国学前教育的发展。

3．幼儿智力开发运动

从 1960 年起，为提高中小学的教育质量，美国掀起了课程改革运动。心理学家布鲁纳的结构主义教育理论对中小学包括幼儿教育产生了很大影响。布鲁纳主张，任何学科都可用某种方式有效地教给任何发展阶段的任何儿童，学前儿童也不例外。他认为儿童存在着极大的智力发展潜能。在他的影响下，学前教育日益重视智力开发，强调对幼儿进行科学教育。

（1）科学教育

1963 年，在科学工作者和教师的共同协助下，美国科学促进协会出版了适用于幼儿园和小学低年级的《科学教育见闻》。认为对幼儿园幼儿和小学一年级学生的科学教育，应从空间观察和数的关系和测量入手。

（2）"芝麻街"儿童节目

1969 年，许多电视台开播儿童电视节目"芝麻街"，节目最初的主要对象是开端计划中的儿童，后扩大到一般幼儿。利用每天 1 小时的节目，对幼儿进行科学启蒙教育。节目生动活泼、趣味横生，适应幼儿的年龄需要，收视率很高，每天约有半数以上的幼儿收看。此节目还传播到其他国家，深受欢迎。

4．蒙台梭利运动的复兴和发展

20 世纪 50 年代后期，蒙台梭利方法在美国重新引起人们的注意。蒙台梭利对早期教育的认识、对于智力发展的看法、感官训练的方法，以及强调个别指导和科学研究的态度与方法，在需要智力的时代引起人们的关注。

1958 年，冉布什女士（Nancy Rambusch）在康涅狄格州格林威治城建立了"菲特比学校"，这是第一所重新恢复的蒙台梭利学校。到 1972 年，美国蒙台梭利学校达到 762 所。进入 20 世纪 80 年代以后，蒙台梭利教学法不仅在学前教育领域极受欢迎，也向小学、中学扩展，并由私立学校推广到公立学校。1989 年，已有 60 个地区的 110 所公立学校采用，在各种学校中，有 4 000 多所冠以"蒙台梭利"字样。

5. 佩里学前教育研究计划

佩里学前教育研究计划是 20 世纪 60 年代由赫斯（High Scope）教育基金会组织，儿童心理学家魏卡特（David Weikart）领导，探讨学前教育成效的一项长期跟踪研究计划。

1962—1965 年，在密歇根州伊皮西兰特一个黑人贫民区，魏卡特领导的课题组招收了 123 名 3～4 岁、智商为 60～90 IQ 的黑人儿童作为被试。所招儿童随机分为实验组和对比组。对实验组的儿童进行全面学前教育，而对比组的儿童则不采取任何措施，任其自然发展。被试儿童年满 5 岁后则安排进入同一幼儿园及学校。

实验结果如下：实验组孩子多经历了 1～2 年的学前教育，其后各年龄组的发展均胜过对比组。① 智商：实验组儿童 4 岁时高于对比组 13 IQ，5 岁时为 11 IQ，6～7 岁时为 5 IQ。② 精神发展迟缓比率：实验组为 15%，对比组为 49%。③ 19 岁时进大学（或接受职教）比率：实验组为 38%，对比组为 21%。在社会道德规范及犯罪率上，实验组亦明显优于对比组。

6. 皮亚杰理论的幼儿教育实验

20 世纪 60 年代，随着皮亚杰的影响日益扩大，不少皮亚杰理论的信奉者将他的认知发展理论应用于学前教育，设计了种种学前教育实验方案，其中，拉华铁里（Celia Lavatelli）的“儿童早期课程方案”和“威斯康星大学的皮亚杰学前教育方案”有较大的影响。

拉华铁里是美国伊利诺斯大学的教授，他的“儿童早期课程方案”的实验目标是“为具体运算的出现奠定基础”，通过为 4～6 岁儿童提供具体运算的内容，帮助儿童获得逻辑思考的方式。该方案通过动作发展智力的主张与皮亚杰理论是一致的，其构想也与当代重视开发幼儿智力的潮流吻合，但试图加速儿童认知发展与皮亚杰的立场不同，遭到了正统派的反对。

威斯康星大学的皮亚杰学前教育实验方案，属于正统派，由威斯康星大学幼儿研究中心设计，以 3～5 岁儿童为对象，实施蕴含皮亚杰理论有关重要原理的学前教育课程。教师通过向儿童提出探索性的问题，鼓励儿童和同伴、成人社会及物质环境的交互作用，来发展儿童的智力，培养其独立性、自主性及发明创新能力。

这些方案都强调活动，注重儿童个性及认知创新能力的发展等，但在具体措施及所要达成的目标方面，各不相同。这些方案大都取得了一定的成效。

（二）20 世纪末的学前教育

1. 学前教育观念的演进

20 世纪 80 年代以来，美国学前教育理论进一步发展，人们的学前教育观念也发生了变化。

（1）在教育功能上，强调教育和保育统一

随着儿童研究的深入，以及社会对早出人才的要求，一些州开始将教育和保育统一起来。1989 年，阿依华州教育厅、纽约教育厅、弗吉尼亚州教育厅都设立相应的机构促进教育和保育的统一。

（2）在教育目标上，强调儿童的整体发展

各州的各种学前教育方案中，确立学前教育目标的基础是幼儿的社会性发展、认知发

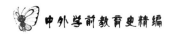

展、情感发展和身体发展。

（3）在教育内容上，注重儿童的社会教育

为使儿童适应幼儿园生活及为以后参与社会生活做准备，学前教育注重利用社区资源、视听材料及操作材料，采用如制作美术品、绘制地图等方式，向幼儿传授社会基本知识、基本态度和基本技能，成为美国学前教育的特色之一。

（4）在教育对象上，强调面向全体儿童（包括残疾儿童在内的、社会各阶层所有儿童）

目前，美国 3～4 岁幼教机构入学率逐年增加，5 岁儿童的入学率几乎达到 100%。

随着人们对学前教育的认识加深，学前教育得到全社会的重视，联邦及地方政府也都把它作为政府的一项重要工作。

2．加强立法，保障学前教育的发展

1988 年美国国会通过了《中小学改善修正案》和《家庭援助法案》。前一法案提出开展"公平教育计划"，政府每年拨款为 1～7 岁儿童提供早期教育。后一项法案规定，凡接受政府津贴的家庭，政府发给幼儿入托费。1990 年通过了《儿童早期教育法》和《儿童保育和发展固定拨款法》。1994 年提出了《早期开端计划》，把教育服务对象延伸到贫困家庭两岁孩子。1994 年 3 月，克林顿签署颁布了《2000 年目标：美国教育法》，该法案将学前教育列于八大教育目标之首。1997 年卡内基教学基金委员会颁布了《教育研究国家重点》，第一项重点是"改进幼年儿童的学习与发展，使所有孩子都能入幼儿园，以便为入学做好准备并能在初等与中等学校学习取得良好成绩"。2001 年，克林顿签发了《不让一个儿童掉队法》，旨在确保所有儿童都拥有获得高质量教育的公正、平等和重要的机会。这些法规对学前教育事业的发展起到了重要的保障作用。

3．增加学前教育的政府拨款

20 世纪 80 年代中前期，联邦政府对两项学前儿童教育计划的拨款有所增加：一是开端计划；二是未成年人保育援助计划。从 20 世纪 80 年代后半期开始，许多州政府对学前教育的投资增加。如佛蒙特州 1985—1990 年财政年度用于学前教育的经费几乎增加了 3 倍。佛罗里达州对幼儿园的拨款从 1987 年的 70 万美元到 1990 年猛增到 2 290 万美元。联邦政府从 1991 年起每年拨给各州发展托幼事业专款，以弥补地方经费的不足。国会于 1988 年、1990 年两次修订《社会保障法》，增添向低收入家庭提供孩子入托补贴的条款。联邦政府拨给地方社会服务事业的经费，约有 1/5 用于早期保育与教育。

4．加强对学前教育的管理

公立学前教育由各州教育主管部门统一管理，许多州专设了学前教育协调员或顾问，负责州学前教育事宜，如学前教育规划、资金分配、幼儿师资管理、学前教育质量评估等。1990 年颁布了《儿童保育与发展固定拨款法》，2000 年颁布了《早期学习机会法》，以促进学前教育质量，保障弱势儿童能得到全面健康的发展。20 世纪 80 年代以来，联邦政府通过立法和资金投入对学前教育进行干预，统一了学前教育目标，各州都遵循相应的条件，申请联邦资金，采取相应措施，确保学前教育的公平和整体教育质量的提高。

5．幼儿园成为公立学校系统的一部分

1986 年，密西西比州开始为所有 5 岁儿童开办幼儿园，随后全美 50 个州先后把幼儿园正式纳入公立学校系统中。

6．丰富多样的学前教育机构类型

20世纪末，美国学前教育类型除蒙台梭利学校、开端计划实施机构外，还有保育学校、幼儿园、各类日托中心，以及颇具特色的以家庭为基础的学前教育计划。

（1）保育学校

一般招收3～4岁幼儿，多为半日制。大都配备完善的教学辅助设备，由受过专业训练的教师负责，但并不进行正规教学活动。教师的主要作用是看护、引导和指导。校内活动内容丰富，包括体育、游戏、音乐和手工等；同时有选择地提供一些工具及物品，让儿童在模仿成人活动的过程中从做中学，获得经验。此类机构有公立、私立和宗教团体设立三种。幼儿离开此类机构后可升入幼儿园。1980年，在校儿童已达750余万人。

（2）幼儿园（学前班）

幼儿园被作为"小学预备教育"，种类繁多，性质各异。大体分为福禄培尔式、蒙台梭利式、进步式、中立式和保守式等。有全日制及半日制两种，招收5～6岁儿童，一年制。活动内容丰富，但不开设必修科目，也不进行正规教育，推崇"做中学"。考虑到幼小衔接问题，现在越来越多的幼儿园也进行一些读、写和算的基础训练。手工、绘画、音乐、表演、游戏和体育等科目在许多幼儿园也占有一定地位。根据经费来源，幼儿园一般分为公立和私立两种。前者被纳入当地公立教育系统，多附设于公立小学。1999年，美国61%的公立学校设有幼儿园，56%的儿童选择的是全日制。幼儿园虽不属义务教育范畴，但实行免费制。公立幼儿园在籍儿童占到幼儿园人数的4/5以上。

（3）日托中心（日托所）

日托中心为一种全日制或半日制幼教机构，设在私人家庭、大学校园或各类社会机构中。每日开放可长达8～12小时，多招收1～4岁职业妇女的婴幼儿。第二次世界大战期间，由于大量妇女参加战时工作，美国政府根据1941年《兰哈姆法》，拨专款扶持"战时保育学校"。战后，联邦政府不再提供经费，改由地方筹资或私人开办。20世纪60年代后，日托所发展成为照管性质的和综合性质的、发展性质的三种。前者仍沿袭旧制，收费较低，主要是照管儿童，确保其安全。后两种则改变以前仅充当幼儿保姆的角色。现代日托中心有综合性计划，为儿童提供发展服务、营养、喂养及教学。教学包括诸如理家、艺术活动、讲故事、沙水及运动游戏等。此类机构致力于使每个儿童在体力、情绪、社会性及智力方面得到良好的发展。

（4）以家庭为基础的学前教育计划

该计划在儿童自己的家里进行，其主要目标是把家长（通常是幼儿母亲）培养成为合格的家庭教师，并使家庭环境发生持久的变化。该计划的形式主要有家访型和家长小组会型等。1981年密苏里州教育部创办的"父母作为老师"（PAT）的项目最为著名，截至2015年，该组织已将他们的项目推广至全美47个州，培训了8 000名"父母辅导者"。这些工作人员主要是每月对每一个家庭进行一小时的家访。

7．学前教育的师资

与不同层次的学前教育机构相适应，美国学前师资培训制度也是多层次的，有高中和职业技术学校、2年制社区学院、4年制学院和大学的早期教育系和研究生院等。1991年7—8月，美国师范教育者协会和全美幼儿教育协会制定了0～8岁幼儿教师的任职资格标准。学前教育的教师必须获得资格证书，由各州教育厅发给修完幼教专业课程并获得学士或硕士学位的申请人，许多州还要求这些申请人参加"国家教师考试"。保育学校和日托中心的教师则只需由独立的机构或幼教协会颁发教育文凭。美国也重视在职幼儿教师的培训，主要途径有上夜校或暑期学校、出席教师研讨会和进行校际参观等。

第六节 集中管理的苏联学前教育

俄国于 1861 年废除农奴制，自此走上由封建社会向资本主义社会转变的道路。从 19 世纪 60 年代开始，其资本主义迅速发展，在 20 世纪 80 年代完成了工业革命。随着资本主义大工业的发展，资产阶级的经济力量日益增长，无产阶级也开始形成和壮大。但是，由于沙皇专制制度仍然存在，它千方百计保护封建农奴制的残余，阻碍着生产力的发展和社会进步。各派在文教领域采取的政策、教育主张和学前教育的发展也受这些斗争的制约与影响，导致沙皇俄国的教育落后，等级性、宗教性和民族歧视严重。

1917 年十月革命成功后，无产阶级掌握了主权，俄国共产党（布尔什维克派）及后来的苏联共产党和政府开始了对学校和整个国民教育制度的革命性改造，制定了一系列方针政策，采取各种措施，解放妇女、保护幼儿以及培养社会主义新人，加快了学前教育改革的步伐。

一、第二次世界大战前社会主义学前教育体系的建立

（一）20 世纪 20 年代学前教育的奠基时期

20 世纪 20 年代，苏联党和政府在奠定学前教育的基础方面做了以下几方面的工作。

首先，确定了苏联学前教育的性质和任务。十月革命后，苏维埃政府于 1917 年 11 月 12 日建立了教育人民委员会学前教育局。同年 11 月 20 日发表了《关于学前教育的宣言》，指出苏维埃共和国的幼儿公共免费教育必须从幼儿初生时开始；将学前教育纳入了国民教育体系，明确规定学前教育是整个学校制度的组成部分。1918 年 10 月 16 日颁布的《统一劳动学校规程》规定"在统一学校中还包括幼儿园"。1919 年 3 月举行的第 8 次苏共代表大会通过的党纲，规定了学前教育的两大任务：第一，按照幼儿的年龄特征来实现幼儿的全面发展和共产主义教育的任务。第二，解放妇女。苏联的学前教育机构从成立之日起，始终在努力完成这两方面的任务。

其次，培养学前教育干部和教师。随着学前教育机构的大规模兴起，许多困难接踵而至。除经济困难外，最突出的问题就是学前教育干部匮乏。教育人民委员会学前教育局成立初期，组织了每期为时 3 个月的训练班，培养学前教育视导人员。1918 年 9 月，在彼得堡设立了世界上第一所国立的学前教育学院，培养学前专业的高级干部。第二莫斯科大学也在 1920 年设立了学前教育系。到 1920 年初，通过学前教育专业训练班培养出的教师达 3 280 人。

最后，举行学前教育会议，讨论有关问题。1919—1928 年，在莫斯科举行了四次全俄学前教育代表大会和若干次临时代表会议，讨论了学前教育的任务、教育机构的设立、经费来源、教学法研究、学前师资培养和编写学前大纲等方面的问题。

经过各方面的努力，发展学前教育的工作初见成效。1920 年，苏联已有 4 723 所学前教育机构，共收幼儿 254 527 人。

（二）20 世纪三四十年代学前教育的发展

1930—1934 年，第一个五年计划的完成、工业的发展和农业集体化的实现，为公共学前教育的发展创造了有利条件。1930 年 6 月召开的苏共第 16 次代表大会规定：拥有一定规模的工厂地区有义务设置幼儿园；幼儿园经费筹措采取国家拨款与吸收社会资金两条腿走路的方针。此后，学前教育机构数量增加了，还新增了更适应女工需要的长日班、晚班和夜班等。

20 世纪三四十年代以后，苏联教育人民委员会不断制定和颁布关于幼儿园工作的规程、指南、规则，促进了学前教育的发展。

1932 年，教育人民委员部颁布了第一部国家统一的《幼儿园教育大纲草案》，规定幼儿园教学内容包括社会政治教育、劳动教育、认识自然的作业、体育、音乐活动、美术活动、数学和识字等。大纲第一次明文规定了幼儿园的工作任务与内容，对于整顿幼儿园、促进幼儿园教学管理正规化、提高幼儿教育质量具有重要意义。

1938 年，教育人民委员部制定了苏联第一部《幼儿园规程》和《幼儿园教养员工作指南》。前者规定了幼儿园的教育目的、任务和组织的基本类型，对幼儿的营养和幼儿园房舍的要求等。后者是根据前者编写的，它根据儿童的年龄特征，将幼儿园工作的任务、内容和方式等进行了具体化的修改。

1944 年，教育人民委员部制定了新的《幼儿园规则》和《幼儿园教养员工作指南》，规定：① 不论幼儿园由何团体或机构管理，必须根据《幼儿园规则》和《幼儿园教养员工作指南》开展工作。② 幼儿园是使 3～7 岁幼儿接受苏维埃教育的国家机构，目的在于保证幼儿的全面发展，同时有助于妇女参加生产劳动、参与社会政治文化生活。③ 幼儿园应为幼儿入学做准备。要求关心儿童健康；发展智力；安排各类游戏、文化与艺术教学，组织幼儿通过参观等去认识周围世界；培养幼儿独立的自我服务习惯、卫生习惯、劳动习惯、正确使用和爱护物件的习惯；培养幼儿守秩序、自制、尊敬长者和父母的品行；培养幼儿热爱祖国、爱人民、爱领袖和爱军队的情感。④ 不允许私人开设幼儿园，设立幼儿园的任务属于国民教育科、生产企业、苏维埃政府、合作社和集体经济的组织。

二、第二次世界大战后学前教育的改革与发展

（一）"托儿所—幼儿园"一元化发展

第二次世界大战后，在相当长的时间里，苏联托儿所和幼儿园分别隶属于卫生部和教

育部，由此产生了许多矛盾。为解决此问题，苏共中央和苏联部长会议于 1959 年 5 月 21 日公布了《关于学前教育制度改革的决定》，改革的重点是将托儿所和幼儿园合并，创立统一的学前教育机构，实行一元化的行政领导。

教育部主要负责机构的指导和监督，卫生部主要负责对幼儿保健方面的领导。决定公布以后，苏联在原有的幼儿园和托儿所的基础上，又出现了第三种学前教育机构——"托儿所—幼儿园"，招收出生至 6 岁的幼儿。从这以后苏联新设的学前教育机构，基本上都是此种类型，"托儿所—幼儿园"遂成为苏联学前教育机构中的主要类型。

（二）《托儿所—幼儿园统一教学大纲》的制定及修订

为适应新设的学前教育机构，需要制定一个从出生到入学的统一教育大纲。以俄罗斯联邦教育科学学院学前教育研究所第一任所长乌索娃为首，在医学科学院的洛万诺夫教授协助下，对《幼儿园教养员工作指南》进行了修订，于 1962 年公布了《幼儿园教育大纲》，这也是世界上第一部综合婴幼儿教育的大纲。

大纲将出生后 2 个月至 6 周岁的幼儿按年龄阶段分为七个班：第一婴儿期班（出生后第 1 年）、第二婴儿期班（出生后第 2 年）、婴儿晚期班（出生后第 3 年）、学前初期班（出生后第 4 年）、学前中期班（出生后第 5 年）、学前晚期班（出生后第 6 年）和入学预备班（出生后第 7 年），将原来婴幼儿（0～3 岁）和学前儿童（3～7 岁）互相分离的教育内容系统化、一元化。此外，大纲比《幼儿园教养员工工作指南》更重视游戏，在大班和入学预备班增添了劳动教育。

20 世纪六七十年代，苏联教育心理学家在幼儿心理发展和教育实验研究方面取得了新成果，初等教育于 1969 年开始由原来的 4 年缩短为 3 年，为了适应这一变化和改革对学前教育工作的新要求，苏联先后多次修订 1962 年的《幼儿园教育大纲》。1970 年，《幼儿园教育大纲》的修订版公开发行，加强了婴儿期的护理和教育，加强了入学准备班的教育内容与初等教育的衔接，教育内容逐级下放。1978 年，《幼儿园教育大纲》第 8 次修订版出版，把学前期儿童分成四个阶段：学前早期（0～2 岁）、学前初期（2～4 岁）、学前中期（4～5 岁）、学前晚期（5～7 岁），并且对各年龄阶段儿童的德、智、体等方面的发展提出了统一要求。

（三）20 世纪 80 年代以来学前教育的改革与发展

1984 年，苏联又颁布了《幼儿园教育和教学标准大纲》（是苏联《幼儿园教育大纲》的第 10 次修订本），在儿童德智体美劳各项教育任务及为小学做准备等问题上都增加了深度，以促进幼儿个性全面协调地发展。

20 世纪 80 年代中期以后，苏联适龄儿童中已有一半以上接受了公共学前教育。全国有学前教育机构近 14 万所，在托儿童 1 550 万人，但仍然不能满足广大居民送儿童入托的要求。

1984 年 4 月，苏联部长会议通过《关于进一步改进学前社会教育和准备儿童入学的决议》，决定设跨部门的全苏学前教育委员会，用以协调各部委的工作，并加强对学前教育的领导；进一步发展学前社会教育机构，尤其是在农村偏远地区；实施全面发展的教育，确保儿童的入学准备；正式决定把儿童入学年龄从 7 岁提早到 6 岁，从而缩短了学前期。紧接着在 1985 年 1 月，苏联教育部公布了实施 6 岁入学决定的章程，规定由 6 岁儿童组成的一年级设在幼儿园；要求把学习与游戏结合起来，上午进行课程教学，下午则按幼儿园的作息制度活动，使儿童自然地从幼儿园过渡到学校生活。

1989 年 6 月 16 日，国家教育委员会为迎接 21 世纪的到来，批准了《学前教育构想》（于 1990 年颁布）。改革的内容有：① 在学前教育机构的设置和管理方面，实现法律化、民主化和多样化；多种形式和类型的学前机构并存；家长和工作人员组成幼儿园委员会共同协商解决问题；幼儿园自我管理、经济独立、自己决定教学内容等全新的原则。② 依据新的科研成果，强调学前期在个性形成中的意义。要求在教育教学中既考虑年龄特征，又考虑个别差异，以保证儿童情绪良好、心理健康地发展。将 0～7 岁儿童按年龄分为三个发展阶段：婴儿阶段（0～1 岁）、先学前期（1～3 岁）、学前阶段（3～7 岁）。③ 要求教育工作人道主义化，以"个性定向型相互作用模式"取代以往的"教学—训导型相互作用模式"，保证儿童的生理和心理健康，形成创造型个性的萌芽。④ 家庭和幼儿园相互浸透，实现家庭教育与公共教育的协调一致。

三、学前教育的特点

苏联的学前教育在长期的发展中，最突出的特点就是统一领导与集中管理。首先，十月革命以后，苏联党和政府就成立了专门的学前教育局，将学前教育纳入教育体系，并通过教育立法、幼儿园章程、规则和大纲等实行统一管理。其次，其学前教育工作与保育工作紧密结合。苏联的学前教育从一开始就担负着解放妇女劳动，保护、教育儿童的双重任务，既要对儿童的日常生活进行护理和照顾，又要对儿童进行全面的教育。儿童在园时间长，很大一部分教育工作存在于保育工作之中。教育工作者利用生活环节，如吃饭、睡觉等对儿童进行文明卫生习惯和良好道德品质的教育。最后，教学—训导模式是苏联幼儿园主要的教学模式。在教学中强调教师的主导地位，教学目的是用知识、技能和技巧武装儿童，使之听话。该模式也有其局限性，即形式主义泛滥，教育的人道主义、一般发展的本质被忽视。因此，1989 年的《学前教育构想》提出了"个性定向型相互作用模式"，强调促进儿童个性的形成。

第七节　快速发展的日本学前教育

从进入 20 世纪到第二次世界大战前，日本经历了两个时代：大正时期（1912—1926）和昭和前期（1926—1945）。这时的日本政府致力于侵略扩张，对亚洲邻国以及美国、英国、荷兰等宣战，军国主义色彩浓厚。1945 年日本投降。战后日本受到毁灭性打击，各政党林

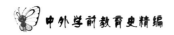

立，但从 1955 年开始经济进入高速发展阶段，出现三大景气时期（神武景气、岩户景气和伊奘诺景气），在资本主义发展史上是罕见的。

一、20 世纪上半叶的学前教育

（一）自由主义保育思潮涌现

20 世纪初，儿童中心主义教育思潮在欧美国家兴起，日本一些受西方影响的人士，突破《教育敕语》的专制主义，提出了与西方教育相呼应的自由主义保育思想。如教育家谷本富（1867—1946），提出幼儿园的保育工作应以"遵循自然"为原则；幼儿园应是游戏的场所，禁止一切课业，成人不要干涉；幼儿教育要符合幼儿的年龄特征，反对强硬的教育手段。

自由主义保育思潮在当时获得了极大的反响，对 20 世纪初一些幼儿教育政策的制定产生了一定影响。1911 年，日本文部省修改《小学校令施行规则》，仅规定幼儿园的保育内容为游戏、唱歌、谈话和手工技巧四项，但不做具体指示，允许各地自行安排；取消保育时间 5 小时的硬性规定，由管理者和开办者自定等。

（二）《幼儿园令》与学前教育制度的确立

1926 年 4 月，文部省颁布了日本第一部较完整且独立的幼儿教育法令——《幼儿园令》，首次明确了幼儿园在日本教育制度中的位置，标志着幼儿教育制度化，成为学校教育体系的组成部分。

该法令较之先前的法令，其独特之处在于：规定幼儿园是为父母从事生产劳动、无暇进行家庭教育阶层的幼儿设立的保育机构；幼儿园招收对象为劳动子女，而不是富家子女；放宽了幼儿园的入园规定，可招收 3 岁以下的幼儿；在幼儿园中可附设托儿所。《幼儿园令》颁布后虽导致了争议，但确实促进了日本幼儿园的迅速发展，平均每年新增幼儿园约 100 所。在日本教育史上明确了学前教育的地位。

（三）学前教育机构的发展

1. 公立幼儿园

1876 年，日本建立了第一所公立幼儿园，直到 20 世纪初，公立幼儿园在日本幼儿园中一直占据主导地位。然而，公立幼儿园的发展却非常缓慢。其原因有两方面：一是经费问题。随着日本义务教育年限增长，地方政府的财政多用来维持小学教育，无力顾及非义务教育的幼儿园教育。二是观念问题。守旧人士认为幼儿园的发展削弱了家庭教育，损害了亲子感情，因此采取抵制的态度。这就导致公立幼儿园举步维艰，反而不如私立幼儿园发展迅速。到 1926 年，私立幼儿园已达 692 所，而公立只有 372 所。

2. 托儿所

公立幼儿园基本上只为富裕阶层子女提供教育，托儿所（或保育所）则承担起收容贫民幼儿的任务。其目的开始只是为母亲和儿童提供养护，后来开始强调婴幼儿的精神教化。日本第一所托儿所于 1893 年由私人建立，第一次世界大战后由于社会的需要，私人托儿所在各地迅速发展，到 1944 年时，托儿所已经发展到 2 184 所（公立 636 所）。

尽管第二次世界大战前，已有有识之士呼吁重视幼儿园和托儿所的一元化，实现幼儿园和保育所的一体化。但由于历史和现实原因，日本的幼儿园和托儿所一直是并行发展，各自独立。

（四）学前教育军国主义化

实施军国主义教育的核心是向学生灌输军国主义思想。从明治后期开始，《教育敕语》的军国主义色彩使得教育领域更加倾向于培养学生的国民意识。这一时期的学前教育也具有日本军国主义特征。

二、20 世纪下半叶的学前教育

（一）《幼儿园教育大纲》的制定与修订

1947 年 3 月，日本国会通过《教育基本法》和《学校教育法》，后者规定幼儿园是受文部省管辖的正规"学校"的一种，满足从 3 岁到上学前的儿童的教育。法案反映出日本第二次世界大战后开始摒弃单纯效忠统治者的思想，转向以"儿童中心论"和以民主主义教育观来指导幼儿教育。

根据《学校教育法》等文件，文部省于 1948 年 3 月颁布了《保育大纲》，这是由国家编制的日本第一部学前教育大纲。1956 年，对《保育大纲》进行修订，并在此基础上推出《幼儿园教育大纲》，标志着第二次世界大战后初期对学前教育的整顿工作已基本结束。

1964 年，为配合"人才开发"政策，文部省对《幼儿园教育大纲》进行修订，修订后正式作为国家标准具有法律效力。修订后的大纲规定了日本幼儿园教育的基本方针为：① 力求幼儿身心得到协调发展；② 培养基本的生活习惯和正确的人生态度；③ 激发关心自然和社会现象的兴趣，培养初步思考能力；④ 提高幼儿的语言能力；⑤ 通过各种表达活动丰富幼儿的创造力；⑥ 培养幼儿的独立性；⑦ 因材施教；⑧ 结合幼儿的生活经验、兴趣、要求，全面教育；⑨ 完善幼儿园生活环境；⑩ 突出幼儿园特点，有别于小学教育；⑪ 与幼儿家庭教育密切配合。大纲将幼儿教育的内容分为六个方面：健康、社会、自然、语言、音乐韵律、绘画手工。1989 年，日本又颁布了一个新的《幼儿园教育大纲》，将教育内容改为五个方面：健康、人际关系、环境、语言和表现。

（二）幼保一元化发展

第二次世界大战前日本的幼儿园和托儿所一直是两个系统。1947 年，日本将托儿所改名为保育所，实际上仍继承战前托儿所的特点。然而幼保二元化体制存在着种种弊端，如保教差异显著，公费双重投资，学前教育的发展难以深入等。为此，幼保一元化的呼声越来越强烈。1963 年，厚生省与文部省达成协议，要求各地为保育所开设的课程和提供的设备必须与幼儿园基本相同。1965 年，厚生省以 1964 年的《幼儿园教育大纲》为范本，制定了《保育所保育指南》，但保育所和托儿所仍然存在诸多差异。

关于幼保一元化的尝试，最有名的是"多闻台式"，即把幼儿园和保育所建在一起，进行统一管理，要求保育所的幼儿上午去幼儿园接受教育，下午在保育所里接受教育。目前，日本幼保一元化的做法基本是在保育所里增加幼儿园课程。

（三）20 世纪 60 年代以来的学前教育振兴计划

20 世纪 60 年代以来，随着世界对幼儿教育研究的深入，学前阶段的教育进入了一个新的发展阶段。日本除颁布、修订幼儿教育大纲外，还推出了几项振兴学前教育的重要计划。

1964 年，日本文部省开始实行《幼儿教育七年计划》（称"第一次计划"），目标是使 1 万人以上的市、镇、村学前儿童入园（所）率达到 60%。这一目标在 1971 年得到实现。次年，文部省制定了《振兴幼儿教育十年计划》（称"第二次计划"），要求到 1982 年实现 4～5 岁儿童全部入园（所）。为此实行了学前儿童入园奖励制度，即对于将送子女入幼儿园的收入微薄的家庭减免保育费。在这种政策的驱动下，日本学前儿童入园（所）率逐年提高，据 1980 年统计，在日本小学一年级学生中受过正规幼儿园和保育所教育的儿童数比例超过 90%，普及率在世界发达国家中仅次于法国，居于第二位。

1991 年，文部省制定了第三份幼儿教育振兴计划，目标是确保今后 10 年 3～5 岁学前儿童有充分的入园（所）机会，并为此划拨了专项资金，并将入园奖励费对象扩大到了 3 岁幼儿。

对当下教育的启示：

1. 讨论 20 世纪以来各国学前教育实践的差异及其独特性。

2. 如何理解学前教育发展的国际化走向。

给教师的教学建议：

1. 20 世纪以来学前教育的管理主要有哪些模式。

2. 20 世纪以来学前教育的政策法规有哪些变化。

第十一章　现代学前教育思想（一）

教育所要求的只有一项：通过孩子的内在力量来达到自我的学习。

——蒙台梭利

20 世纪以来，自然科学、哲学、教育学以及心理学，尤其是儿童心理学的发展，为学前教育思想的成熟提供了方法论与思想基础。一百年间，不仅杜威、罗素等教育家、哲学家关注学前教育，一些著名的心理学家，如霍尔、弗洛伊德和皮亚杰等也对学前儿童心理展开了深入研究，同时期的学前教育家蒙台梭利、爱伦·凯和德可乐利等，也都为学前教育理论的发展做出了贡献。他们的思想构成了 20 世纪学前教育理论的华彩乐章。

第一节　现代学前教育思想的理论基础

进入 20 世纪，世界各国政治、经济的变化，带来了社会进步与学术大发展。自然科学、哲学、心理学、教育学等学科的研究成果，极大地推动着教育事业的繁荣，也为学前教育思想的发展提供了理论支持。

（一）自然科学基础

从 19 世纪末开始，欧洲各国的社会变迁和自然科学的长足发展，从根本上改变着人们的思维方式，形成了新的认识论。

在生物学领域，1859 年达尔文生物进化论的创立，给西方思想界带来了巨大的影响。它帮助人们摆脱机械主义的思维模式，开始用变化的、进化的眼光看待自然界的一切。在物理学领域，爱因斯坦于 1905 年和 1916 年提出了狭义相对论和广义相对论，揭示时空的本质，相对论代替牛顿的绝对时空观，打破了长期支配人们的机械自然观，人们开始摆脱绝对价值观，确立起相对价值观。20 世纪早期，自然科学一系列新理论大大拓宽了人们的思维领域，影响到人类理解世界的立场和方法。

第二次世界大战后，随着科技飞速发展，系统论、控制论、信息论、分子生物学、遗传工程等新型学科出现，科学方法论拓展到了社会、历史及文化研究诸多领域。

（二）哲学基础

19 世纪中叶，在斯宾塞等人的倡导和推动下，进化论思想很快被引入社会研究领域，用来解释人类社会的发展。19 世纪后期，在约翰·菲斯克等人的宣传下，达尔文的进化论和斯宾塞的社会进化论进入美国，并与美国当时特定的历史条件相结合，很快成为美国普遍流行的生存哲学——实用主义。它强调立足于现实生活，把人的行动、信念、价值当作哲学研究的中心，把获得"效果"当作最高的目的。其中，行动、实践在实用主义中具有决定性的意义，故又称它为"实践哲学""行动哲学"。诚然，实用主义关于"现实生活""行动""信念""效果"等均以利益为指向，具有主观主义和相对主义的哲学性质，但是它却反映出20世纪初美国人开拓创业、注重务实和拼命竞争以求成功的精神，成为20世纪初世界范围内影响广泛的哲学思想。

实用主义哲学立足于生活实际，吸纳了社会进化论、相对主义、理性主义、人道主义和政治自由主义等多种思想精华，主张抛弃旧观念，发挥人的创造性，要求一切从实际出发，通过考察实际效果来检验理论和学说，这与世纪交替之际垄断资本主义背景下，竞争激烈的社会要求十分吻合，成为许多国家社会改革的指导思想。

二战后，新兴学科层出不穷，不同学科高度融合。20世纪50年代后，随着西方哲学对科学发展规律和科学方法论等问题的研究加强，科学方法论拓展到了社会、历史和文化等领域。用科学理性来解释人，强调科学与哲学关系的思潮得到强化。

二战后，人的异化问题突出，哲学家更加关切人的问题，特别是人的自由、尊严、命运及前途等，人本主义思潮的影响进一步扩大。人本主义并不简单拒斥理性和科学，而是试图将非理性和理性融合起来。存在主义、新弗洛伊德主义和法兰克福学派等都有这种倾向。他们试图超越理性，也被称为非理性主义。

（三）心理学基础

1879年，德国的威廉·冯特在莱比锡建立了第一个心理实验室，这是心理学家试图通过科学的方法研究人类心理的开端。

儿童研究运动是这一时期心理学研究出现的新领域，它对教育理论研究，尤其是儿童教育的研究产生了深远的影响。儿童研究运动始于1883年，19世纪90年代得到蓬勃发展。美国儿童心理学家霍尔（Granville S. Hall，1844—1924）被誉为"儿童研究之父"。霍尔赞成实验教育学的观点，主张把教育学建立在生物学和生理心理学研究基础之上。在儿童发展问题上，他是生物发生论的代表，认为儿童的发展过程是重复人类发展史，社会环境只是人的才能、天赋显示出来的背景。

教育心理学奠基人桑代克也从科学心理学的角度，对教育问题进行了心理学方面的研究。他认为，教育是一种改变人类行为的艺术和科学，教育研究重在探讨人与环境的联系，使人适应环境的变化。他受进化论的影响，从行为主义的立场出发，把教育视为机体对外部刺激的反应过程，由刺激引起，通过练习加以强化。

20世纪早期产生于美国的行为主义心理学，在第二次世界大战后进一步兴盛，其影响遍及全世界，是西方心理学中影响最大的流派之一。行为主义心理学坚持客观研究法，摒弃内省心理学，使心理学从主观唯心主义向客观唯物主义迈进了一大步。它倡导心理学在生活中的应用，突出心理学对象和方法的客观性、开放性和操作性，把预测和控制人的行为作为心理学的根本任务。这些观点和方法在心理学大部分领域、人文学科、艺术活动及社会生活中得到了广泛应用。

（四）教育理论基础

20 世纪早期世界范围内的教育理论研究，主要有两方面的成就：一是教育学科群出现。教育学由过去的单一学科发展为多学科体系，教育研究范围扩大、研究内容更丰富、细致。二是研究方法多样化与不断更新。自然科学、社会科学等学科领域的新成就、新方法直接影响并作用于教育研究，给教育学科发展带来了生机，教育研究呈现出前所未有的新局面。

20 世纪早期教育理论发展过程最引人注目的教育科学化运动，是 19 世纪末对赫尔巴特教育理论的重新发现和从德国实验心理学受到启发的结果。在霍尔儿童学、桑代克教育心理学等研究的推动下，教育研究逐渐从儿童心理、教学心理和智力测验等范围，扩大到教育与社会、教育与文化的关系等领域。教育科学化运动强调教育研究的自然科学规范而否定对教育进行形而上学探究的观点，与杜威反对用窄化的"科学"观理解教育的主张形成了对峙。这种对峙成为 20 世纪教育理论发展的持久张力。

20 世纪中后期，作为教育科学化运动的对立面，人文主义教育理论受到重视。从 20 世纪 70 年代开始，教育科学化运动给学生情感、个性发展带来的消极影响日益明显，人文主义教育思潮出现。马斯洛、罗杰斯和弗洛姆等，依据现代人文主义哲学和心理学思想，提出教育目的是自我实现，强调情感和智力的有机联系，强调人的潜能发展，主张培养"完整的人"。

20 世纪以来自然科学、哲学的研究成果，为社会学科、人文学科的进步提供了新的认识论与价值观；心理学、教育学的新成就，又为 20 世纪学前教育思想发展提供了具体的理论基础，20 世纪是学前教育思想成熟的重要历史阶段。

第二节 "瑞典智慧女神"爱伦·凯的学前教育思想

爱伦·凯（Ellen Key，1849—1926）是 19 世纪末 20 世纪初瑞典著名的教育家、作家和妇女活动家，新教育运动的倡导者之一。她一生致力于儿童教育和妇女运动问题的研究。

一、生平与代表作

爱伦·凯 1849 年 12 月 11 日生于瑞典南部的斯莫兰，其父是瑞典著名历史学家、激进党领袖，曾被选为第一届国会议员和国务大臣。她自幼生长在富有自由思想的家庭中，喜爱读书，热爱自然和音乐。1872 年她随同父亲周游了欧洲许多国家，回国后潜心于卢梭、达尔文、尼采、斯宾塞、洛克等人著作的研究。1874 年开始在《家庭杂志》上发表妇女问题与儿童教育方面的文章。1879 年就职于一女子学校，后在斯德哥尔摩平民大学承担瑞典文明讲座达 20 年之久。

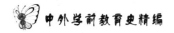

爱伦·凯的代表作是《儿童的世纪》（1900），提出了"20世纪将成为儿童的世纪"这一伟大命题。

二、幼儿发展与教育

爱伦·凯对幼儿发展与教育的思想主要体现在对旧教育的批判、对儿童教育的要求和实施儿童教育的主张上。

（一）对旧教育的批判

爱伦·凯对传统的幼儿教育进行了猛烈的批判，认为旧教育不顾幼儿天性和个性发展，强迫幼儿屈服于成人意志，使幼儿创造力受限制、对周围事实的观察力迟钝。针对旧教育存在的问题，她从进化论观点出发，认为家庭和学校应该尊重幼儿的兴趣和天赋本能的发展，培养幼儿的独立性和创造精神。

（二）教育理想、原则及宗旨

爱伦·凯的教育理想是造就"新人"，即身心健全、自由独立、能够创造新文化的人。她主张推行卢梭的自然教育原则，并根据此原则确立教育的宗旨为：发展幼儿的特性，尊重幼儿的人格和自然地促进幼儿在智力、道德、创造力方面的发展。

爱伦·凯极力倡导自由教育。她认为幼儿具有自发力，要教育幼儿以自己的意志活动，形成自己的概念和判断，"自由"是其教育主张的核心。她要求家长和教师深入体察幼儿的心灵，掌握幼儿的心理特点，正确地进行教育。

（三）反对体罚

在《儿童的世纪》中，爱伦·凯专门论述了体罚问题。她反对孩子成功受到表扬、失败受到惩罚的做法。认为教育者应依靠大脑而不是用体罚去教育儿童，体罚对于施罚者和受罚者都是有害无益的：第一，儿童被打会造成身心伤害，使儿童屈从是不恰当的教育方式。第二，教师和成人依赖体罚教育儿童，表明教育者教育方法的无能。经常采用体罚不仅不能磨炼教师和成人的耐心和毅力，还会阻碍教育智慧的发展。第三，体罚会造成儿童的恐惧感，也有损教育者的人格和尊严，使教育者自己成为一个容易发怒的人。第四，体罚也会扼杀儿童的冒险精神、想象力、活动热情和创造力。

三、家庭教育

（一）家庭的作用

爱伦·凯从小生活在自由、民主、和睦和温暖的家庭里，她深切感受到家庭教育对于儿童成长的重要。她认为好的家庭氛围是儿童获得良好教育的主要源泉，家庭教育应成为儿童教育的基础。理想的家庭应该是欢悦、温暖和平等的，充满和谐的气氛，幼儿能与成人一起工作、一起读书、一起谈话和一起娱乐。

（二）父母的责任与要求

爱伦·凯认为在家庭教育中，孩子的父母尤其是母亲负有重要的责任，母亲必须知道没有比教育更有意义的社会活动。父母要倾注全部的精力重视孩子的发展和教育，应该明白孩子需要家庭的温暖，否则父母应该受到训诫。许多父母不懂得如何正确教养幼儿，爱伦·凯认为出版一本《父母指南》很有必要。

首先，父母在家庭里不要随意对孩子发布命令，应该平等对待孩子。在她看来，孩子与父母一起生活时，能从父母那里获得自己所需要的养分，促进个性发展。如果父母经常以粗暴的态度对待孩子，使用呵斥甚至体罚的方法使倔强的孩子驯服，不但无法实现教育效果，反而会使孩子产生逆反心理。和孩子在一起时，要了解儿童心中所想，尊重他们的想法和要求。

其次，理想的父母应像对待成人一样信赖或诚恳地对待儿童，尊重和了解儿童的活动及兴趣。溺爱或过于专断，都源于不知道孩子的兴趣、感情的需要、理想等。孩子的个性得不到发展，其成长也受到影响。因此，爱伦·凯一再主张父母要倾注全部精力对儿童的成长过程进行系统的研究和观察，以保证其个性得到正常发展。

再次，父母要在儿童个性和人格形成过程中起榜样作用。儿童善于模仿大人，大人享受艺术与自然的美，儿童也会学习享受艺术和自然的美；大人做好事，儿童也会学做好事。如果父母能严于律己，能过一种高尚且有节制的生活，便是对孩子一种最好的教育。

最后，她反对父母包办代替孩子的一切。认为孩子在这样的"保护"下，其工作欲、忍耐力、发明和想象的天赋以及其他的品质都会变得衰弱。

（三）家庭教育的内容

第一，让孩子分担一定的家务活动。在孩子力所能及的范围内，在放假或周末认真地做事，逐渐养成自觉的习惯。例如，学会上学前整理自己的房间、洗自己的衣服等，养成独立生活的习惯，这是教育中最重要也是最有意义的事情。但必须防止让孩子一直处于兴奋状态。她认为，这不利于儿童的教育和发展，会使儿童对劳作产生厌倦感，对劳作失去兴趣。

第二，为儿童建立家庭图书馆。图书馆里面仅仅放些经典著作，把它按年代编好次序，使儿童有选择性地看适合他年龄的书。此外，爱伦·凯主张让儿童养成动手的习惯，父母应准备充分的工具和材料让儿童自己制造玩具，发挥他的发明力与想象力。

第三，为了让儿童更好地接触自然，她主张搬到乡间去住。她认为，家庭环境的贫穷与富裕会对儿童有不同的影响：贫穷的环境有益于儿童的成长。她建议即使在经济条件尚可的情况下，父母为了孩子也应不接触一些较奢华的事物。主张儿童应与大自然接触，在各种生活经历中得到锻炼。

四、评价

爱伦·凯及其儿童教育理论虽然过去一个多世纪，但至今仍然产生着影响。她提出的"20 世纪是儿童的世纪"成为具有历史意义的论断，她提倡热爱儿童和尊重儿童、注重儿童的早期教育、促使儿童个性的发展、倡导理想的家庭、强调家庭及父母在幼儿发展和教育中的作用，对现代幼儿教育理论与实践的发展产生了很大的影响。

第三节　现代教育理论代言人杜威的学前教育思想

约翰·杜威（John Dewey，1859—1952）是美国著名的哲学家和教育家。南北战争后，美国迅速地由农业国发展为世界头号工业大国，资本主义从自由过渡到垄断。在社会发生重大变化的历史时期，杜威以实用主义哲学为基础，构建起他的教育理论体系，力图改造传统的学校教育，以适应并促进美国社会的工业化与民主化。他的教育理论对美国乃至世界的教育都产生了深远的影响。

一、生平与代表作

1859 年 10 月 20 日，杜威生于美国佛蒙特州柏林顿的一个小商人之家。1875 年，进入佛蒙特大学。1879 年，大学毕业后，到中学执教两年。1882 年，他进入约翰·霍普金斯大学当研究生。1884 年获得哲学博士学位后，杜威到密执安大学任教，一直到 1894 年，其中 1888—1889 年在明尼苏达大学任教。1894 年，杜威接受了芝加哥大学的聘请，担任哲学、心理学和教育学系主任，并从事研究生的教学工作。1896 年，创办芝加哥大学实验学校，招收 4～14 岁儿童，进行课程、教材和方法的改革实验活动，有效地把教育理论和实践结合起来。1904—1930 年，杜威在哥伦比亚大学哲学系和教师学院任教。1930 年退休后，任哥伦比亚大学的名誉教授。除了在国内作演讲旅行外，他还到过日本、中国、土耳其、墨西哥和苏联等国进行访问和讲演。1952 年 6 月 1 日，杜威在纽约去世。

杜威的主要教育著作有《我的教育信条》（1897）、《学校与社会》（1899）、《儿童与课程》（1902）、《民主主义与教育》（1916）和《经验与教育》（1938）等。

二、思想基础

（一）实用主义经验论

在哲学上，杜威继承和发展了皮尔斯（C.S.Peirce，1839—1914）和詹姆士（W.James，1842—1910）的实用主义哲学，并把它应用到教育领域。关于哲学和教育的关系，他在《民主主义与教育》中指出："哲学就是教育的最一般方面的理论""教育乃是使哲学上的分歧具体化并受到检验的实验室"。

"经验"是杜威教育哲学中的一个关键词，是理解其教育理论的钥匙。杜威认为，"经验"是人的有机体与环境相互作用的结果，是人主动尝试行为与环境的反作用形成的一种特殊的结合。行动和结果之间的连续不断的联系和结合就形成了经验。这里的"经验"，具有无所不包的性质，把人（经验的主体）和环境（经验的客体）以及经验的过程都包括在内，并把它们看成同一过程的两个侧面，相互联系以至合而为一。

杜威在《民主主义与教育》中说，经验包含一个主动的因素和一个被动的因素，这两个因素以特有的形式结合着。在主动的方面，经验就是尝试。在被动的方面，经验就是承受结果。例如，儿童要认识手伸进火焰会灼伤手指，就要亲自去尝试一下，当手伸进火焰这个行动和遭受的疼痛联系起来时，他才知道手伸进火焰意味着灼伤。这就是所谓的"从经验中学习"。没有这种真正有意义的经验，也就没有学习。

（二）机能心理学

在心理学上，杜威继承了詹姆斯的心理学观点。他认为，儿童的能力、兴趣、需要和习惯都建立在他的原始本能上，儿童心理活动的实质就在于其本能的发展过程。杜威认为教育工作中应该应用机能心理学。他指出，心理学是教育理论和实践的基础，要为包括教育科学在内的社会科学指出方向和开辟道路。

（三）民主主义政治观

在社会政治观上，杜威十分强调民主主义的重要性。他认为，民主主义的缺失是造成资本主义社会矛盾和危机的一个很大的原因。他提出要以合作的、智慧的方法逐步代替暴力冲突的方法。民主主义是一种联合生活、共同交流经验的方式，是共同参与的事业的范围扩大和个人各种能力的自由发展。

杜威把教育看作社会改良的首要工具，认为民主主义与教育之间存在着内在的、重要的和有机的联系。教育应该成为民主观念的仆人，成为民主观念正在进化中的一种体现；学校应该是民主社会的坚定卫士。必须把民主主义作为教育行动的出发点，作为教育的一个参照点，它能给教育行动以力量，并指导批判思维和教育思想，使学校更好地迎接民主主义的挑战。因此，在杜威整个教育思想体系中，民主主义和教育是统一的、密不可分的。

三、教育基本理论

（一）教育的本质

1. 教育即生长

教育即成长的"生长论"代表了杜威的儿童发展观。生长的含义包括以下四个部分：第一，生长是一个连续性和阶段性的动态的心理发展过程；第二，生长以儿童的本能、能力为依据；第三，儿童的生长应引导到习惯的形成；第四，儿童的本能、能力的生长是通

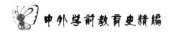

过其经验不断改组或改造的活动得以完成和实现的。

2. 教育即经验的改造

杜威称"教育即经验的继续不断的改组或改造"为教育过程中自始至终都具有的"当前的目的"。

经验是否具有教育意义和价值的两个标准是"连续性"和"交互作用"。"连续性"原则的意思是：经验作为一个活动过程，后面的结果揭露前面结果的意义，形成一种倾向性或习惯，进而影响到后来的经验的性质。同时，每一种经验在一定程度上都影响到获得更多经验的客观条件。"交互作用"的原则赋予经验的两个因素（即客观的和内在的条件）以同等的权利。为此，杜威认为教育者应关心有机体与环境相互作用的种种情境，包括个人的内在因素以及和个人交互作用的各种资料，最主要的是个人所参与的情境中的整个社会背景。

3. 教育即生活

杜威批评美国的学校教育与社会生活、儿童生活相脱离，从而造成教育中的巨大浪费。"教育即生活"，旨在消除教育与生活的"隔离"状态。实现这一目的的主要途径是学校社会化，即使学校成为社会生活的一种形式。学校要呈现简化的、现实的社会生活，方法是提供各种不同形式的主动作业，如烹调、缝纫和木工等。

（二）教学论

1. 课程与教材

杜威认为，儿童的生活和经验具有统一性和完整性。他强调课程教材应与现在生活的经验相联系，与儿童相联系。

关于课程教材与现在生活经验相联系，杜威认为，课程计划必须考虑课程能适应现在社会生活的需要，以改进我们的共同生活为目的。

关于课程教材与儿童相联系，杜威认为，必须站在儿童的立场上，以儿童为出发点来考虑课程与教材。因为课程与教材是以服务于儿童生长的各种需要来衡量其价值的。他主张教师在指导教学时，要努力使教材"心理化"，即恢复它被抽象出来的原来的经验，使教材变成儿童经验的一部分，通过对儿童现有经验的不断改造，达到掌握有组织体系的真理的目的。

2. 从做中学

杜威提出，儿童应有机会运用他的身体，并由此使他的自然冲动有表现的机会。教育应该以儿童的本能冲动为出发点，通过活动使他得到新的发展。学校应采取与儿童校外活动类似的形式。这样，"从做中学"就使得在学校获得的知识与儿童在生活环境中进行的活动或工作联系起来。由于杜威相信一切真正的教育从经验中产生，一切学习都来自经验，因此，他所说的"从做中学"，实际上也就是"从活动中学""从经验中学"。

从智力活动的意义上看，工作具有极大的教育价值。工作作为儿童的一种活动方式，是指使用各种材料、工具以及技巧的一切活动，包括任何使用工具和材料的表现活动和建造活动，任何形式的艺术和手工活动等。杜威认为，随着儿童的心智在能力和知识上的生长，这种工作不仅成为一件愉快的事情，而且越来越成为理解事物的媒介、工具和手段。

如果离开了工作，不仅取消了兴趣在教育中的地位，也不能在经验的理智和实践之间保持平衡。

3．思维步骤与教学步骤

杜威认为，思维就是明智的学习方法。他指出，教学活动必须提供引起学生思维的情境，能激发儿童的思维。所以，教学的步骤必须依据思维的步骤。

（1）五步思维法。杜威把思维过程分为五个步骤：提供疑难的情境；确定疑难的所在；提出解决问题的种种假设；推断哪一种假设能够解决问题；在行动中验证假设。

（2）五步教学法。第一，学生要有一个真实的经验情境，即有一个对活动本身感兴趣的连续的活动；第二，在这个情境内部产生一个真实的问题，作为思维的刺激物；第三，占有知识资料，从事必要的观察，对付这个问题；第四，有条不紊地展开他想出的解决问题的方法；第五，有机会和需要通过应用检验他的观念，使这个观念意义明确，并发现它们是否有效。五个步骤的顺序并非固定不变，有时两个步骤可以结合，有时几个步骤可以简略。

四、幼儿教育

（一）儿童观

杜威的儿童观是：儿童的生长期蕴藏着较为复杂而高深学习的可能。他指出，幼儿期是人生的基础时期，不但是接受中高等教育的基础，尤其是他一生事业、习惯和嗜好的基础。他充分肯定幼儿期的价值及研究幼儿教育的重要意义。

儿童期实际上就是儿童的本能生长和发展的时期。儿童的教育也就是儿童天赋能力的正常生长。成熟需要经过一定的时间和一定的阶段。杜威认为，尊重儿童发展的过程，就是尊重儿童生长的需要和时机。

杜威指出幼儿具有以下两个特征：一是"依赖性"，即幼儿需要成人不断地养护，同时他也具有社交活动的能力；二是"可塑性"，是指从经验中学习的能力，即儿童主要通过自己主动努力的活动，通过经验的不断改造来改变自己，使自己达到新的发展。

（二）游戏与作业

杜威认为游戏是儿童的一种本能。他主张"把儿童业余从事的活动引入学校，从而给学生开出最生动的课程，要做到这一点，唯一自然的办法，就是把游戏作为幼儿的主要作业"。

杜威肯定游戏和作业在教育上的重要地位。他认为，游戏和作业能减少校内生活和校外生活之间的人为隔阂，能提供各种动机，使儿童注意有显著教育作用的各种材料和制作方法，并使儿童彼此合作，了解知识材料的社会背景。学校的任务就是设置一个环境，使游戏和工作的进行能促进儿童道德和智力的成长。

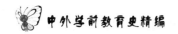

（三）幼儿教育的课程与教材

杜威关于教材的基本观点是，以具有社会用途的事物作为教育的媒介。

杜威主张把粗糙的原料给儿童，让儿童自己动手做玩具。只有从粗糙的材料做起，经过有目的的使用，儿童才能获得包含在玩具中的智慧。

幼儿教育的课程有：① 复演家庭生活，以照料布娃娃为核心加以安排；② 从儿童的兴趣和需要出发来组织其他活动课程，如折纸、试制玩具、照料小花园、讲故事和唱歌等；③ 戏剧表演；④ 自然研究；⑤ 文化学习。杜威主张文化学习应遵循儿童的身心特点，不可超前或强迫行事。他认为，书写和阅读是儿童必须学会使用的工具，它能帮助儿童了解人和事，并能与别人分享他发现的事物。

（四）幼儿教育方法

杜威把方法问题归结为儿童的能力和兴趣的发展顺序问题。儿童本性发展的顺序是：自动先于被动表达先于有意识的印象，肌肉发育先于感官发育，动作先于有意识的感觉。

根据儿童本性的发展，教学方法是对儿童兴趣不断地予以同情的观察。了解儿童的兴趣是教学的出发点，教学富有成效的关键是提供与儿童发展水平相适宜的刺激或材料。教师必须对学生的兴趣采取正确的态度，既不予以压抑，也不予以放任。

杜威特别推崇建造性的工作。他主张这种工作应以儿童自己的冲动为起点，以达到最高水平为目的。应使儿童接触各种各样的材料，为以实际方法利用这些材料提供动因，并使感官的灵敏性和观察力的敏锐性发挥出来。

模仿和暗示的方法。这个方法必须合乎心理学的要求，与儿童的活动相联系，与儿童内在生长的方式相符合。模仿的作用在于帮助幼儿想象他真正需要的东西，使他进行思考。

五、评价

杜威的学前教育思想成为美国进步主义幼儿园运动的重要理论依据，对传统幼儿教育的改革起了很大的推动作用，对世界幼儿教育的发展也产生了重要的影响。五四运动后，我国教育家吸收了杜威教育理论中有益的部分，结合中国国情，创立新型幼儿园，并构建了新的幼儿教育理论。

第四节　"苏联第一夫人"克鲁普斯卡娅的
学前教育思想

克鲁普斯卡娅（1869—1939）是苏联著名社会活动家和马克思主义教育家，列宁的夫人和战友。她在长期的教育实践活动中，形成了独特的教育思想体系，幼儿教育思想是其中的重要组成部分。

一、生平与代表作

　　克鲁普斯卡娅出生于一个有民主倾向的军官家庭，14 岁时父亲病逝。此后与母亲相依为命。上中学时，受一位乡村女教师的影响，对教师工作产生了兴趣，中学毕业后当过一个时期的家庭教师。1889 年，进入彼得堡女子高等专门学校学习。不久，加入了马克思主义小组，大量阅读了马克思、恩格斯的著作。1891—1896 年，在彼得堡郊区的工人夜校当教师，向工人们宣传革命道理。其间，列宁来到圣彼得堡，她认识了列宁，并于 1895 年加入了列宁创建的"工人阶级解放斗争协会"。1907 年，流放期满后，和列宁一起侨居国外。期间除了参加革命工作，她还考察了不少学校，研究了西方古典教育家的著作，在此基础上撰写了《国民教育和民主主义》一书（1917）。这是第一部用马克思主义观点写成的教育专著，得到了列宁的高度评价。

　　十月革命胜利后，克鲁普斯卡娅在教育人民委员部先后任副委员、委员职务。1921 年，任成立的国家学术委员会主席，直接参与教学计划、教学大纲、教科书的制订、编写工作和有关学校创建工作。1929 年，担任俄罗斯联邦教育人民委员部副部长。她是苏联共产党中央委员会委员、苏联最高苏维埃主席团代表和委员、苏联科学院荣誉院士、苏联第一位教育科学博士学位获得者。1939 年 2 月 27 日，与世长辞，享年 70 岁。她一生发表了许多有关教育的演说和著作，苏联出版过其教育文集 11 卷，我国翻译出版了《克鲁普斯卡娅教育文选》等。

二、公共学前教育的重要性

　　克鲁普斯卡娅对幼儿教育十分关注。早在十月革命前，她就在《女工》（1899）小册子中提出了无产阶级的学前教育要求，揭露了沙皇统治下幼儿的悲惨遭遇，论证了无产阶级的子女接受学前教育的必要性，认为它与解放妇女、吸引她们参加国家政治活动和生产建设有紧密联系。

　　十月革命胜利后，克鲁普斯卡娅论证了苏联学前教育的性质，从多方面揭示了学前公共教育的意义。她直接领导了苏维埃幼儿教育的建设，领导制定了《幼儿园规程》《幼儿园教养员工工作指南》等指导性文件。她多次演讲、发表文章，论证幼儿教育对人的发展有极大的影响，对个性形成关系重大。她指出，幼儿教育的成败不仅关系到下一代的健康成长，更关系到整个社会主义、共产主义建设的千秋大业。提出苏维埃国家要大力开办幼儿园，号召妇女家长和青年都要为开办幼儿园做贡献。

　　克鲁普斯卡娅批判了当时在西方广泛流传的遗传决定论和"自由教育"论，认为这些观点是反科学的。她指出儿童的发展并不是自发的、通过天生素质的逐渐成熟来实现的，而是取决于生活和教育条件。她认为学前儿童早已具备了接受教育的基础，必须尽早地开始对他们的教育。除强调学前教育的重要性，克鲁普斯卡娅还号召整个社会都来关心学前儿童的教育工作。一方面，国家必须依靠社会力量发展多种形式的托幼机构，最大限度地

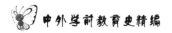

满足女工和农妇的需要；另一方面，把公共学前教育与家庭教育联系起来，保持两者的一致。

三、学前教育的内容

克鲁普斯卡娅指出，苏维埃的幼儿教育应对幼儿进行共产主义教育，培养独立自主的、全面发展的社会主义新人。学前教育工作必须是有目的、有计划的，应根据幼儿的年龄特征制定专门的教育大纲。

（一）体育与保健

克鲁普斯卡娅十分重视幼儿的体育，认为幼儿园最重要的任务之一，是关心幼儿的健康。家庭、幼儿园和社会都应关心幼儿的身体健康，饮食、起居、活动和游戏首先都要着眼于幼儿的健康成长。她提出家庭和幼儿园必须有各项适宜的保健措施，如让幼儿单睡一床、经常洗手、保持清洁等。幼儿还应穿宽松的衣服，有合理的营养，呼吸新鲜空气及参加户外活动。

（二）道德品质教育

克鲁普斯卡娅肯定，幼儿教育的另一项重要任务是对幼儿进行初步的道德品质教育，通过必要的共同生活、活动、游戏和劳动，培养他们热爱集体，发展他们和小伙伴的友谊。她特别重视学前儿童在游戏和作业中的团结，以养成幼儿集体生活的习惯。在她看来，幼儿园要办得好，必须使"儿童对幼儿园感到亲切，使他们愿意到幼儿园来"。她反对道德教育中空讲大道理，因为这样"往往收不到应有的效果"，主张通过各种共同的活动，来培养幼儿之间的友爱、坚强的意志以及对周围生活、劳动和学习的兴趣。

（三）智育

克鲁普斯卡娅认为智育的主要任务是开阔儿童的视野，丰富他们的经验。智育应成为幼儿教育的另一项重要任务。她主张引导幼儿观察生活，培养他们积极思维。主张应注意发展幼儿的外部感觉：视觉、听觉和触觉——这些都是幼儿认识客观世界所必需的。另外，她特别强调要培养幼儿独立自主的精神，教育他们成为独立自主的人。

四、游戏与玩具

克鲁普斯卡娅对游戏在体育、德育、智育以及个性发展中的作用进行了详细的论证。她认为，游戏是重要的教育形式。通过游戏可以发展儿童的体力，增强体质，发展肌肉和感觉器官，对体育有重大意义。通过游戏，幼儿还可以巩固集体关系和幼儿间的友谊，使幼儿共同遵守纪律，贯彻集体主义教育的精神。幼儿还可以通过游戏去辨别颜色、形状和重量，熟悉植物和动物，亲近自然、热爱自然、丰富想象力，扩大兴趣范围。她特别指出创造性游戏最可贵。她认为，个人游戏和集体游戏都很重要。幼儿参加集体游戏既能培养他们的毅力，又能培养他们组织、领导的能力。

玩具也是幼儿教育中不可缺少的工具。克鲁普斯卡娅在所著的《论学前儿童的玩具》中对玩具有详细的论述。她指出挑选玩具不能从成人喜爱的角度出发，应以学前教育的任务和儿童的兴趣为依据。她详细地分析了年幼的和年长的幼儿对于玩具的不同挑选态度，要求玩具制造者要研究幼儿的年龄特征，制造出幼儿喜爱的玩具。

五、对幼儿园教师的要求

克鲁普斯卡娅对于幼儿园教师的素质、政治修养及教育技能等都提出了很高的要求。

首先，理解学前教育的重要性对幼儿园教师来说十分重要。幼儿园教师应积极参加学前教育事业的建设，广泛宣传公共学前教育思想。

其次，把了解幼儿的身心特征作为幼儿园教师教学法方面的首要任务。她认为，教师不应以自己的喜好来评判幼儿的需要，应充分掌握幼儿的心理特征，站在幼儿的立场考虑问题。

最后，幼儿园教师应加强社会教育和家庭教育的联系。她指出，幼儿在幼儿园和在家的表现可能大不相同，在幼儿园一切都按部就班，回到家后甚至不能按时吃饭。教师应了解幼儿的生活环境，与家长密切联系，共同教育幼儿，保持幼儿园教育和家庭教育的一致性。

六、评价

克鲁普斯卡娅教育活动是与她的革命活动、政治活动紧密联系在一起的，她通过行政干预、演讲以及撰文，在扩大苏联学前教育网和创立科学的学前教育学方面做出了重要贡献。她所提出的学前教育原理，反映了无产阶级的意愿及要求，同时也吸收了同时期西方进步主义教育的某些观点，对苏联学前教育学的发展产生了重大影响。

第五节 儿童之家创始人蒙台梭利的学前教育思想

玛利亚·蒙台梭利（Maria Montessori，1870—1952）是意大利著名幼儿教育家，她毕生致力于探索"科学的教育学"，创办了举世闻名的"儿童之家"，创立了独特的幼儿教育方法，对现代幼儿教育的发展产生了深刻的影响。

一、生平与代表作

蒙台梭利出生于意大利安科纳省的希亚拉瓦莱镇的军人家庭。中学毕业后，她进入罗

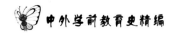

马大学医学院，成为意大利第一位女医学博士。之后，她担任了罗马大学附属精神病诊所的助理医生，研究智力有缺陷的儿童，并阅读了大量教育理论的著作。1898 年，她在都灵召开的教育会议上发表演讲，认为智力有缺陷的儿童应和正常儿童一样享受教育的权利，提出儿童智力低下主要是教育问题而非医学问题。

1900 年，蒙台梭利被聘为"国立特殊儿童学校"校长，工作两年后离开，开始致力于正常儿童的教育研究，寻求把智力缺陷儿童教育的方法运用于正常儿童。1906 年，"罗马住宅改善协会"在圣罗佐区为穷人修建了两栋贫民公寓，照顾无人看管的幼儿，并聘请蒙台梭利担任幼儿教育机构的组织工作。借此，蒙台梭利于 1907 年创办了第一所"儿童之家"，把智力缺陷儿童教育的方法修改后应用于正常儿童，取得成功后，在社会上引起关注。离开"儿童之家"后，蒙台梭利一直致力于传播自己的思想和方法，促进幼儿教育的改革，奔波于各国作巡回演讲，指导教育工作。1952 年逝世于荷兰。

代表作主要有《蒙台梭利方法》（1909）、《蒙台梭利手册》（1914）和《童年的秘密》（1936）、《童年的发现》（1948）等。

二、幼儿的发展

蒙台梭利批判旧教育对儿童的摧残，不顾儿童的天性。她认为儿童是一个发育着的机体和发展着的心灵，其发展包括生理和心理两方面。教育应依据人的天性，遵循身心发展规律。

（一）遗传和环境对幼儿的影响

蒙台梭利在早期倾向于强调遗传的作用。到后期，她依据心理学的研究成果修改了自己的观点，更倾向于环境的主导作用以及有机体与环境之间的相互作用。

（二）生理的发展

幼儿刚诞生时处于一种孤弱的状态，其个体是不断发展的，这源自于本能的自发冲动：一是主导本能。这种本能对处于生命初创时期的婴儿提供指导和保护，拯救既没有力量也没有拯救自己手段的孤弱生物。二是工作本能。幼儿正是通过不断地工作来进行创造，使自己得到充分满足，并形成自己的人格。

（三）心理的发展

1. 心理胚胎期

蒙台梭利认为，每一个婴儿都有一种创造本能，一种积极的潜力，可以依靠他的环境构筑一个精神世界。幼儿不仅是一种肉体的存在，更是一种精神的存在，只是他的精神没有立刻表现出来。

2. 有吸收力的心理

尽管幼儿缺乏经验，但他们拥有丰富的潜力，能适应外部世界，防止伤害。这是一种下意识的感受能力，可以积极地和有选择性地从外部世界中进行吸收，使其成为他们心理的一部分。

3．心理敏感期

儿童在发展过程中对特殊的环境刺激有一定的敏感期，表现为对一定目标和操练的特殊兴趣。幼儿在 1～2 岁进入秩序和细节敏感期；1 岁半至 3 岁为手的敏感期；2 个月至 8 岁为语言的敏感期；出生到 5 岁为动作的敏感期。

4．心理畸变现象

如果幼儿在心理发展的过程中遇到一个有敌意和不相容的环境，加上成人的盲目压抑和干涉，往往会在不自觉的情况下出现心理畸变现象。如坐立不安、心理障碍和过于依附成人等。这是一种功能性失调，会使幼儿的心理处于紊乱状态。

三、幼儿教育的功能与目的

蒙台梭利认为，教育具有影响社会发展、促进人类文明进步的功能。但这种社会功能是通过影响个体实现的，因此社会必须关心儿童，给予他们物质和精神上的帮助。

蒙台梭利指出，教育有双重目的：一是生物学的目的，即帮助个体自然地发展；二是社会学的目的，即培养个人适应环境。在儿童个性形成的时期，应以生物学目的为主；而在急速发展时期过后，应更多注意社会学的目的。

四、幼儿教育的原则

（一）自由选择

幼儿的内在冲动会通过自由活动表现出来，他根据自己的心理需要和倾向自由地选择物体，根据自己的爱好选择学习活动。因此，允许幼儿自由选择教具和工作以满足其内心的需要。

（二）重复练习

在敏感期给幼儿满足其内心需要的工作，使他能聚精会神独自反复练习。这一阶段的儿童，反复练习几十次也不会厌倦，不仅能得到心理上的满足，也有助于独立能力的形成。

五、幼儿教育的内容和方法

（一）肌肉训练

蒙台梭利认为，婴幼儿的骨骼尚未完全骨化，易造成畸形，用体操帮助幼儿发育，可以防止下肢疲劳变形。大脑、感官和肌肉构成了神经系统的主要部分，肌肉的协调活动将人和环境联系起来。另外，肌肉训练还可以锻炼幼儿的意志，培养幼儿之间的合作精神。

帮助幼儿进行肌肉训练的方法称为"体操"，主要包括四类活动：① 锻炼下肢的各种运动，包括日常中的自然运动，如行走、跳跃和上下楼梯等；利用器械完成的运动，如利用篮椅、螺旋梯等。② 自由体操，包括在指导下进行的体操，如齐步行进操；自由的游戏活动，如玩皮球、铁环和风筝等。③ 教育体操，通常与自然教育和实际生活联系在一起，如栽种植物、搬运物品、穿衣和解扣等。④ 呼吸体操，目的是调节呼吸运动。

（二）感官训练

感官训练可以发展幼儿敏锐的感觉和观察力，有助于智力的形成，包括触觉、视觉、听觉、嗅觉和味觉的训练。

触觉训练按其性质，可分为滑度触觉训练、温度触觉训练、重量触觉训练和实体触觉训练等。视觉训练包括识别物体度量、形状和颜色的训练。听觉训练包括辨别和比较极其微弱的声音，并对噪音产生反感。嗅觉训练包括提高嗅觉的灵敏度。味觉训练包括识别各种味道的训练。

蒙台梭利认为，感官训练的教具材料既要符合幼儿心理发展的特点，又能引起幼儿的兴趣，使幼儿集中注意力。使用教具材料应由易到难有顺序进行，并且在进行一种感觉训练时要排除其他干扰。

（三）实际生活练习

实际生活练习可以分为两类：一类是与幼儿自己有关的，如穿脱衣服、梳头、刷牙洗脸、洗手和刷鞋等；另一类是与环境有关的，如扫地、擦桌椅、摆餐桌和整理房间等。通过实际生活练习，幼儿可以培养独立生活和适应环境的能力。"儿童之家"应该摆设与幼儿身材相适应的小型用具，有足够的室内空间让幼儿自由地活动和练习。

蒙台梭利认为，应该多让幼儿进行园艺活动（如刨土、下种、浇水和整理花朵等）和手工作业（如绘画、泥工等）。通过园艺活动，可以使幼儿产生对自然的热爱，获得新的生活经验，促进智力的发展。进行手工作业时，要循序渐进，如先让幼儿用手指触摸各种几何图形的轮廓，再进行勾画、涂色，幼儿对这样的练习往往乐此不疲。

（四）初步知识教育

蒙台梭利认为，3～6岁的幼儿天生具备学习初步知识的能力，可以教他学习阅读、书写和计算。书写的练习应先于阅读的练习，通过触觉的训练，幼儿可以自然地进行书写练习。她设计了简单的字母教具让幼儿进行练习，使视觉、触觉、听觉和发音结合起来。

在学习计算时，可以利用幼儿日常生活中接触到的物体，帮助他练习计数。然后，再用图形、数目、字进行认识和练习。最后，教幼儿学会1～20的加减乘除。

六、幼儿教师

（一）教师的作用

在蒙台梭利的教育体系中，她把教师称为"指导者"，在她看来，教师是幼儿的观察者和引导者。教师的主要职责是给幼儿准备一个适宜的环境，当幼儿把注意力集中于一个物体或一项工作后，教师就不再介入，让幼儿自己发展。教师还应该是心理学家，能真正理解幼儿和了解幼儿的内在需要，不限制幼儿的兴趣和自由活动。

（二）对教师的要求

教师最紧迫的任务就是去了解尚未被认识的幼儿，并把他从所有的障碍物中解放出来。要完成这个任务，教师必须去掉自己内心的傲慢和发怒等脾性，使自己具备沉静、谦虚、慈爱、耐心和机智等品质。教师应尊重和热爱幼儿，努力了解和理解幼儿，耐心地对幼儿进行观察，和幼儿建立一种新的关系。

（三）教师的训练

蒙台梭利十分重视教师的训练。她认为教师应接受专门的训练，熟悉心理学的原理和方法，并掌握教育的方法，熟悉教具的性质和使用，了解怎样观察和指导，成为适宜环境的保护人。她开办国际训练班，注重训练和培养蒙台梭利学校教师的工作，训练结束时要经过书面考试和口试并写出研究报告，才能获得蒙台梭利署名的"指导员"文凭。

七、评价

蒙台梭利的教育学说与"儿童之家"的实践，使她在幼儿教育方面成为自福禄培尔时代以来影响最大的一个人。她提出儿童具有敏感期，在每一个时期都有一种特殊的感受能力，对某些知识和技巧有强烈的兴趣。这一观念的提出有助于教师把握幼儿的心理敏感期，对于促进幼儿智力发展，具有重要的意义。她强调尊重并热爱幼儿，对幼儿进行仔细观察，不做过多的干涉，还为幼儿设计了各种教具材料，严格培养教师、她的许多教育理论沿用至今，蒙台梭利方法也成为现代幼儿教育的主要方法之一，这些都是她对幼儿教育做出的贡献。

澳大利亚教育家康纳尔指出，蒙台梭利对 20 世纪教育潮流的主要贡献在于其思想对教师如何看待幼儿和教育过程有巨大影响。在蒙台梭利影响下，教师更多地注意对幼儿的观察和研究，将教学法的重心由教师转向幼儿。

第六节　自由教育主张者罗素的学前教育思想

罗素（Bertrand Russell，1872—1970）是 20 世纪英国哲学家、教育家。

一、生平与代表作

1872 年 5 月 18 日，罗素出生于英国贵族家庭，父母早亡，由祖母抚养长大。16 岁前，接受家庭教师的教育，喜欢读书、思考问题。1890 年，考取剑桥大学三一学院，毕业后在该学院任职。第一次世界大战爆发后，转向社会政治活动，积极从事反战活动。1920年春，访问苏联。同年8月，到中国访问和讲学。1921年后，他开始把注意力集中在儿童教育问题上。1927—1934年，与妻子朵拉（Dola Black）创办了皮肯希尔学校（Beaconhill School）。1938年，前往美国，任芝加哥大学和加利福尼亚大学的客座教授。1944年，回到英国，任教于剑桥大学三一学院。1949年，被选为英国科学院荣誉院士。1950年年底，他获得诺贝尔文学奖。从1953年起，致力于世界和平运动以及核裁军运动。1970年2月2日，在威尔士去世。

罗素的教育代表作有《社会改造原理》（1916）、《教育与美好生活》（1926）和《教育与社会秩序》（1932）。

二、教育基本理论

（一）教育目的和作用

罗素主张教育目的是培养具有品性和知识的理想人。他认为，追求物质文明的发达和人类精神的和谐是构成社会进步的最高理想与目标。

罗素认为，顺应自然法则，引导和发展儿童的本能或冲动，就能培养出理想的人。理想的人就是具有理想品格的人。他认为理想品格有四种特征：活力、勇气、敏感和智慧。① 活力就是正常的健康人所具有的精力，是形成理想品格的首要基础。它能增加快乐，易于对所发生的一切产生兴趣。② 勇气就是人在内心深处真正彻底克服恐惧的品性，它是积极的和出乎天性的。③ 敏感属于情感范畴，是指由许多事物引起的愉快的或相反的感情。④ 智慧包括实际的知识和对知识的理解力。在一个人的教育中，训练智慧占有相当重要的地位，但智慧生活的本能基础是好奇心。

教育的作用就在于引导和改造人的本性，培养理想的人及其理想的品格，以达到改造社会以及创建理想社会和美好生活的目标。

（二）自由教育

罗素指出，为了达到培养理想人的目的，应对儿童实施自由教育，即对儿童的身体、情感和智力予以恰当的处理。在儿童教育中，遵循发展个人自由的原则，采取给予儿童更多自由的方法，使儿童自由自在地、无拘无束地成长。这也是皮肯希尔学校遵循的基本原则。

罗素认为，自由教育对于儿童情感和理智的发展十分重要。一方面，儿童情感的发展需很大程度的自由，否则会与成人发生冲突，对周围的一切怀有敌意和仇恨，最后导致一系列恶果。另一方面，儿童理智的发展需要创造性和理智兴趣，否则就会毁灭他们天生的好奇心、求知欲及兴趣。

罗素提倡的自由教育主要包括两个方面：一是学和不学以及学什么的自由；二是见解和行动的自由。

罗素的自由教育不是毫无纪律的绝对自由。在他看来，自由必须有具体的范围，即凡是对别人或本人有损害的自由都要受到限制。实施自由教育的关键，在于自由和纪律之间的巧妙的结合。教育者应尽可能给儿童更多的自由，尊重儿童个人的自由，同时伴随必要的权威与纪律，但要按照自由的原则来行使权威与运用纪律。皮肯希尔学校在规定必要的纪律的同时，更强调儿童的自律。

（三）年龄分期

根据儿童生理和心理的发展特点，罗素把儿童教育过程分成两个阶段：一是品格教育阶段（0～6 岁），0～1 岁是智慧和道德萌芽期，1～6 岁是性格和道德品质发展与形成的关键时期；二是智慧教育阶段（6～22 岁），对 6～14 岁的儿童实施初等教育，对 15～18 岁的儿童实施中等教育，对 19～22 岁实施高等教育。

三、学前儿童的教育

罗素在《教育和美好生活》一书中具体论述了学前儿童的教育问题。

1．形成良好的习惯

1 岁前教育的主要任务是使婴儿养成良好的习惯，如有规律的睡眠、饮食、排泄等；帮助他们熟悉周围的环境，消除恐惧和紧张。

2．防止和克服恐惧心理

两岁的儿童对神秘物有着本能的恐惧，这一时期教育的首要任务是帮助儿童消除对神秘物的恐惧，让儿童熟悉和了解恐惧的对象，培养战胜恐惧的勇气。

3．利用游戏培养儿童的品行

游戏可以满足儿童初步的本能、想象力、好奇心。既给儿童带来无穷的乐趣，也有助于儿童的身体健康，还可以使儿童获得新的经验和能力。

4．培养建设性

建设性和破坏性都是儿童本能的特性，同时存在于儿童身上。培养建设性品质，减少和消除破坏性品质，是儿童教育的重要方面。一般地说，儿童的游戏常以破坏开始，到后来的发展阶段才转向建设。这种由破坏性向建设性的转化对儿童具有重要的意义。在建设中，儿童形成了许多美德，如自尊心、忍耐性、坚持性和观察力等。对儿童来说，建设性是重要的品格之一，对其他品格有积极的影响。为更好地培养儿童建设性的品质，应使儿童从小就感受到生命的价值，获得多种建设性技能，进行有创造性的积极活动。

5．培养公平的意识

公平的教育需要在年龄相近和兴趣相似的儿童之间进行。把公平的意识教给儿童，是为了让他克服利己心与占有欲，但这绝不是要儿童做出自我牺牲，而是教育儿童懂得，每个人都有权利在世界上占有一定的位置，拥有一定的权利和财物，并有理由享有自己的权利和财物。如果一味要求儿童自我牺牲，那么结果就是引起儿童的愤怒和反抗，或者导致儿童虚伪的利他行为。

6．重视伙伴的重要性

伙伴之间举止自然、趣味相投，更容易影响儿童的品性。罗素在《教育和美好的生活》中指出："只有同龄人才能提供在自由竞争和平等合作中充分发挥本能的机会，要在与同龄

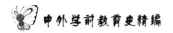

人的往来中学习。"罗素指出了环境在教育过程中的作用和意义。

7．培养诚实的精神

教育者要诚实地对待儿童，真诚地回答儿童提出的所有问题。在儿童说谎时，教育者不要责骂和威吓，要讲明说谎的坏处，让儿童认识到诚实的合理性和必要性。

8．培养爱心和同情心

爱心和同情心是恰当对待儿童的自然结果。给予儿童的爱应该是一种自然的、纯真的和本能的爱，而不要把儿童对爱的反应作为有意识追求的目的。"没有任何方法可以强迫儿童产生爱心和同情心，唯一可能的方法是观察自然产生爱心和同情心的条件，然后努力创造这些条件"。

教育者可以通过讲述历史故事来培养儿童的爱心和同情心，使儿童认识到世界上的美与丑、善与恶，增加他们对受苦难的人们的理解和同情。

9．奖励和惩罚

教育儿童，需要运用奖励和惩罚两处手段，但必须谨慎运用。例如，避免把两个儿童的优缺点做对比，运用惩罚必须少于运用奖励，对于理所应当做的事情不应该奖励。在运用惩罚时，教育者一定要公平。也就是说，当儿童确实犯有错误时才予以惩罚。惩罚在教育中的位置极不重要，坚决反对体罚。

10．对儿童进行初步的性教育

儿童的性好奇产生于 3 岁，在本质上，最初的性好奇无任何特殊意义。当儿童提出有关性方面的问题时，父母应诚实地回答，要像对待其他知识一样对待性知识。

四、幼儿园

罗素十分重视幼儿园的作用。他主张为使儿童养成良好的品格，要尽量让学前儿童进幼儿园接受教育。他认为学前教育已成为正规教育中不可缺少的阶段。在《教育和美好的生活》一书中，他介绍了蒙台梭利等教育家的幼儿教育实验以及方法，并预言幼儿园在儿童早期智力发展中的地位将越来越受到重视。

五、评价

罗素从改造社会和改造人性的角度出发，批判地吸收了现代心理科学的研究成果，结合自己的教育实践探讨了教育问题，并在幼儿教育方面提出了许多颇有启发性的见解。

第七节　走进儿童心灵的瑞吉欧教育观

一、马拉古奇与瑞吉欧教育

瑞吉欧·艾米利亚简称瑞吉欧，是意大利东北部的一座城市。20 世纪 60 年代以来，学前教育专家罗利斯·马拉古奇（Loris Malaguzzi，1920—1994）和当地幼教工作者一起兴办并发展了该地的学前教育，形成了瑞吉欧教育体系，意大利的学前教育在蒙台梭利之后再次被世界瞩目。

瑞吉欧幼儿教育法是以马拉古奇为核心的一大批教师和家长的集体智慧的结晶，瑞吉欧的第一所幼儿学校就是由马拉古奇和家长们一同建立的。

马拉古奇出生在瑞吉欧地区的卡瑞吉欧，曾获额比诺大学教育学专业学位及罗马国家研究中心心理学学位。1950年，他成立了瑞吉欧市心理学研究中心，长期从事心理学研究。在工作期间，他极其重视早期幼儿教育研究。1963年，他开办了该市第一所市立幼儿学校，积极推进地区幼儿学校公立化。在他和当地教师、家长及社区的共同努力下，瑞吉欧幼儿教育法于1960—1970年形成。马拉古奇的教育代表作是《孩子的一百种语言》（1987）。

二、思想基础

（一）进步主义教育理论

欧美进步主义教育思想对瑞吉欧教育影响很大。杜威倡导"教育即生长""教育即生活""教育即经验的改组和改造"，主张"从做中学"；充分肯定儿童的能力，反对"灌输式""被动接受"教学，认为教育是主动的、建设性的，是通过"共同活动"来进行的；强调用联系的方法完善教育，包括学校与社会、教育与生活、理论与实践的联系。瑞吉欧教育受其影响，认为儿童拥有巨大的潜能，学前教育应注重与社会的联系，采用方案教学，即不经过教师预先准备，而是根据儿童的兴趣和需要，围绕某一主题扩散成主题网络来进行探索的教学活动。

（二）建构主义心理学

建构主义认为，知识不是通过教师传授得到的，而是学习者在一定情境下，借助获取知识过程中其他人的帮助，利用学习材料，通过人与人、人与物的互动，通过意义建构的方式获得的。其核心是以学生为中心，强调对知识的主动探索、发现和对知识意义的主动建构。

皮亚杰关于建构主义的基本观点是，儿童是在与周围环境相互作用的过程中，逐步建构起关于外部世界的知识，从而使自身认知结构得到发展的，儿童与环境的相互作用涉及两个基本过程："同化"与"顺应"。维果斯基提出了"最近发展区"，认为儿童现有的发展水平和在成人或有能力的同伴指导下所能够达到的可能水平之间总是有一定的差距，教学应激起"最近发展区"内的发展。

（三）意大利幼教传统

意大利有重视幼儿教育的传统。早在1820年，就开始争取通过私人、教区及联邦的手段向家庭和年幼的孩子提供服务和支持。到了20世纪初，产生了著名的蒙台梭利教育法，对幼儿教育产生了深远影响。瑞吉欧教育者吸收蒙台梭利教育思想的精华，尊重儿童权利，强调幼儿自主性的发展，重视环境的教育作用以及教师在教育中的角色。

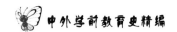

三、教育理念

（一）儿童观

儿童观是瑞吉欧教育体系的基石，在瑞吉欧的教育中处处显示出对儿童的尊重。

1. 儿童是拥有独特权利的个体

瑞吉欧地区从政府人员到普通市民，都持有尊重儿童、保护儿童权益的信念。他们认为儿童是社会的一分子，是社会文化的参与者，是自己历史的演出者，也是其文化的创造者，他们有权利发表自己的看法。成人需要与孩子沟通交流，以平等、尊重的态度倾听孩子的声音。

2. 儿童具有巨大的潜能

儿童富有好奇心、创造性，具有可塑性，是主动的学习者，他们在入学之前就已拥有了一定的知识、经验。儿童有自己独特的学习方式，能够广泛运用各种不同的象征语言和其他媒介来表达自己对世界的认识。瑞吉欧的教育工作者鼓励幼儿使用多种方式表达自己，如文字、绘画、动作、雕刻、拼贴、戏剧和音乐等。教师的任务就是挖掘孩子的潜能，让孩子主动投入大量的精力和时间去思考，相信他们有能力自己解决问题。

3. 儿童有自己"内在"的生长法则

儿童有自己成长的节奏，他们有能力担当自我成长过程的主角，成人不能以自己的标准去要求孩子的成长。儿童之间尽管有着一定的差异，但他们都试图通过与别人的对话、互动与协议来找到自己的定位，找到与别人的共同点与不同点，教育者要有足够的耐心等待孩子成熟，充分了解并允许孩子按照自己的速度和方式进行学习。

（二）教育观

瑞吉欧人认为教育要在一个和谐、民主和平等的环境中实施，应从儿童的兴趣、需要及经验出发，让儿童主动建构自己的知识与经验。在重"教"时，更应重"学"，以学定教。根据幼儿的行为反应决定主题进行的时间与空间。幼儿教师不是传统的权威者、知识与技能的拥有者，儿童也不是被教育者，儿童的行为引领着教师的教育，教师扮演着多种角色。

1. 教育的目标

创造和谐的环境，使幼儿、教师都感到自在、愉悦和幸福。教育不仅追求外在的目标，而是更多地注重内在品质，发展幼儿的创造力，形成幼儿完满的人格。

2. 教育的中心

教育应以儿童为中心，应从儿童的兴趣、需要及经验出发。儿童在教育过程和课程决策上应有参与与发表意见的机会。但这并非意味着绝对儿童中心主义，除儿童之外，教师与家长在幼儿教育上也扮演重要的角色，起重要的作用。

3. 教育的方法

他们反对传统的单向灌输，反对把语言文字作为获取知识的捷径，认为教育就是要为幼儿带来更多的可能性，教育在于给儿童创设学习的情境，帮助儿童在与情境中的人、事、物相互作用的过程中主动建构知识。

4．"教"与"学"

在"教"与"学"两者之间，更应尊重后者，所以瑞吉欧人一向以学定教。在主题网络编制的过程中，尽管有教师预设的成分，但主题的开展往往是以幼儿为中心的，幼儿决定主题进行的空间与时间。幼儿的学习也是教学中最关键性的因素，它往往为教师补充教育资源、提供多元选择及做出建设性想法提供支持与来源。

四、教育方法

（一）生成课程

瑞吉欧教育中没有明确的课程内容，也没有固定的教材或预先设计好的教育活动方案。他们的课程源自于日常生活及周围环境，以及幼儿和教师感兴趣的事物、现象和问题，也可以来自各种活动，是一种"生成课程"，体现出科学性、开放性，有利于培养幼儿多方面的能力。

（二）方案教学

美国幼教专家丽莲·凯茨（Lillian Katz）认为，方案教学就是以某一主题为核心，向四周扩散编制主题网络，制作主题程序，然后根据儿童兴趣、需要，让儿童对主题网络中的不同小子题进行探索、研究的教学活动。这种教学方法注重教学中的"关系"与"合作"，鼓励互动，强调儿童主动参与研究方案。

方案教学的主题建立在幼儿兴趣、经验之上，强调学生、教师、家长的合作。教师既是指导者，也是合作者。一个方案包括广泛的内容，如数学、科学、艺术、写作和音乐等。

（三）合作教育

合作教育是瑞吉欧教育中的一大特色。瑞吉欧人认为，学校、家庭、政府和社会都对幼儿的教育有责任，应共同合作。在学校中，合作主要包括以下四种。

1．教师合作

在瑞吉欧学前教育学校中，教师是在集体协作的方式下工作的。每一间教室都有两位教师协同教学，学校所有的教职员一周开会一次，教师每周有 6 个小时在一起，呈现幼儿的作品记录，一起讨论、交流。

2．师生合作

瑞吉欧教育中，教师与幼儿是平等的。"接住孩子抛过来的球"，是他们喜欢的一种比喻，其含义是指教师对幼儿的倾听、关注，以及以真诚的态度与幼儿对话。

3．幼儿合作

幼儿合作也称小组合作，是瑞吉欧方案教学探究的主要组织形式，每个小组 4～5 人，进行集中讨论并分工合作。这样的形式既符合幼儿的天性，又有利于幼儿社会性的培养。

4．学校与家庭的合作

在瑞吉欧教育中，家长一直是重要的角色，对教育有知情权和参与权。每一所学校的

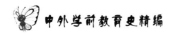

家长都会成立一个咨询委员会，每月定期召开2~3次会议，讨论课程计划、策划活动的实施、找寻必备的材料、协助教师准备环境以及安排场地等。

（四）学校环境

1. 广场

瑞吉欧学校的中心都有广场，每间教室都通向广场，广场是家长、儿童、社区、参观者交流的中心。马拉古奇认为，"广场不仅仅是教室的延伸""广场是各种想法和点子诞生和出发的地方"。

2. 展示长廊

展示长廊位于瑞吉欧学校门口，摆满了儿童、家长、教师的照片，这些照片不仅展示给参观者看，还展示给幼儿看。除了照片，展示长廊里还有泥塑、绘画、活动方案和录像记录等。

3. 教室

瑞吉欧学校的教室改变了传统教室封闭单调的模式，采取温馨、活泼、开放的风格，用屏风、布帘或帐篷将空间分为若干个，幼儿自由选择区域，用他们喜欢的姿势投入方案活动中。教室的墙壁大多是玻璃结构，幼儿可隔着玻璃欣赏室外的花园。

4. 工作坊

工作坊中有丰富的材料和工具，收集幼儿的工作成果及教师的研究档案。幼儿可以利用这些材料进行创造，如观察镜子中的自己画自画像、利用废旧材料制作艺术品等。工作坊有专门的艺术教师，参与幼儿的探究活动并进行记录，便于掌握幼儿的成长进程，同时让家长了解幼儿的发展状况。

五、评价

瑞吉欧教育倡导以学生为中心，强调学生的主动探索，充分相信幼儿的潜能，尊重幼儿的权利，支持幼儿用多种方式来表达自己；在教学中，打破了传统的课堂模式及教学方法，提出"生成课堂""方案教学"等，教师不再是知识的灌输者或传递者，而是与幼儿共同学习，是幼儿的合作伙伴；重视家庭和社会的力量，对教育没有"大包大揽"，而是强调多方共同合作，建立一种互动的关系，发挥集体的智慧，共同促进幼儿的成长。瑞吉欧教育理念的发展给世界幼儿教育带来了新鲜的"血液"，使人们看到了幼儿教育的多种发展可能，对当今世界幼儿园的建设提供了借鉴。

对当下教育的启示：

1. 帮助学生理解福禄培尔的"恩物"玩教具在今天幼儿园实践中的作用。

2. 帮助学生理解蒙台梭利法的现实作用。

给教师的教学建议：

1. 帮助学生理解并分析杜威的学前教育思想。

2. 帮助学生理解并分析不同的教育家、学前教育思想的异同。

第十二章 现代学前教育思想（二）

活动是认识的基础，智慧从动作开始。

——皮亚杰

第一节 儿童研究之父霍尔的学前教育思想

斯坦利·霍尔（Granville Stanley Hall，1844—1924）是美国心理学家、教育家，创立了美国心理学会，是发展心理学的创始人，同时也是19世纪末20世纪初欧美儿童研究运动的创始人之一，被誉为"儿童研究之父"。

一、生平与代表作

霍尔出生于美国马萨诸塞州阿什菲尔德的一个农庄，从小兴趣广泛，拥有远大抱负。1874年，他阅读了德国心理学家冯特（W.Wundt）的《生理心理学原理》后，开始研究心理学。从1876年起，他在哈佛大学任英语教师的同时，在美国心理学家詹姆斯（W.James）的指导下学习心理学，1878年获得美国第一个心理学博士学位。同年赴德国学习，在莱比锡大学成为冯特第一个美国学生。1880年回国后，他在约翰·霍普金斯大学任教，1883年创建美国第一个心理学实验室，1887年创办美国第一份心理学刊物《美国心理学杂志》，发表了许多儿童研究和心理与教育方面的研究成果。1888年，他担任克拉克大学第一任校长，在研究生院任教。1892年，在他倡议下，美国心理学会成立，他被选为学会第一任主席。1920年，他从克拉克大学退休，1924年，因病在马萨诸塞州的伍斯特去世。霍尔一生撰写了14本专著和350多篇论文，最有影响的是1904年出版的《青年期的心理和教育》。

二、复演说

19世纪末，受到达尔文进化论的影响，一些学者开始提出"复演说"，比较典型的有英国学者斯宾塞（Herbert Spencer）和德国动物学家海克尔（Ernst Haeckel）。霍尔被誉为"心理学的达尔文"，他将进化论引进人类心理的领域，提出了心理学上的复演说。

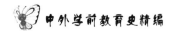

（一）基本内涵

霍尔的复演说认为，儿童心理的发展在任何时候都离不开生理的发展，人的心理发展和生理发展是平行的，儿童的心理生活随生理的进化而进化。他强调，儿童心理发展反映着人类发展的历史，应把个体心理的发展看作一系列或多或少复演种族进化历史的过程。婴儿最初的自发活动可以看作种族祖先的生活，个体发生和发展的过程，实际上就是种族发生和发展过程的重演。儿童从出生起，就重演着种族的变化和发展。

霍尔认为，儿童早期的个体发展几乎由遗传决定，个体发展的动力主要来自种族祖先的遗传，接受了种族祖先在特定的生存环境中形成的适应外界环境的某种习惯。

（二）儿童复演种系的过程及各阶段特点

1．胎儿期

胎儿在胎内的发展复演了动物进化的过程，如胚胎发育过程中出现的腮裂就是重复鱼类的见证。出生后个体的心理发展则复演了人类进化的过程。

2．童年期

童年期重演了人类原始的远古时代。例如，幼儿常深夜啼哭，便是一种返祖现象。因为在远古时代，人在猛兽出没的森林中栖息，随时会遇到危险，所以经常惊醒。又如 8～12 岁的儿童"知觉力非常敏锐，而理性、道德心、宗教心、同情、爱情及美的享受等"则"十分幼稚"，也是荒蛮时期古人的特征。

3．少年期

少年期是中世纪的复演。这个时期适合接受训练陶冶，适于形成习惯，顺应环境。这被霍尔称为适于外部的机械训练时代。少年期是学习的黄金时代，这个时期的教育以成人的教嘱及幼儿的练习为主，方法是机械、反复、权威和独断的，体现出中世纪的特征。

（三）游戏的教育价值

霍尔强调游戏在儿童生理和心理发展中的作用。他认为，儿童的游戏最明显地表现出儿童个体发展的动力主要来自种族祖先的遗传。他反对把游戏看作未来生活的准备，认为游戏是在复演人类进化的历史，是遗传的原始本能作用。儿童的游戏活动是本能的、没有意识的，尽管有些原始本能在成熟之前已经消失，但许多原始本能用游戏形式继续起着作用。儿童自发地进行游戏活动，就能促使自身的迅速发展，顺利地完成复演的过程。

霍尔指出，游戏是儿童生活的主要内容，可以促进儿童身体发展、增强体力，还可以培养儿童的自信心、意志力并使儿童感到快乐，发展其个性。因此，游戏是对儿童最好的教育形式。儿童游戏的种类非常丰富，但会因儿童年龄、性别或季节的差异而不同。在儿童发展的不同阶段，游戏活动会有不同的表现方式。父母和教师应为儿童提供最有利于进行游戏的环境，正确指导儿童的游戏活动。但游戏不能过度，否则会损害儿童的身体。

三、儿童研究

在克拉克大学，霍尔先后对儿童、青少年进行了研究，在对儿童的研究中他广泛采用了问卷法。到 1915 年，霍尔同他的学生已使用过 194 种问卷。由于他的广泛采用和大力推广，美国一度把问卷法同霍尔的名字联系在一起。

霍尔使用问卷法的途径包括两方面：① 直接让被试者（儿童）回答问卷；② 通过父母和教师收集资料，积累并成为改进教育的依据。问卷法所获得的资料比较集中于一个特定的或明确的领域，可同时对许多儿童实施问卷，并且可以在较短的时间里获得大量样本资料，因此，受到霍尔的大力推崇。他认为通过问卷法可以更好地了解儿童的心理及其发展，在此基础上进行针对性教育。

霍尔的问卷法与儿童研究吸引了一大批追随者，国内外纷纷成立了用问卷法研究儿童的团体和协会，到第一次世界大战前夕，已有 25 个国家建立了全国性的儿童研究协会，创办了约 20 种儿童研究杂志，令儿童研究运动更加深入。

四、评价

霍尔毕生致力于儿童心理的研究，试图把发展心理学运用到儿童教育上。作为儿童研究运动的创始人，他在很大程度上推动了美国儿童心理学研究的发展，并把问卷法推广到世界各地。尽管复演说存在片面性，把个体发展和种系发展史完全等同，引向了生物决定论（预成论），但他的理论在当时的美国心理学和教育界产生了巨大影响，推动了教育观的变革。

第二节　精神分析学派的学前教育思想

一、弗洛伊德的精神分析学说与儿童发展阶段

（一）生平与代表作

弗洛伊德（Sigmund Freud，1856—1939）是近现代精神分析心理学派的创始人。1881年他获维也纳大学医学博士，次年开始从事癔症的治疗和研究。1885 年他去法国跟随神经症权威沙科（Charcot）学习，接受了关于神经症是由机能错乱（即动力创伤）所引起的，以及某些病人的障碍都有其性基础的观点。1889 年他到法国向伯恩海姆（H.Bernheim）学习催眠术。回国后，他采用催眠术及谈话法治疗精神病，并形成其心理学体系。20 世纪 20年代，他的理论从一种治疗疾病的方法发展为一种人格理论体系，试图以此解决生活和社会中的心理问题。

弗洛伊德的代表作有《梦的解析》（1900）、《精神分析引论》（1910）、《超越唯乐原则》（1920）、《自我和本我》（1923）。

（二）精神分析学说的主要观点

1．潜意识论

弗洛伊德将人的心理分为意识和潜意识（无意识）两个部分。意识是与直接感知有关的心理部分。而潜意识是包括原始冲动、本能以及与本能有关的欲望，是精神分析的核心部分，是弗洛伊德理论的基础。

2．泛性论

弗洛伊德在治疗病人时，发现许多被压抑的记忆与幼年期的性问题有关。他将驱使人寻求快感的性动力称为"力比多"。儿童的性欲尤以恋母情结为核心。他认为，有些人在艺术或科学领域，将自己被压抑的欲望转化为文化活动，来满足幼年被压抑的欲望，即"升华"。

3．本能论与人性论

早期，弗洛伊德根据生物学的观点，把人的本能分为自我本能和性本能两种。第一次世界大战期间，他目睹了战争带来的破坏，感到人性中可能有侵略或自我毁灭的本能。后来他修改了本能学说，提出人的本能有两极性，即生的本能和死的本能。自我本能和性本能虽有不同的目的，但均指向生命的生长和发展，故二者可合为生的本能。生的本能代表了潜伏在生命中的创造力，而死的本能代表了生命自身中潜在的破坏力，二者既相互对立又相互联系，并可以相互转化。

4．人格论

人格论主要体现在人格结构说和人格发展阶段说上。

第一，人格结构说。弗洛伊德将人格结构分为本我、自我和超我，三者相互作用构成人格。本我是人格结构中最原始的部分，由遗传本能和欲望所组成，根据快乐原则行事，目的是消除人的紧张，使人感到愉快和满足。自我是意识的结构部分，代表理性与判断，根据外部世界的需要活动，是对本我的控制与压抑。超我是人的道德法律，由自我理想和良心组成，代表人类活动的高级方向，控制、限制或引导自我。超我奉行理想原则，为至善至美而奋斗。第二，人格发展阶段说。他特别强调儿童发展，认为儿童5岁之前的经历决定了将来的人格发展是正态还是变态。他将性心理发展分为五个时期：0～1岁为口腔期，1～3岁为肛门期，3～5岁为性器官期，5岁到青春期前为青春潜伏期，青春期为生殖期。在儿童期，前三个时期是主要的快感区域。

为了说明早期教育和训练在各发展阶段的重要性，他提出了"停滞"与"退化"两个概念。"停滞"是指儿童性心理应进入后一时期，却还停留在前面某一阶段；而"退化"是返回到早期的发展阶段，二者都属精神病症状。在训练儿童的过程中，要尽量避免让儿童患上这两种精神病症状，因此他反对对儿童进行粗暴压制，强调要让他们养成良好的性格。

（三）精神分析理论在幼儿教育中的运用与影响

弗洛伊德的精神分析学说对教育（尤其是幼儿教育）产生了深远的影响，许多他的信徒和受其影响的教育工作者结合幼儿教育问题，灵活地诠释和运用了弗洛伊德的理论。

1．推动了对幼年的生活经验及教育问题的重视和研究

弗洛伊德在治疗方法的精神分析理论和人格体系的精神分析理论中，都强调幼年生活经验和教育对儿童心理发展和人格发展有重大意义，尤其是在研究、论证和发挥上，他的贡献是独创性的，推动了对早期教育与经验的重视，以及对幼儿身心发展规律的研究。

2．推动了心理卫生运动的发展

弗洛伊德精神分析理论强调，当人的基本生物冲动与环境严重失调时，就会受到压抑，就会通过其他方式进行发泄，严重的会导致心理变态。第二次世界大战后，受精神分析的影响，欧美各国的教育机构纷纷关注儿童的心理卫生。心理卫生课的开设，心理健康的咨询、诊断，以及不正常儿童的心理治疗开始成为现代学校的职能。在这个运动中，精神医学界强调，幼儿期母亲的照顾与儿童心理健康有直接的关联。同时，各国幼教工作者或幼儿心理学家还设计出一些诊断、治疗幼儿心理疾病的方法，如儿童绘画诊断法等。

3．影响了幼儿教育的内容及教育方法

第一，反对压抑本能，应为儿童提供发泄情绪的渠道。第二，采用易懂的、科学的方法，对儿童进行正确的性教育。第三，利用"升华"的作用，积极地引导儿童被压抑的欲望。第四，重视自我发展，即发展个人能力和运用各种技巧处理个人情感。第五，儿童精神分析专家对精神分析原理在教育上的运用做出自己的解释。

二、南姆伯格的学前教育思想

（一）生平及其教育活动

南姆伯格（Margaret Naumburg，1890—1983）是把精神分析原理运用到教育中的美国女教育家。1914年她在纽约创办了"儿童学校"，后改名为"沃尔登学校"。开始时，学校只有幼儿园，招收2～3岁儿童，后来包括小学和中学。学校考察的重点是儿童无意识的情绪、家庭背景和社会调节。

（二）教育主张

学校办学的目的是运用精神分析原理教育儿童。

学校的基本任务有两方面：一是升华，即引导个体和群体积极表现充满内驱力的生命力。二是释放，即把儿童从成人的束缚中解放出来，鼓励他们表现自我的内在生活，促进其情感、智力和体力的发展。

沃尔登学校在课程设置上，与传统学校相近，但在教法和重点上，与传统学校不同，表现为：宽松的学校气氛、高度个性化的课表、体现智力的严密性与创造性的活动。

20世纪40—60年代，在美国，南姆伯格利用精神分析原理首创了"艺术疗法"，即引导问题儿童以艺术表现的方法反映自我冲突、经历及创造力，然后对其作品进行分析、诊断并因势利导。这种方法在沃尔登学校得到实践。

三、尼尔的学前教育思想

（一）生平及其教育活动

尼尔（Alexander Sutherland Neill，1883—1973）是英国教育家，1921 年创办夏山学校（Summerhill School），该校由幼年组（5～7 岁）、中级组（8～10 岁）、高级组（11～17 岁）组成。尼尔长期主持该校工作，去世后学校由其女儿主持。

（二）教育主张

尼尔的教育理论、办学思想及实践都体现了弗洛伊德的影响。

在办学宗旨上，尼尔主张儿童无拘无束自由成长；给儿童掌控自己生命的权力；给儿童自然发展的时间；去除成人的威吓和强制，给儿童创造幸福的童年。

尼尔指出了教育失败的原因：① 问题儿童多半是由问题家长和问题老师造成的，他们不理解儿童的动机，尤其是儿童潜意识的需要和愿望。② 情感的力量比理智的力量强大。但是在现实中往往夸大理智教育的作用，家长和老师一味鼓励儿童追求功利的目标。③ 现代教育是一种"禁止"的教育，导致人们失去自由，儿童不会生活，害怕甚至憎恶生活。

尼尔主张采取特殊的教育方法来对抗教育的失败，即短时间内，允许和鼓励儿童为所欲为，他称之为"恨"（郁积）的发泄。儿童认识到自己是自由的，就无所畏惧了。教师的责任就是将对儿童的控制减少到最低程度，同时将儿童能够利用的机会增加到最大限度。他认为，自由会使潜意识的东西变成意识。

四、评价

精神分析理论是富有教育意义的，在幼儿教育实践中已广泛运用，并极大地推动了儿童心理学的发展，为现代幼儿教育提供了宝贵的贡献。精神分析理论已产生而且还在继续对现代教育发挥重要影响，但在理解和运用上，见仁见智，尚未完全统一。

第三节 比利时设计教学法创始人德可乐利的学前教育思想

德可乐利（Ovide Decroly，1871—1932）是比利时心理学家及儿童教育家，从事过身心缺陷幼儿的教育，创办了驰名世界的"隐修学校"，长期从事幼儿心理学和教育学的实验研究，从实验教育的角度推动了幼儿教育的发展。

一、生平及其教育活动

德可乐利 1871 年 7 月 23 日出生于比利时东佛拉芒省的雷克内斯，早年学医，获医学博士学位，后从事神经系统疾病的研究。因工作关系引发对变态幼儿研究的兴趣，成立了世界上第一个"儿童学试验所"。1901 年受瑞典女教育家爱伦·凯的影响，在布鲁塞尔利用自己的住宅创办了一所特殊儿童学校，招收有身心缺陷的幼儿。由于成绩卓著，于 1903 年被布鲁塞尔市长任命为特殊教育督学。在一些热心之士的建议与激励下，他又于 1907 年在布鲁塞尔市近郊创办了一所生活学校（又名"隐修学校"），招收 4～15 岁的正常儿童，采用与身心缺陷儿童同样的教育方法。1930 年以后，学校招收学生年龄延伸为 18 岁，生活学校由幼儿园、小学、中学三部分构成。后来以生活学校为基础，成立了"新学校联盟"。

1911 年，在德可乐利的倡导下，在布鲁塞尔召开了第一届国际儿童会议，他被选为会议主席；1913 年，德可乐利被聘为布鲁塞尔高等师范学校教授；1915 年，他联合其他教育工作者和慈善家救护第一次世界大战中的孤儿；1917 年，他成立了一个家长委员会，旨在协助学校工作，为学校集资，并帮助推行德可乐利教学方法[1]；1920 年，德可乐利任布鲁塞尔大学儿童心理系主任；1921 年，他与比利时教育部督学布伊斯（R.Buyce）合编了《布伊斯—德可乐利量表》，合写了《智力测验的实践》并于 1930 年出版。

二、儿童心理学的基本观点

德可乐利的儿童心理学及教育观点与他早年所受的医学训练和他的自然科学的根基，特别是生物学的理论修养有关，同时也受到以卢梭为代表的自然主义教育理论、儿童中心主义教育思潮及格式塔、机能主义心理学的影响。

（一）生物和社会的制约因素

德可乐利认为人的行为植根于来自遗传的本能，认为本能是由于物理和化学的作用而产生的生理反应。他强调本能和倾向是人因遗传而共有的特征，并构成儿童发展的基础。

同时，他也重视环境的作用，认为环境具有改变人的可能性。他曾举例，有三类儿童：一类生活在空气清新、草木繁茂的山林地带；一类生活在城市贫民窟阴暗的阁楼里；一类虽然局处一隅，但有幸四处游历，广闻博览。这三类儿童的思想、语言会有很大差异，这种差异的原因只能用环境的不同来解释。

---

[1] 德可乐利教学方法，又称"比利时设计教学法"，由比利时德可乐利博士所创，与美国设计教学法相似。德可乐利认为儿童认识一种事物须经过观察、联想、表达三个步骤——以观察为基础，继之以联想，最后是表达，这也是教学的三个步骤。

（二）"整体化"认知

德可乐利认为，既然遗传的生理机能与环境都对儿童的发展产生影响，就必须研究有机体与环境"融合"的问题。19 世纪末之前一般人认为，儿童认知客体事物总是遵循由简到繁、由局部到整体、由具体到抽象、由特殊到一般，即先分析、后综合的途径。德可乐利受格式塔心理学的影响，认为儿童的认知不是先分析、后综合，而是先综合、后分析。幼儿的认知不限于知觉阶段，还包括记忆、思维、推理，乃至表达及行动等心理活动。他用"整体化"这一术语来称呼儿童认知的特点，认为这是在各级儿童心理活动水平都有的现象。

（三）本能与兴趣

德可乐利非常重视儿童的本能与兴趣，主张将兴趣作为教育的基础。他依据生物学本能论提出：儿童对环境中的某一事物做出整体反应是受其本能需要的某一优势倾向（可以命名为"好奇心"）所支配、决定的。同时，他还指出儿童出自本能的需要有多种，其中理智的需要有别于其他本能需要（如肉体的、情感的需要等），在各种本能需要发生冲突时，好奇心便出来干涉，使儿童的行为趋向某一事物。简言之，他认为兴趣源自本能需要，但是理智的本能需要引起的兴趣不同于其他需要引起的兴趣。

三、学前教育的原则与方法

德可乐利对传统教育提出了尖锐的批评，认为传统的教育过于注重书本，没有考虑到儿童的年龄、兴趣、需要和能力；学科之间没有联系；儿童在获得知识上花费时间过多，花在表达上的时间过少，如此等等。

（一）生活教育

德可乐利崇尚自由的生活教育。他认为，要克服传统教育的弊端，只有让儿童在生活中学习。他强调教育就是生活，儿童的教育就是为了使儿童获得实际生活的经验。学校若能使儿童接触一般生活，尤其是社会生活，那么学校的这种教育即能成功。学校必须呈现实际生活，教育儿童"关心生活要比关心读书为重"，学校不仅传授知识，更重要的是让儿童了解社会生活，了解他们所处的环境是与社会环境和自然环境紧密相连。德可乐利认为，当前的教育只把学校作为一个传播知识和培养习惯的场所。学校采用灌输式的教学方式，所传授的知识不能融入学生已有的经验活动中去，字面空谈和纯粹的感官刺激，并不能引起学生的任何智力活动。因此，学校应该教育儿童研究各种各样的社会环境，研究如何把自然界中的原料加工成新产品，研究新产品如何被现实生活所应用等，这些对儿童的发展具有重大价值。教育只有扎根于生活，才能更好地为生活服务；反之，唯有真正实践生活的教育，才能深入地扎根生活。现在教育上许多方面的失败，是由于它忽视了把学校作为社会生活的一种形式这个基本原则。

（二）兴趣引导

兴趣中心是德可乐利教学法的基础。儿童是未成熟而有待成熟的个体，每一段年龄期都有变化，同一年龄之间存在着不同程度的差异。而每一年龄阶段的儿童都会表现出其独特的兴趣，心智活动又必须以这种不同兴趣为中心。因此，学校需提供各种刺激，如把环境弄得丰富多彩，准备小动物、各种趣味的东西，策划郊游和远足活动等，以诱发儿童的兴趣。他强调，课堂教学应以儿童兴趣为中心，以游戏和手工活动为主要手段。一方面，游戏是一种兴趣，是快乐的事情，孩子们做游戏时会感到很愉快；另一方面，以手工活动为媒介把儿童引入正式课堂，激发儿童学习的动力。在活动中，儿童对于个人或团体的工作发生兴趣，他们常常参加各种活动及各种表演，在活动中可以巩固知识、强化兴趣。德可乐利认为，兴趣是教育最高理想的代名词，是儿童需要的表现，是儿童学习的生命动力。所以，促进儿童发展最有效的方式在于培养可满足其基本需要的兴趣。

四、教学游戏

德可乐利认为，教学活动可以采用游戏的方式来进行，其目的主要是利用儿童感兴趣的实物来适应他们游戏和活动的需要，养成集中观察力和工作的习惯，同时使得每个儿童能充分发展自己的个性和能力。

德可乐利提出教学游戏可以分为以下五类，且各种教学游戏的用具可以按儿童的兴趣、需要和能力随时增减。

第一，实物分类或图片分类的游戏。它要求儿童将各种实物或图片按照大小的次序、因果的关系以及部分与整体的关系进行排列。其用具包括区分谷物果子的箱子，区分各种颜色的立方体和各种颜色片的箱子，各种大小不一的盛放各种小物品的袋子，玩具娃娃、房屋和动物，各种交通工具玩具，多组难以依次排列的图片等。

第二，数的概念和数的符号的游戏。其用具包括盛放用于计算的珠子、果子和豆子等实物的箱子，钉有纽扣的布带，可以由3～5人均分的实物，绘有手指（1～10根手指）以及与手指数相等数量实物的卡片，学习报告时间的玩具，包含整数与分数的玩具等。

第三，用整体化意象视觉法学习阅读的游戏。其用具包括各种用于口头表达的无文字说明的图片，用于看图识字的有文字解释的故事画，用于对照的较复杂的故事画与若干词句（文字说明），用于对照的与饮食、衣服、用具和装饰有关的单词与实物图片，以及简短故事书与故事画等。

第四，观念综合的游戏。通过反复练习，可以使儿童养成综合观念和分析观念的能力。它利用自然界和社会生活中的各种实物，以游戏的方式讨论与日常生活有关的各种物品的用途和制造等。

第五，帮助学习和记忆各种功课的游戏。在学习地理时，有绘制地图并在地图上寻找地名、河流和山脉的游戏。在学习历史时，有关于名人、学者、发明家、衣食住行和战争等的游戏。在学习语法时，有单数与复数、阴性与阳性、词句分析与补充等的游戏。

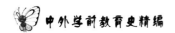

五、评价

德可乐利把教育理论和实践很好地结合起来，其理论对儿童教育的影响深远。尽管他没有一本系统阐述自己教育理论的著作，但他对于儿童特别是幼儿发展和教育的实际贡献远远超出他所写下的文字。法国学者米拉雷特甚至将德可乐利与福禄培尔、蒙台梭利并列，称之为历史上"做出的贡献超过其他任何人"的"三大幼儿教育家"之一。

第四节　行为主义代表人物华生的学前教育思想

华生（John Broadus Watson，1878—1958）是美国现代著名的心理学家、行为主义心理学创始人。

一、生平与代表作

华生 16 岁入芝加哥大学，长期跟随杜威和安吉尔（J.R.Angell）学习。1903 年获哲学博士学位，研究动物心理学。1908 年在约翰斯·霍普金斯大学工作。1913 年发表《行为主义者所看到的心理学》，成为行为主义产生的标志。第一次世界大战后，致力于研究婴幼儿心理学。

华生的代表作有《行为主义心理学》（1919）、《行为主义》（1925）和《儿童的心理护理》（1928）。

二、思想基础

（一）机能主义

机能主义重视物质性、社会性和实用性，重视教育的功能，代表人物是杜威和安吉尔。华生接受这些观点，认为行为主义是唯一始终一贯而合乎逻辑的机能主义。

（二）动物心理学

在芝加哥大学学习时，德国学者洛勃（J.Loeb）提出"向性"理论，认为动物的反应是对刺激的直接作用；桑代克创立了"联结说"，提出情境与反应之间联结的观点。这些理论都对华生产生了很大影响。

（三）巴甫洛夫的条件反射学说

俄国生理学家巴甫洛夫认为，人的心理和精神都是对信号的反应。这一思想对华生的研究有很大的启示，他把巴甫洛夫的条件反射法用在了实际研究和理论中。

（四）其他

对华生教育思想影响较大的还有洛克的感觉经验心理学及"外铄论"的教育思想，他反对天赋观念，倡导心灵白板说，在教育上主张环境决定论。此外，19 世纪末出现的强调人能直接认识客观对象的新实在论、只承认"实证"事实的实证论及机械唯物主义等思想方法，在华生的理论中也有体现。

三、行为主义心理学的基本观点

（一）心理的实质及心理学研究的对象和任务

心理的实质就是行为。华生认为，科学是客观的，对象只能是直接观察到的事物。据此他提出，心理学应成为研究行为的自然科学。

心理学研究的对象只应该是行为。他认为，行为就是有机体用以适应环境变化的各种身体反应的组合。这些反应表现在身体外部，或隐藏在身体内部。

心理学研究的任务是查明刺激（Stimulus，简写 S）与反应（Response，简写 R）之间的规律性关系，即 S-R 公式，进而达到预测和控制行为的目的。

（二）心理学的研究方法

在研究方法上，华生主张采用客观观察法、实验法、条件反射法、言语报告法和测验法等。在 1915 年之前，他主要采用动物心理学家的实验法。1915 年了解了巴甫洛夫的条件反射学说后，他开始以条件反射法为其主要研究方法。

（三）本能、习惯与人性

早年，华生把人类的行为反应分为本能（即天生遗传）和习惯（即后天获得）两类。1925 年，他开始否认本能，认为我们称为本能的大半是教养的结果，也是习得的结果。由于他的立场是彻底的客观主义，因此他认为人性是后天的产物，无所谓先天的善恶。

四、学前教育

（一）遗传、环境和教育的作用

在后期，华生否认本能，否认行为的遗传作用。在此基础上，他从刺激—反应的公式出发，认为环境和教育（广义的环境包括教育）是儿童行为发展的唯一条件及因素。

1. 早期教育的作用

华生认为，儿童的早期经历与其行为的形成及发展有很大关系。儿童出生时，构造上存在不同，只表现在最简单的反应上；而环境尤其是早期训练，决定了复杂行为的形成。

他强调，不同的早期训练决定了儿童的差异，甚至影响到成人期的差异。环境特别是家庭中的父母，是影响婴幼儿情绪的主要条件。在三岁前，儿童的全部情绪及倾向已打下根基，父母决定了儿童以后变成什么样的人，或开心，或自怨自艾，或懦弱，或残暴等。华生强调教育始于诞生，他的思想直接推动着人们普遍认识并重视早期教育。

2．教育万能论

华生提出，人的任何行为都是外在环境和教育的产物。他说他可以把一个强健的婴儿培养成任何一个行业的专家，这是典型的教育万能论及外铄论观点。他反对种族歧视，指出无论哪一类儿童获得优异发展只取决于后天的文化环境及所受的教育。

3．重视学习

华生否认本能和遗传，重视环境和教育，尤其重视学习。条件反射是其学习理论的基础，他认为，无论多么复杂的行为，都可以通过控制外部刺激而形成。他主张坚持练习律，追求机械频繁的练习。

（二）学前教育的原则与方法

1．注重通过教育、学习培养儿童的各种习惯

华生反对内发论提出的儿童的发展是以儿童本能和能力为基础的观点，他说这种观点是有害的，会错失教育良机。主张教育应尽早开始，积极培养儿童的各种行为习惯并形成习惯系统。要在合适的环境、教育和学习条件下，使儿童养成各种习惯。他认为，影响习惯的因素主要有年龄、练习的分配和既得技能的运用等。

2．关于幼儿的护理

华生认为，父母及教养者应采取科学的护理措施，培养儿童懂礼貌、讲卫生、合群、勇敢进取等良好的行为习惯。他曾讨论过2～5岁幼儿的护理工作，如儿童沐浴、是否带玩具上床、熄灯前的安排、起床和清晨活动、午饭与午休、午后游戏、社交、清洁卫生、吮指、破坏性行为、玩具的制作及种类、保姆训练等。这些都是基于通过对环境和教育的控制，达到预测和控制人的行为的目的。这样就可造就既独立自主、勇敢进取、有创造力，又诚实合群、对社会要求能应付自如的儿童。

3．反对体罚

华生认为儿童的行为习惯是环境造成的。不当的行为习惯，是未受到良好充分的训练造成的。消除不良行为的唯一方法，是破除旧习惯并进行新行为训练，不能用体罚。主张加强或改善教育和环境，使儿童改过从善。

4．因时因地教育儿童

华生认为，教育及训练的标准应随社会文化变迁而相应变化。现代社会文化变迁迅速，学校和家庭、教师和父母不可依据传统的标准行事。应依据不同的文化背景，采用多种方法教育儿童。

5．倡导"系统脱敏"的行为改变模式

"系统脱敏"是一种通过人工设计的情境，以循序渐进的方式改变幼儿情绪或行为的模式。华生曾对婴儿艾伯特进行了实验，即通过条件反射使艾伯特形成惧怕等情绪。他还指导同事琼斯（Mary Jones）对3岁男孩彼特通过一系列的刺激—反应实验，最后消除了彼特

的惧怕情绪。

6. 反对溺爱

在教育上，华生主张父母对婴儿有严格的安排，而不是听其自然；反对父母放纵与溺爱子女。认为父母溺爱子女，孩子见到他们就容易与放纵的反应联系起来，不利于儿童养成良好的行为习惯，并妨碍儿童认识世界。

7. 关于性教育

华生也关注幼儿的性教育问题。他说，成人应让儿童懂得性器官及其功能，指导男女儿童之间正常的接触和交往。对青春期的孩子，学校应设立性教育课程。

五、评价

华生的行为主义对行为作了简化的说明，在心理学中树立了用科学实验去求证的严格标准，起到了清扫心理学中神秘主义的作用。行为主义的育儿观促使人们更加关注对环境和教育问题的研究，创造最佳外界条件来影响儿童的发展。但行为主义理论是片面的，它夸大了教育的作用，从形式上否定了儿童的心理活动，否定了儿童的主动性、能动性和创造性，遭到后来学者的批判。

第五节　"成熟论"代表格塞尔的学前教育思想

格塞尔（Arnold Gesell，1880—1961）是美国耶鲁大学教授，著名的儿童心理学家。他做过教师、医生和自然科学家，最后成为心理学家。在所有这些工作中他对儿童的发展最感兴趣，并致力于这方面的研究。

一、生平与代表作

格塞尔1880年6月21日生于威斯康星州的阿尔马，1903年从威斯康星大学毕业，1906年获得克拉克大学的心理学博士学位。在大学期间深受霍尔复演理论及达尔文生物进化论的影响，毕业后选择研究人的婴儿期发展。由于基础生理学知识的匮乏，格塞尔在30岁时又进医学院学习，于1915年获耶鲁大学医学博士。攻读博士期间，他于1911年在耶鲁大学创办了一所儿童发展诊所。此后，他一直在耶鲁大学执教，提出了一个被公认比较完善的儿童行为常模量表，带来了最初的婴儿智力测验，还编制了一个测量婴儿和学前儿童行为发展的量表——耶鲁量表。1961年5月29日他卒于康涅狄格州的纽黑文。

格塞尔的代表作有《发展诊断学》（1941）、《学前儿童心理发展》（1925）、《婴儿期和人的成长》（1928）、《同卵双生子的学习与成长》（1929）、《儿童生活的最初五年》（1940）和《现代文明中的婴儿和儿童》（1943）。

二、成熟论与心理观

（一）"双生子爬梯实验"与成熟论

格塞尔做过一个著名的实验：让一对同卵双胞胎练习爬楼梯。其中一个实验对象，代号为 T，在出生后的第 46 周开始练习，每天练习 10 分钟。另一个实验对象代号为 C，在出生后的第 53 周开始接受同样的训练。两个孩子都练习到他们满 54 周时，T 练了 8 周，C 只练了 2 周。这两个小孩中哪个爬楼梯的水平高一些呢？大多数人肯定认为应该是练了 8 周的 T 比只练了 2 周的 C 好。但是，实验结果出人意料——只练了 2 周的 C 爬楼梯的水平比练了 8 周的 T 好——C 在 10 秒钟内爬上特制的五级楼梯的最高层，T 则需要 20 秒钟才完成。

格塞尔分析说，其实 46 周就开始练习爬楼梯，为时尚早，孩子没有做好成熟的准备，训练只能取得事倍功半的效果；53 周开始爬楼梯，这个时间就非常恰当，孩子做好了成熟的准备，训练就能达到事半功倍的效果。他借此实验指出：教育要尊重孩子的实际水平，在孩子尚未成熟之前，要耐心地等待，不要违背孩子发展的自然规律，不要违背孩子发展的内在"时间表"，人为地通过训练加速孩子的发展。

成熟是格塞尔整个理论的核心概念，他认为个体的生理和心理发展，都是按基因规定的顺序有规则、有秩序地进行的。他将发展看成一个顺序模式的过程，这个模式是由机体成熟预先决定和表现的。而成熟则是通过基因来指导发展的机制，即是一个由遗传因素控制的过程，通过从一种发展水平向另一种发展水平突然转变而实现。

格塞尔认为，随着个体的成长，基因将所包含于其中的遗传信息自然地展现出来，以决定和指导个体生理结构及功能的发展和变化过程。格塞尔把这个由基因所决定和指导下的发展过程称为成熟。儿童心理发展的一切问题都是围绕着成熟而存在，伴随着成熟而发展；没有成熟，似乎也就没有儿童心理发展的可能。他认为，儿童心理的发展过程是有规律、有顺序的，可以把这种发展看成一种模式。

格塞尔认为，成熟支配着儿童成长的每一个方面，并且成熟是一个由内部因素控制的过程。其成熟论包括两方面的含义：一是行为的发展主要是由内部基因指导下的成熟力量决定的，环境因素只是起一个支持、反映和调节的作用，而不能决定发展的过程；二是行为是按照一种模式化的、可预测的方式发展的。儿童发展的实质就是由基因支配下的生物成熟过程，具体表现为神经系统的模式化和由神经系统决定的外部行为的模式化两个过程。

（二）心理观

格塞尔对于儿童心理本质的认识，反映在他的心理观上，其心理观包括如下三个原则。

1．遗传决定论

格塞尔认为，在儿童发展中，遗传和环境是共同发生作用的。但遗传起着根本性的决定作用，而环境只是起着支持、调节、反映的辅助作用，它不能决定发展的进程和顺序。也就是说，遗传和环境在儿童发展中的贡献是不对等的。

2. 身心同一论

在解释心理的本质时，格塞尔没有在行为或神经系统之外建构任何心理主义的概念。他认为，人的心理就是神经系统和行为模式系统的组合，由此可见，格赛尔是一个唯物论的身心一元论者。

3. 结构决定机能论

格塞尔认为，神经系统是结构，而行为就是神经系统的机能。行为是由神经系统决定的，在神经成熟之前，行为不会发生，神经系统的成长是一个模式化过程，相应地，行为的成长也是一个模式化过程。

三、学前教育的原则与方法

格塞尔根据其成熟理论，对儿童的教育提出了不少意见，并通过他所开设的发展门诊对众多父母提供咨询。

（一）教育的原则

格塞尔提出了教育要尊重儿童的原则。他认为，婴儿带着一个天然进度表降临人世，这个进度表是生物进化 300 万年的成果。婴儿尽管只是尚未开化，但对于其内在需要非常"聪明"，最根本的儿童教育原则是要贯彻民主和自由精神。他认为，每个有机体都是在尽可能地达到最大的成熟水平，而民主和自由精神本质上根源于个体实现最佳成长的生物性冲动，自由而充分的成长是儿童天生就具有的不可剥夺的冲动，只有为儿童提供了最大限度的自由空间，儿童才能充分地实现其固有的潜能。

教育者（包括父母）应以儿童为中心，追随儿童，从儿童本身得到启示，而不应强迫儿童接受自己的意愿或规定的生活模式。此外，格塞尔还强调教育者想要学会尊重儿童的个性，就要在婴儿期的第一年机敏地追随、满足儿童的需要。

（二）教育的方法

格塞尔认为，要在儿童教育中贯彻民主和自由精神，教育者对儿童应采取如下三种态度。

第一种是体谅。格塞尔认为对儿童的体谅是首要的教育方法。其意义就是要尊重儿童个体的尊严。它要求成人具有丰富的感悟力和想象力，成人只有具备了这种体贴的特征，才能真诚地欣赏和尊重儿童的本性。它也是一种保持警觉的自由主义，即要对儿童的独特性保持敏感。如果他们认为每个儿童生来都是独一无二的，那么他们就会尊重这种独特性，并能够给予最充分的机会，使其成长和表现自己；相反，如果父母和教师认为他们能够将儿童修改或塑造成一个预先决定的模式，那么他们的教育方式一定是独裁的和权力主义的。

第二种是幽默感。格塞尔认为，幽默感是民主精神的体现和要求，是某种程度上的顺从感，它可使父母和教师具有一种灵活性，而防止了机械和僵硬的特征，防止不适当的紧张和不明智的纪律所带来的严肃。当一个人具有了这种幽默感时，他就更善于保护儿童的心理健康。一个过分紧张和严肃的环境会妨碍儿童追求最佳成长。

第三种是成长哲学。格塞尔认为，成长是一个理解儿童教育的关键概念。成年人要具备一种关于儿童成长的哲学。我们不能像塑造泥土那样塑造儿童，因为泥土不能成长。儿童的成长也并非一种简单的条件反射。他是一个拥有先天潜能和遗传的体质特征的独特的个体，是按照行为发展的规律而发展的。尽管我们可以协助儿童成长，但儿童必须自己去成长。成人的首要任务就是用一种成长哲学来理解儿童的成长本质。

四、对教育者的要求

格塞尔认为，父母除了对儿童直觉的感受性之外，还需要掌握一些有关儿童发展倾向和顺序（即成熟）的理论知识，这些知识有利于父母更好地了解儿童的身心特点。他认为，儿童有一个内部时间表决定着自己发展的速度，父母特别需要意识到成长在稳定与不稳定之间的波动性。例如两岁半左右的儿童往往不听大人的话，有一种执拗性。假如父母了解到这种固执是成长的一种自然状态的话，他们就不会感到迫切需要去根绝这种行为。相反，他们会更灵活地对待孩子，甚至会因孩子试图建立自己的独立个性而感到欣慰。

美国学者威廉·C.格莱因在《儿童心理发展的理论》一书中写道：格塞尔的门徒阿弥士（L.B.Ames）依据格塞尔的思想提出的对父母的四点忠告很好地注解了格塞尔的教育观：第一，不要认为你的孩子成为怎样的人完全是你的责任，而因此抓紧每一分钟去教育他。第二，试一试去欣赏成长的奇观，观察和享受每周每月带来新发展的事实。第三，尊重孩子的未成熟，预料这样的事实：儿童在走之前是爬，用句子表达自己的意见之前是用词表达，说"是"之前是说"不"。第四，避免总是考虑下面是什么，自己享受并让你的孩子在继续前进之前享受每个阶段的乐趣。

五、评价

格塞尔的成熟论驰名世界，其儿童教育思想围绕着成熟论而展开，认为儿童必须自己实现他的成长。他的成熟论引起人们的兴趣和重视，一个重要的原因是他关于成熟研究的深刻性和经典的双生子实验。他要求教育机构、教育者应遵守儿童的身心特点对儿童进行养育或施教，要求注意培养儿童个性，反对对儿童提出整齐划一的要求，这些无疑是有价值的。

但是，格塞尔夸大了生理成熟的作用，只注意到了时间的变化，而忽视了儿童心理发展的其他条件。他虽曾提到过环境的作用，但是并没有将环境放在一个重要的位置。基于此，他要求教育者消极无为地追随儿童，以儿童为中心，忽略了教育、教师的主导作用。

第六节　认知发展理论创始人
皮亚杰的学前教育思想

皮亚杰（Jean Paul Piaget，1896—1980）是当代著名的儿童心理学家和教育家，发生认识论的开创者，被誉为心理学史上弗洛伊德之外的另一位"巨人"。

一、生平与代表作

皮亚杰生于瑞士纳沙特尔，童年时代就对生物学有浓厚兴趣，大学主修生物学，1915年获纳沙特尔大学学士学位，三年后获得该校自然科学博士学位。攻读博士期间，他对诸如"人是怎样获得对于世界的认识"这类哲学问题产生兴趣，试图用心理学的知识寻求答案。

1918年，皮亚杰进入苏黎世，在几家心理实验室和心理诊所学习与工作，研读了弗洛伊德的著作之后，决心从事心理学实验。1919年，皮亚杰到巴黎大学从事病理心理学的学习研究，一年后被西蒙邀请去其实验室工作，对儿童推理测验错误的回答问题产生了兴趣。他注意到两个事实：① 同龄儿童的回答中存在着相似的错误；② 随着年龄的增长，儿童回答中的错误发生了相应变化。在探寻原因的过程中，他认识到，研究儿童的思维及心理发展可能会使他从哲学的高度对这些问题做出解释，由此他开始了儿童心理的研究工作。自1921年起，皮亚杰在日内瓦大学卢梭学院任教，讲授教育学和儿童心理学，并主要应用"临床谈话法"系统研究儿童的思维活动。

1925—1931年，他的3个孩子相继诞生，皮亚杰以自己的孩子为对象，仔细研究了婴幼儿心理的发展，提出了有关儿童智力起源、儿童象征行为（游戏和模仿等）等重要理论。20世纪50年代后，他开始致力于发生认识论的研究，召集各国著名专家成立"国际发生认识论研究中心"并任该中心主任。皮亚杰的一生发表了百余篇论文和30多本专著，其中影响较大的有《儿童的语言与思维》（1923）、《儿童的智力起源》（1936）、《智力心理学》（1947）、《儿童心理学》（1966）和《发生认识论》（1970）等。

二、思想基础

在哲学上，皮亚杰受亚里士多德、黑格尔、柏格森、詹姆斯等人及操作主义、结构主义的影响较大，尤其受康德影响最深，他的"图式"概念就源于康德的"先验图示"。

在自然科学上，皮亚杰受达尔文、沃尔顿的影响较深，达尔文的"适应"概念成为皮亚杰理论中的核心概念，将被动地适应发展为主动地调整与同化。

心理学上，格式塔心理学中部分与整体的关系、霍尔的复演说、瓦隆的儿童发展阶段理论及弗洛伊德的精神分析学说，都对他产生了影响。

教育学上，受卢梭、裴斯泰洛齐、福禄培尔、蒙台梭利和杜威等人及20世纪儿童中心主义思潮的影响，倡导内发论、儿童中心论。

三、认知发展理论与教育

皮亚杰儿童心理学的核心是"发生认识论"，它企图探索和解决的主要问题是：儿童的

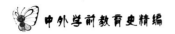

认识是怎样形成和发展的，受哪些因素制约，内在结构是什么，各种不同水平的智力、思维结构是如何先后出现的。

（一）认知发展的结构

"发生认识论"主要研究儿童认识发展的过程和结构，它涉及"图式""同化""顺应""平衡"四个基本概念。

1. 图式

图式是人类认识事物的主观结构，是指个体对世界的知觉、理解和思考的方式。图式是认知结构的起点和核心，或者人类认识事物的基础。一个图示就是一个有组织的行动系统，如果行动是外显的运动行为，就叫感知运动图式；如果行动是内化的，就叫认知图式。皮亚杰认为，儿童最早的图式表现为遗传性的本能动作，以后在适应环境的过程中，不断变化、丰富和发展，形成了本质不同的认知图式（或结构）。

2. 同化

同化是主题活动对环境能动适应的一种形式，就是个体将客观事物纳入已有的图式之中，以加强和丰富主体的动作。同化影响图式的生长及图式量的变化，但不会导致图式质的变化。如当儿童看到新事物时，他们试图使这些新事物符合当时他已有的图式。当个体不能把客观事物纳入主体图式时，就产生了另一种形式——顺应。

3. 顺应

顺应（也称"调节"）是指儿童借助新知识或观念，促成原有结构、图式发生改变的过程；或创立足以容纳新事物的图式，或修正原有结构、图式来容纳新事物的过程。简言之，顺应是指"内部图示的改变以适应现实"。与同化不同，顺应是使主体图式发生质变的过程。

4. 平衡

平衡是同化和顺应两种机能活动之间的一种稳定状。个体就是不断地通过同化与顺应两种方式，来达到自身与客观环境的平衡的。儿童每遇到新事物，在认识中试图用原有图式去同化，如果成功便会得到暂时的认识上的平衡；反之，便做出顺应，调整原有图式或创立新图式去同化新事物，直到达到认识上的平衡。

（二）认知的基础及结合点——动作

皮亚杰认为，形成主体的结构或认识客体结构的基础是主体的"动作"，在皮亚杰学说中占有重要地位。他指出，在认识之前，主客体尚未分化，认识不可能单独起源于主体或客体，只能起源于二者的相互作用，即主体对客体的动作。

皮亚杰把主体动作看作一切经验和知识的源泉，它刺激儿童的智力装置，引起不平衡并使同化和顺应得以发生。他认为，作为认识主体的儿童自身的思维结构是在与客体相互作用的过程中逐步建立、发展和完善起来的，所以他的理论被认为是一个动态的建构理论。

（三）影响认知发展的因素

皮亚杰认为制约儿童心理发展的因素主要有以下四种。

1．成熟

成熟主要是指神经系统的成熟。皮亚杰认为，儿童某些行为模式的出现与生理的发展（主要是神经系统的发展）有直接关系，成熟是儿童心理发展的必要条件。但成熟只是影响儿童发展的因素之一，随着年龄增长，自然及社会环境影响的重要性将随之增加。

2．物体经验

物体经验是指"个体对物体做出动作中的练习和习得经验"，包括无力经验和逻辑数理经验。前者指个体作用于物体所获得的物体的特性知识；后者指个体作用于物体，理解动作与动作之间相互协调的结果，不存在于物体本身。

3．社会经验

社会经验是指个体与社会的相互作用及社会传递，包括社会环境、社会生活、文化教育、语言等。社会经验是儿童心理发展的必要条件，但不是决定条件。

4．平衡化

平衡化是指儿童的自我调节。平衡就是不断成熟的内部组织和外部环境的相互作用，可以调节成熟、个体对物体产生的经验、社会经验三方面的作用。皮亚杰认为平衡化是儿童心理发展中最重要的决定因素。

（四）儿童认知发展阶段

皮亚杰认为儿童的认知发展具有连续性和阶段性，表现为几个不同水平的连续阶段，每一阶段都是一个统一的整体，有其独特的行为模式；前一阶段的行为模式总是要整合到后一阶段的行为模式中，具有一定程度的交叉重叠；各阶段出现的年龄可能有所不同，但不改变智力发展的定向性。他把儿童的认知发展分为以下四个阶段：

1．感知运动阶段（0～2岁）

感知运动阶段相当于婴儿期。这时儿童主要通过感觉运动图式和外界相互作用（同化和顺应），并取得平衡。其行为发展经过本能反应、习惯形成和智力活动三个层次。这一阶段中，婴儿发展的一个重要概念是"客体永存性"，即认识到一个物体即使不在眼前但仍然存在于某个地方。

2．前运算阶段（2～6、7岁）

前运算阶段相当于学前期。在这一时期，儿童的各种感知运动图式开始内化，成为表象。语言出现并得到发展，建立了符号功能，可凭借心理符号（主要是表象）进行思维。在这一阶段中，儿童思维发展有两个典型局限性：思维的片面性（思维集中于事物的某一方面而忽视其他方面）和"自我中心主义"（认为别人的思考和运作方式应该与自己的思考完全一致）。

3．具体运算阶段（6、7～11、12岁）

具体运算阶段相当于小学阶段。此阶段儿童出现了具体运算的图式，能够进行初步的逻辑思维。具体运算思维具有如下特点：具有守恒性，即获得各种守恒概念、分类概念、序列概念和关系概念；克服自我中心性，即开始了解他人的观点并与人沟通；运算具有可逆性，即能够在心理上设想一个动作的倒转顺序，而无须具体执行这些动作。

4．形式运算阶段（11、12～14、15岁）

形式运算阶段相当于初中阶段。这一时期儿童思维发展迅速，与成人思维接近。其典型特征是抽象思维得到发展与完善，儿童开始运用抽象的概念，提出合理的假设并进行验证。

四、儿童教育

（一）教育目的

皮亚杰批评根据当权者的意愿制定的社会本位及根据习俗舆论规定的教育目的，他认为教育目的一方面应服从"社会科学可以分析的规律"，另一方面它更是"心理学的职责"，主张用科学的观点确立教育目的。他提出教育的目标在于形成儿童智力的和道德的推理能力，因此，形成和发展儿童的认知结构就是教育的根本任务或最终目的。

（二）教育原则和方法

1．教育应该配合儿童认知发展顺序

皮亚杰对教育者提出以下要求：① 按儿童的认知发展顺序编制课程；② 教材不显著超越其现有的认知发展；③ 传授教材时，重点不宜放在加速儿童的学习进度上。

2．以儿童为中心，发展儿童的主动性

皮亚杰认为，儿童不是小大人，教育者应充分了解儿童的经验与思考方式，采取以儿童为中心的观点。儿童的认知能力不是外铄的，只能通过"赖以发展的机体本身"从内部形成。

3．强调兴趣与需要

皮亚杰指出，一切有成效的活动必须以某种兴趣为先决条件，兴趣是同化作用的动力方面，教育工作者应考虑每个年龄阶段的特殊兴趣和需要。

4．重视活动在教育中的作用

活动既包括儿童认识物体采取的主动行动，也有团体协作进行的试验行动与自发的观察。教育者应注重科学实验及试听教学，重视游戏的作用，探求学科活动与知识的联系。

（三）游戏

皮亚杰的儿童游戏理论是其认知发展理论的一个重要组成部分。

感知运动阶段出现的游戏是练习性游戏，由于语言尚未发展，这时的游戏只是孩子为了获得某种愉快体验而单纯重复的某种活动或动作。

象征性游戏在儿童 8～12 个月时产生，2～4 岁时大量出现。这一时期，儿童的语言有了很大的发展，在其认知图式中开始出现符号功能，即认识到一个事物（符号）能代表另外一个事物（符号化物体）。因此，象征性游戏也称假装的游戏。

象征性游戏在 7～12 岁结束，由规则性游戏所取代。由于语言及抽象思维的能力的发展，此时的儿童开始能站在别人的观点上看问题，利用别人的观点去校正自己的观点，所以在游戏中儿童能够控制自己的行为，遵守共同制定的规则。

（四）道德教育

皮亚杰的儿童研究活动中涉及道德发展问题，主要集中在儿童道德情感和道德判断方面，包括尊敬感、责任感、对规则的态度、对正确或错误的判断和对"公正"的评价等。儿童的道德发展也表现出阶段性的特征。

1．0～2岁（感知运动时期）

这一时期是儿童道德情感的萌生阶段。初生婴儿仅有一些构成情绪的情感反射，后来其情感逐渐和自己的动作发生了直接联系。这时婴儿有一种如卢梭所说的"自爱"情感，没有把自我和外界客体分化开来。

2．2～6、7岁（前运算阶段）

这一时期是儿童道德发展的最初阶段，可以称作道德的"他律"阶段，意为儿童的道德判断受他自身以外的价值标准所制约和支配。原因是在这一时期，成人在儿童心中具有非凡的力量，使得儿童对成人表现出尊敬以及怕和爱混合的情感，每个儿童都按照违反或遵从权威的规定去判断是非。他们的第一道德感是服从，即幼儿在进行道德评价、判断时，只注意行为的客观效果（或物质后果），而忽视行为者的主观动机。

3．6、7～11、12岁（具体运算阶段）

这一时期是道德发展的"自律"阶段，即儿童的道德判断受主观价值标准的支配。皮亚杰指出，7岁左右是儿童发展具有决定意义的转折点，儿童逐渐开始从前一阶段的以自我为中心状态中解放出来，产生了相互尊敬的情感以及合作的或自律的道德。对此阶段的儿童来说，权威不再神圣，判断是非的标准取决于公正与否。

4．11、12～14、15岁（形式运算阶段）

这一时期是道德发展的"公道"阶段，儿童能根据自己的价值标准对一些道德问题做出判断，开始把公道的原则作为其道德判断的内在基础，会产生诸如"理想""祖国""社会公正"等抽象概念的情感。皮亚杰指出，"公道"并不是单纯的是非判断，而是一种出于关心或同情的真正的道德关系。因此，公道感是公正观念的一种最高形式。

五、评价

皮亚杰在综合多种学科知识的基础上，把认识论和心理学结合起来，创立了发生认识论，极大地促进了科学认识论的发展。他对儿童智力发展的实验研究，为20世纪儿童教育的发展提供了大量的实验资料和理论指导。他还提出了儿童心理发展是在内外因相互作用中不断产生量和质的变化的心理发展观，并总结了儿童认知发展阶段论，指出心理发展的阶段具有连续性、交叉性、顺序不变等特点，并根据认知发展提出了道德发展阶段论，这些对儿童心理学的研究有积极的意义。皮亚杰的理论启示教育者在教学中关注儿童在认知发展中存在的个体差异，依据儿童不同发展阶段进行指导，对各国学前教育的发展都有很大的影响。

第七节　新行为主义学习理论创始人
斯金纳的学前教育思想

斯金纳（Burrhus Fredrich Skinner，1904—1990）是美国当代著名的新行为主义心理学家，操作性条件反射理论的奠基者。他创制了研究动物学习活动的仪器——斯金纳箱。

一、生平与代表作

斯金纳 1904 年生于宾夕法尼亚州的一个小镇，从小喜爱发明创造，富有冒险精神。1922年进入哈密尔顿学院，主修英国文学。1926 年毕业后转入哈佛大学心理系，1930 年获哈佛大学心理学硕士学位，1931 年获心理学博士学位，此后在该大学任教。

斯金纳的研究领域很广，涉及多项关于儿童行为发展的理论和实践。他的代表作有《有机体的行为》（1938）、《育婴箱》（1945）、《科学和人类行为》（1953）、《教学技术》（1968）和《关于行为主义》（1974）等。

二、操作主义学习理论

斯金纳受 20 世纪初流行的新实在主义及实证主义哲学思潮的影响，承袭以华生为代表的早期行为主义观点，创造了操作主义学习理论，包括操作性条件反射理论和积极强化理论。

（一）操作性条件反射理论

1．基本含义
"操作性条件反射"是指对有机体（动物和人）的自发操作活动进行强化而形成的一种条件反射。与华生把对刺激的被动反应作为研究对象不同的是，斯金纳把有机体主动作用于环境的操作行动作为研究对象。

2．实验过程
1945 年，斯金纳研制出"斯金纳箱"，将一只饥饿的白鼠放入箱内，一开始白鼠四处乱窜，当它不小心触动杠杆时，食丸落入食盘，白鼠获得食物。经过多次反复后，白鼠就形成了一种条件反射（即操作性条件反射）：为了获得食物不停触动杠杆，直到吃饱为止。

3．习得律
通过上述实验，斯金纳得出了一条学习定律——"习得律"，即当有机体的一个操作行为有一个强化刺激所跟随时，这个操作行为的力量就会加强。应答性行为（由一个特殊的可观察的刺激情境所激发出来的行为）和操作性行为（有机体在没有任何能够观察到外部刺激的情况下发生的自发行为）都属于有机体的学习行为，但操作性行为更能代表实际生活中人的学习情况。

（二）积极强化理论

由实验得出的"习得律"可以看出，强化是塑造行为和保持行为强度不可缺少的关键因素，研究强化规律、确定强化程序对探讨儿童的学习行为至关重要。

1．强化物的分类

斯金纳将强化物分为两类：基本强化物（第一性强化物）和条件强化物（第二性强化物）。基本强化物是维持生命所必需的刺激物，如食物、饮料等。条件强化物一般与基本强化物发生过联系，或代替过基本强化物，几乎任何对人有益的事物都可以成为条件强化物。

2．强化的类型

斯金纳将强化分为三类：① 积极强化，又称正强化，是指由于某一刺激的加入增进了一个操作反应发生的概率。如当孩子达成目标后给予奖励。② 消极强化，又称负强化，是指由于某一刺激的排除，从而加强了某一操作反应发生的概率。如学生为了避免不及格而努力学习。在斯金纳的学习理论中，"惩罚"也大致属于消极强化的一种。③ 消退，是指在操作反应后，由于未及时得到强化，而使反应行为逐渐消失的现象。如当学生完成某一任务时没有得到及时的肯定，可能会导致他下次失去做此类任务的兴趣。

3．强化的程序

斯金纳提出了四种强化程序：① 定时强化，是指强化的给予不依赖有机体所做出的反应数量，而是依赖所经过的时间间隔。如每周对学生进行测验。② 不定时强化，是指强化的给予没有时间规律可循，有机体不知道何时会出现强化。如教师不定期对学生进行作业抽查。③ 定比强化，是指强化的出现不以时间的间隔为准，而是出现在预定的若干次反应之后。如学生答对 5 道题可得到一次奖励，答对越多奖励越多。④ 定量强化，是指随时可以变化次数、延长间隔的强化。如日常生活中家长、教师对儿童的表扬、批评。

三、学前教育的原则与方法

斯金纳批评当时的美国教育，没有有效改变令人反感的刺激学习模式；教学中儿童的行为、反应和教师的强化之间相隔太长；教师不能照顾个体特点及其行为间的关系；在课堂教学中提供的强化次数太少等。针对此类弊端，斯金纳提出了关于幼儿教育的建议。

1．及时强化

斯金纳重视强化的作用，认为及时强化有利于儿童行为的发展，教育者要及时强化希望在儿童身上看到的行为。他指出，除非建立了明显的中介行为，否则反应和强化之间只要相隔几秒钟，就会破坏大部分效果。在养成行为初期，及时强化是巩固初始行为的有效方法，但想要使儿童的行为持久，在经过一段时间的持续强化后，转换采取各类间歇强化效果更好。

2．通过积极强化塑造儿童行为

积极强化和消极强化各有用途，但斯金纳更重视积极强化在行为塑造中的作用。他通过实验指出，人类开始于婴儿期的行为能通过强化刺激控制，如婴儿的微笑和发声的速率随报酬的增加而增加。儿童第一次做某件事，或许是出于模仿，或许是出于尝试，或许是一种应答性条件反射，无论哪种，重要的是后果"多少是令人愉快的"。通过一次次的积极强化，儿童的有关行为就会成为习惯。他反对卢梭的消极教育，认为那仅是自然强化物，缺陷在于延迟太久，效果甚微。与之相比，成人的微笑、赞扬和关注这一类条件强化物，在生活中会带来更好的效果。

3．慎重使用惩罚手段

除了提倡用积极强化，斯金纳还提到采用惩罚手段控制行为的问题。他认为惩罚是现代生活中最普遍的控制方法，但并不是总能行得通的，有时只能对不良行为暂时压制，也可能出现事与愿违的副作用。因此，在对儿童的教育中，要慎重采用惩罚的手段，特别是体罚。他主张用"消退"代替惩罚，来矫正儿童的不良行为。

4．育婴箱及其功能

斯金纳对儿童教育的具体贡献之一是设计并创造了"斯金纳育婴箱"，这种育婴箱内干燥、无菌、隔音，可自动调温，活动范围宽敞，箱壁安全，挂有各种玩具。婴儿可以在箱内睡觉、游戏，不用担心着凉生病和安全问题。设计育婴箱的目的是尽可能避免外界的不良刺激，创造适于儿童发展的行为环境。

四、评价

斯金纳被西方心理学誉为"当代最有影响的心理学家"，他以华生的早期行为主义思想为基础，创造了操作主义学习理论，提出了"强化"在儿童教育中的作用，反映了儿童学习的规律和要求。强化理论有助于对儿童行为的理解和指导，对幼儿教育产生了重要影响。但同华生一样，忽略了儿童学习的内部心理因素，忽视了儿童的主体性，属于"外铄论"思想。

第八节　人本主义代表人物马斯洛的学前教育思想

马斯洛（Abraham Maslow，1908—1970）是 20 世纪美国著名的人本主义心理学家。

一、生平与代表作

马斯洛出生于纽约一个贫困的俄国犹太移民家庭，自幼喜欢读书，闲暇时做过报童和雇工。他就读于维斯康星大学，26 岁获哲学博士学位。

20 世纪 30 年代，马斯洛认识到格式塔心理学的整体论、弗洛伊德心理学的动力论和行为主义心理学的文化环境论，三者结合起来可以构成一个比较全面的人格理论。第二次世界大战时，他目睹战争带来的悲剧，下决心要进行证明人类有能力战胜仇恨和毁灭的研究。第二次世界大战后，他开始研究健康人及自我实现者的心理。20 世纪 50 年代中期，他与索罗金（P.A.Sorokin）合作召集"人类价值新知识"讨论会。20 世纪 60 年代初，他成立美国人本主义心理学会。1967 年，他成为美国心理学会主席。

马斯洛的代表作有《动机与人格》（1954）、《科学心理学》（1966）、《存在心理学探索》（1968）和《人性能达到的境界》（1971）。

二、思想基础

马斯洛的人本主义思想，曾受到前人和同时代人的多重影响。一是受西方人本主义传统及思想体系的影响，如人本主义、人道主义和存在主义等。二是在方法论上，吸收了多种心理学理论的合理观点。例如，华生重视文化因素的观点；弗洛伊德重视人的行为动机及内驱力的动力心理学观点，以及他所倡导的观察法、谈话法等研究方法；格式塔心理学强调整体分析比元素分析更有效，因此马斯洛方法论的重要特征是整体分析。三是受比较心理学、实验心理学、生物学及神经生理学等的影响。

三、人本主义心理学的基本观点

（一）研究对象

马斯洛主张心理学家应着重研究人类中的优秀分子，即"不断发展的那一部分"，然后从特殊到一般，推动人类潜力的发展。

（二）人性及道德价值观

马斯洛认为，人类的内在本性就是对真、善、美、正义、欢乐和爱的追求。他指出，人类具有共同的、基本的、潜在的并且是跨文化的价值标准。

（三）对人的行为的解释

马斯洛认为，驱动人类行为的是一些始终不变的、遗传的和本能的基本需要，这些需要既是生理的，又是心理的，而起主要作用的是心理的。基于此，他提出了"需要层次理论"。

（四）需要层次理论

马斯洛认为，驱动人类行动的直接原因是人类的基本需要。这种需要由低到高可分为六个层次：① 生理需要，即生存需要，是最基本、最强烈和最明显的需要。② 安全需要，即生活有保障且无危险。③ 归属和爱的需要，即与他人亲近，受到接纳，有归属感。④ 尊重需要，包括自尊与他人的尊重。⑤ 认知与审美的需要。⑥ 自我实现的需要，即充分发挥人的潜能，是人性发展的最高境界。

（五）人的潜能及发展

马斯洛强调，人的基本需要都是由人的潜能决定的。潜能是人的内在价值的体现，潜能实现即价值实现。

他的潜能理论包括以下观点：① 在生物进化过程中，生物潜能（本能性的低级需要）是人类和动物共有的；心理潜能（高级语言）是人类及近似人类的动物共有的；创造性是人类所独有的。② 人的需要和动机有高低层次之分。人类在较低级的需要得到满足后才能产生较高级的需要。③ 健康人有自发追求潜能实现的内在倾向。创造潜能的发挥是人的最高需要，是人生追求的最高目的。④ 高级需要与创造潜能比低级需要微弱，它只是一种类似本能的冲动，依赖后天学习和培养才能充分发展。⑤ 人的潜能及自我价值的实现与社会环境之间是内因与外因的关系。⑥ 虽有遗传差别，但几乎所有婴儿生而具有心理发展的潜能及需要。⑦ 大部分人尚未或未充分利用自己的发展潜能，更少有人达到自我实现。这与贫乏的文化环境以及人的惰性有关，部分原因是全然不知自己内在的潜力。⑧ 人性本善。他认为，不善是因为人的基本需要被剥夺而产生的。⑨ 人的潜能和社会价值无本质的矛盾。人的需要等级越高，就越少自私，越有利于社会。

四、学前教育

（一）教育目的

马斯洛认为，教育的目的是达到自我实现或促使个人的潜能充分发挥，形成完满的人性，即达到"人的目的"。为达到这个目的，人要变得更坚强，更健康，更有责任感，更能掌握自己的命运，更能主动改造社会。

（二）帮助儿童实现"自我同一性"

马斯洛认为儿童经过学习后应成为真诚、忠实的人，其言行能表达出真实的内在感受。自知之明与自我理解是自我实现的重要途径。有自知之明懂得自己最根本的需要和动机，并用一种使他们得到满足的方式去行动。自我理解也有助于理解别人，同别人友好相处。

（三）满足儿童需要，促进其潜能发展

为了达到教育目的，教育者应充分满足儿童的基本需要。包括以下几方面的需要。

1. 生理需要

对生存的需要是人生最基本的需求。

2. 安全需要

马斯洛认为，对于威胁或危险，幼儿的反应比成人明显，原因之一是他们不能抑制反应。他指出，父母的态度对幼儿的影响极大，如父母不公或相互矛盾会使孩子感到焦虑或不安全。他的惊恐主要来自于害怕失去安全保护。为满足儿童的安全需要，马斯洛要求社会和家庭协力合作，给孩子提供和平安宁的环境，给幼儿讲授知识，从而能够化险为夷。

3．归属与爱的需要

归属需要是儿童心理正常发展的必要条件之一。孤独寂寞的生活对儿童的身心是有害的。马斯洛认为，爱的需要是与生俱来的。爱对婴儿的成长至关重要，在孩提时得到爱就容易健康成长。婴儿不能缺少爱，爱的需要缺失是产生心理失调的主要原因。爱的需要包括接受爱与给予爱。

4．尊重的需要

马斯洛接受前人的观点，也强调要尊重儿童个性及身心发展规律。他指出，对儿童尊重需要的满足会引起一种自信的情感，使他们更有独立性和创造性，更向往成功，有更大的动力追求成功。

5．认知的需要

马斯洛认为，认知需要主要反映在好奇心上。幼儿有天然的好奇心，尤其是健康的孩子，这种好奇心比成人更强烈。教育者应适时地顺应并引导儿童的认知需要，满足其认知冲动，使他们感到满足并产生终极体验。

6．审美的需要

孩子几乎都有对美的需求。环境的美丑会对儿童的心理产生影响，丑会使人变得迟钝，美有助于人变得更健康。儿童的高级需求，是文化不能扼杀的内在本质，但却很脆弱，易被不正确的学习、文化或传统所扭曲。因此，正确的教育对儿童非常重要。

（四）给儿童充分的自由，不可溺爱

马斯洛主张，培养儿童时，既要给予充分的自由，同时又要教他遵守纪律、尊敬他人。他还指出，父母不能过分保护和溺爱孩子，不能满足孩子的任何要求，否则就会阻碍儿童自主能力和内在力量的发展。受到过分保护或缺乏安全感的孩子，往往离不开母亲，这就阻碍了孩子去探索、冒险、学习和发展。在如何对待孩子这个问题上，他认为，父母应敢抓敢管，该慈则慈，该严则严，只要父母真心诚挚地爱孩子，可以用任何方式对待他们，包括体罚。

（五）教育者应有明确合理的人生价值观

马斯洛认为，在要求儿童时，父母是否有一套明确的价值观念至关重要。如果儿童不能从父母那里受到任何价值系统的影响，他们就会转向其他价值来源，如年龄较大的孩子。

通过研究，马斯洛发现，所有儿童都需要一个价值系统，需要把握宇宙及其对自身的意义；如果儿童缺乏这样的系统，某些不正常的、反社会的价值系统就会乘虚而入，导致儿童产生心理病态。他在《人性能达到的境界》中说："（来自成人的）任何价值系统，不论好或坏，都比系统的缺失或混乱更受欢迎。"

（六）帮助儿童发现"使命"

发现使命即揭示一个人为之献身的理想，包括理解自己是什么人、聆听自己内心的声音以及用生命做什么。马斯洛主张，父母或学校应帮助孩子认识自己的使命并能使之能够在使命的驱使下充分发展。

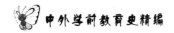

（七）使儿童"意识保持清新"

使意识保持清醒是为了克服陈规旧习和惰性对个体发展的影响，不能以惯例的态度对待任何事。要教育孩子能领会统一与和谐，能看到短暂与永恒，能学习超凡脱俗。这些是受存在主义的影响，遭到过一些人的批判。

（八）教育儿童懂得生活的可贵

高峰体验是指人感到强烈的幸福、狂喜、完美或欣慰的最佳时刻，在生活中最能发挥作用，是人坚强、自信、完全支配自己的时刻。马斯洛认为，生活必须具有意义，通往自我实现的必要条件就是拥有不断的高峰体验。他提出，给孩子尽可能多的自由，发挥其创造性，让儿童帮助其他孩子完成一些事情等，都可以得到内在的满足，获得高峰体验，促进儿童发展。

五、评价

马斯洛的人本主义心理学，在西方心理学界以至社会上已产生越来越大的影响。他的幼儿教育理论，如着眼于充分满足幼儿的生理和心理的基本需要以推动幼儿潜能充分发挥的目标前进等观点，是可以给人以启示和借鉴的。马斯洛试图调和个人本位与社会本位的矛盾，试图通过培养潜能充分发展人才以造福人类的设想，带有强烈的理想主义色彩。

对当下教育的启示：

1. 帮助学生理解心理学家的研究在学前教育发展中的作用。
2. 组织学生讨论霍尔对学前教育的贡献。

给教师的教学建议：

1. 帮助学生理解学前教育思想发展的国际化走向。
2. 帮助学生理解并分析不同的教育家、心理学家学前教育思想的异同。

参 考 文 献

[1] 陈鹤琴，张宗麟．一年来南京鼓楼幼稚园试验概况[J]．新教育评论，1926（34）．

[2] 陈鹤琴．我们的主张[J]．幼稚教育，1927（1）．

[3] 布朗．幼稚园之新动力[J]．新教育，1919（3）．

[4] 贾丰臻．裴斯泰洛齐传[J]．教育杂志，1912（5）．

[5] 无我．德国柏灵裴斯泰洛齐福禄培尔[J]．教育杂志，1914（1）．

[6] 姜琦．裴斯泰洛齐传[J]．新教育，1919（2）．

[7] 褚绍唐．裴斯泰洛齐教育理论之图表[J]．暨南周刊，1928（5）．

[8] 古楳．裴斯泰洛齐之贡献及其批评[J]．京师教育月刊，1928（4）．

[9] 于敬修．裴斯泰洛齐主义在各国的运动[J]．京师教育月刊，1928（4）．

[10] 克终．裴斯泰洛齐成功的经过[J]．京师教育月刊，1928（4）．

[11] 胡寿璋．裴斯泰洛齐的爱[J]．京师教育月刊，1928（4）．

[12] 胡愚坡．裴斯泰洛齐的哲学[J]．京师教育月刊，1928（4）．

[13] 刘钧．教育之父亨理裴斯泰洛齐[J]．河南大学学报，1934（3）．

[14] 李允谔．裴斯泰洛齐教育的根本精神[J]．江西教育，1935（4）．

[15] 李允谔．裴斯泰洛齐的劳作教育思想[J]．江西教育，1935（6）．

[16] 李允谔．裴斯泰洛齐[J]．活教育，1941（5）．

[17] 梁兆康．裴斯泰洛齐[J]．国民教育指导月刊，1943（10-12）．

[18] 姜琦．福禄培尔传[J]．新教育，1919（3）．

[19] 夏绮文．卢梭与福禄培尔教育思想之比较[J]．安徽教育，1931（8）．

[20] 王竹生．卢梭与福禄培尔教育思想之比较[J]．安徽教育，1942（6）．

[21] 史青．蒙台梭利女士之儿童教育学[J]．大同报，1913（33）．

[22] 史青．蒙台梭利女士之儿童教育学（续）[J]．大同报，1913（34）．

[23] 史青．蒙台梭利女士之儿童教育学（再续）[J]．大同报，1913（35）．

[24] 史青．蒙台梭利女士之儿童教育学（再续）[J]．大同报，1913（36）．

[25] 钱智修．蒙台梭利女史小传[J]．教育杂志，1914（3）．

[26] 张家凤．蒙台梭利制的研究[J]．青岛教育，1937（9）．

[27] 福禄培尔．福禄培尔自传[J]．傅任敢，译．中等教育季刊，1941（4）．

[28] 恽代英．理想之儿童俱乐部[J]．青年进步，1918（16）．

[29] 战后中国的幼稚教育[J]．教育杂志，1947（2）．

[30] 吕智红．张雪门的幼稚园行为课程[J]．学前教育研究，1998（2）．

[31] 熊贤君．陶行知创造教育思想探微[J]．教育研究，1999（11）．

[32] 王春燕. 张雪门幼稚园行为课程及其现代意义[J]. 华东师范大学学报（教育科学版），2008（4）.

[33] 杨卫卫. 张宗麟幼稚园社会课程研究[D]. 南京：南京师范大学，2006.

[34] 田春玲. 陈鹤琴南京鼓楼幼稚园个案研究及其当代启示[D]. 大连：辽宁师范大学，2007.

[35] 王丹. 张雪门幼儿园行为课程研究[D]. 重庆：西南大学，2009.

[36] 李秋丽. 张雪门幼稚园行为课程思想及现实意义[D]. 长春：东北师范大学，2014.

[37] 方晨瑶. 张雪门行为课程的发展及其现实意义[D]. 南京：南京师范大学，2016.

[38] 爱伦·凯. 儿童的教育[M]. 沈泽民，译. 北京：商务印书馆，1933.

[39] 奥古斯丁. 忏悔录[M]. 周世良，译. 北京：商务印书馆，1986.

[40] 阿布德·拉赫曼·那奇布. 阿维森那[M]. 张在民，译. 北京：中国对外翻译出版公司，1994.

[41] 柏拉图. 理想国[M]. 张竹明，译. 南京：译林出版社，2012.

[42] 博伊德，金. 西方教育史[M]. 任宝祥，吴元训，译. 北京：人民教育出版社，1986.

[43] B·J·沃兹沃思. 皮亚杰的认知发展理论[M]. 周镐，译. 武汉：华中师范大学出版社，1987.

[44] 陈文华. 中外学前教育史[M]. 北京：科学出版社，2011.

[45] 杜·舒尔兹. 现代心理学史[M]. 沈德灿，译. 北京：人民教育出版社，1981.

[46] 福禄培尔. 人的教育[M]. 孙祖复，译. 北京：人民教育出版社，2017.

[47] 弗洛伊德. 精神分析引论[M]. 高觉敷，译. 北京：商务印书馆，1986.

[48] 弗洛伊德. 弗洛伊德论创造力与无意识[M]. 孙凯祥，译. 北京：中国展望出版社，1986.

[49] 弗洛姆. 弗洛伊德思想的贡献与局限[M]. 申荷永，译. 长沙：湖南人民出版社，1986.

[50] 冯特. 西方心理学家文选[M]. 张述祖，译. 北京：人民教育出版社，1984.

[51] 格莱因. 儿童心理发展的理论[M]. 计文莹，译. 长沙：湖南教育出版社，1983.

[52] 戈布尔. 第三思潮：马斯洛心理学[M]. 吕明，译. 上海：上海译文出版社，1987.

[53] 高觉敷. 西方心理学的新发展[M]. 北京：人民教育出版社，1989.

[54] 高觉敷. 西方心理学史[M]. 北京：人民教育出版社，1982.

[55] 赫尔巴特. 普通教育学[M]. 李其龙，译. 北京：人民教育出版社，2015.

[56] 赫尔巴特. 教育学讲授纲要[M]. 李其龙，译. 北京：人民教育出版社，2015.

[57] 赫西俄德. 工作与时日·神谱[M]. 郭斌和，张竹明，译. 北京：商务印书馆，1986.

[58] 黄人颂. 学前教育学参考资料[M]. 北京：人民教育出版社，1991.

[59] 霍尔. 青年期的心理与教育[M]. 李浩吾，译. 上海：上海世界书局，1929.

[60] 华生. 行为主义[M]. 李维，译. 北京：北京大学出版社，2012.

[61] 华生. 行为主义的儿童教育[M]. 杨汉麟，译. 北京：人民教育出版社，2017.

[62] Joanne Hendrick. 学习瑞吉欧方法第一步[M]. 李季湄，译. 北京：北京师范大学

出版社，2002．

[63] 昆体良．昆体良教育论著选[M]．任钟印，译．北京：人民教育出版社，1989．

[64] 克鲁普斯卡娅．克鲁普斯卡娅教育文选[M]．卫道治，译．北京：人民教育出版社，1959．

[65] 夸美纽斯．大教学论[M]．傅任敢，译．北京：教育科学出版社，2014．

[66] 克伯雷．外国教育史料[M]．任钟印，译．武汉：华中师范大学出版社，1990．

[67] 罗素．西方哲学史[M]．何兆武，李约瑟，译．北京：商务印书馆，1963．

[68] 罗素．罗素论教育[M]．杨汉麟，译．北京：人民教育出版社，2009．

[69] 罗素．教育与美好生活[M]．张鑫毅，译．上海：上海人民出版社，2017．

[70] 李永连．日本学前教育[M]．北京：人民教育出版社，1991．

[71] 卢梭．爱弥儿[M]．李平沤，译．北京：商务印书馆，2014．

[72] 吕达，周满生．当代外国教育改革著名文献[M]．北京：人民教育出版社，2004．

[73] 刘存刚．学前比较教育[M]．北京：科学出版社，2007．

[74] 李振中，王家瑛．阿拉伯哲学[M]．北京：北京语言学院出版社，1995．

[75] 拉斯克．幼稚教育史[M]．周竞中，译．北京：商务印书馆，1939．

[76] 米定斯基．世界教育史[M]．叶文雄，译．北京：三联书店，1950．

[77] 蒙台梭利．蒙台梭利幼儿教育科学方法[M]．任代文，译．北京：人民教育出版社，1993．

[78] 马拉古奇．孩子的一百种语言——意大利瑞吉欧方案报告书[M]．张军红，译．新北：光佑文化事业股份有限公司，1998．

[79] 马斯洛．人性能达到的境界[M]．林方，译．昆明：云南人民出版社，1987．

[80] 马斯洛．动机与人格[M]．许金声，译．北京：华夏出版社，1987．

[81] 尼尔．夏山学校[M]．王克难，译．北京：新星出版社，2017．

[82] 欧文．欧文选集[M]．柯象峰，何光来，秦果显，译．北京：商务印书馆，1979．

[83] 皮亚杰．结构主义[M]．倪连生，译．北京：商务印书馆，1986．

[84] 皮亚杰，英海德尔．儿童心理学[M]．吴福元，译．北京：商务印书馆，1980．

[85] 皮亚杰．发生认识论原理[M]．王宪钿，译．北京：商务印书馆，1986．

[86] 皮亚杰．教育科学与儿童心理学[M]．傅统先，译．北京：文化教育出版社，1981．

[87] 任钟印．夸美纽斯教育论著选[M]．北京：人民教育出版社，2014．

[88] 斯金纳．学习的科学与教学的艺术[M]．赵祥麟，王承绪，译．北京：人民教育出版社，2001．

[89] 斯金纳．科学与人类行为[M]．谭力海，译．北京：华夏出版社，1989．

[90] 石毓彬，杨远．20世纪西方伦理学[M]．武汉：湖北人民出版社，1986．

[91] 单中惠．外国幼儿教育史[M]．上海：上海教育出版社，1997．

[92] A．E．泰勒．柏拉图——生平及其著作[M]．谢随知，译．济南：山东人民出版社，1990．

[93] 滕大春．卢梭教育思想述评[M]．北京：人民教育出版社，1984．

[94] 滕大春．外国教育通史[M]．济南：山东教育出版社，1994．

[95] 滕大春，吴式颖．外国近代教育史[M]．北京：人民教育出版社，1989．

[96] 吴式颖. 外国教育史教程[M]. 北京：人民教育出版社，1999.

[97] 吴式颖，任钟印. 外国教育思想通史[M]. 长沙：湖南教育出版社，2000.

[98] 裴斯泰洛齐. 裴斯泰洛齐教育论著选[M]. 夏之莲，等，译. 北京：人民教育出版社，2001.

[99] 伊本·西那. 论灵魂[M]. 北京大学哲学系，译. 北京：商务印书馆，1995.

[100] 亚里士多德. 政治学[M]. 吴寿彭，译. 北京：商务印书馆，1997.

[101] 徐辉，郑继伟. 英国教育史[M]. 长春：吉林人民出版社，1993.

[102] 约翰·洛克. 教育漫话[M]. 杨汉麟，译. 北京：人民教育出版社，2017.

[103] 约翰·杜威. 民主主义与教育[M]. 王承绪，译. 北京：人民教育出版社，2014.

[104] 约翰·杜威. 学校与社会·明日之学校[M]. 赵祥麟，任钟印，吴志宏，译. 北京：人民教育出版社，2015.

[105] 约翰·S. 布鲁巴克. 教育问题史[M]. 单中惠，译. 济南：山东教育出版社，2012.

[106] 伊丽莎白·劳伦斯. 现代教育的起源和发展[M]. 纪晓林，译. 北京：北京语言学院出版社，1992.

[107] 杨汉麟. 外国幼儿教育史[M]. 北京：人民教育出版社，2011.

[108] 曾孚. 外国古代教育史[M]. 北京：人民教育出版社，1981.

[109] 周一良，吴于廑. 世界通史资料选辑[M]. 北京：商务印书馆，1985.

[110] 张焕庭. 西方资产阶级教育论著选[M]. 北京：人民教育出版社，1979.

[111] 赵祥麟，王承绪. 西方现代教育论著选[M]. 北京：人民教育出版社，2001.

[112] 赵祥麟. 外国教家评传[M]. 上海：上海教育出版社，1992.

[113] 赵祥麟，王承绪. 杜威教育论著选[M]. 上海：华东师范大学出版社，1981.

[114] 朱智贤，林崇德. 儿童心理学史[M]. 北京：北京师范大学出版社，1988.

[115] 张传开，张忠民. 弗洛伊德精神分析学术述评[M]. 南京：南京大学出版社，1987.

[116] 周采，杨汉麟. 外国学前教育史[M]. 北京：北京师范大学出版社，2017.

[117] 沙莉，庞丽娟. 明确学前教育性质，确实保障学前教育地位——法国免费学前教育法律研究及其对我国的启示[J]. 学前教育研究，2010（9）.

[118] 张宇. 20世纪以来联邦干预下的美国学前教育的发展和启示[J]. 外国教育研究，2010（3）.

[119] 中国驻法国使馆教育处. 法国学前教育简况[J]. 基础教育参考，2011（10）.

[120] Braun S & Edwards E.*History and Theory of Early Childhood Education*[M]. Worthington, Ohio:C.A.Jones Publishing Company,1972.

[121] Osborn D K.*Early Childhood Education in Historical Perspective*[M]. Athens, Ga.:Daye Press,1991.

[122] Spodek B. *Handbook of Research on the Education of Young Children*[M]. New York:MacMillan Publishing Company, 1993.

[123] Standing E M.*Maria Montessori:Her Life and Work*[M]. New York:Plume,1998.

[124] Ulich R.*History of Educational Thought*[M]. New York:American Book Company, 1968.